초간본 노자

초간본_노자

- 언어 그 자체·배경·문맥·비유 -

1판 1쇄 인쇄 | 2018년 3월 10일
1판 1쇄 발행 | 2018년 3월 15일

註 解 | 안기섭
고 문 | 김학민
펴낸이 | 양기원
펴낸곳 | 학민사

등록번호 | 제10-142호
등록일자 | 1978년 3월 22일

주소 | 서울시 마포구 토정로 222 한국출판콘텐츠센터 314호(〒04091)
전화 | 02-3143-3326~7
팩스 | 02-3143-3328

홈페이지 | http://www.hakminsa.co.kr
이메일 | hakminsa@hakminsa.co.kr

ISBN 978-89-7193-249-0 (03150), Printed in Korea

이 도서의 국립중앙도서관 출판사도서목록(CIP)은 e-CIP홈페이지(http://www.no.go.kr/ecip)와
국가자료공동목록시스템(http://nl.go.kr/kolisnet)에서 이용하실 수 있습니다.
(CIP제어번호 : CIP2018003598)

이 책은 한국연구재단 대학 인문역량 강화사업(CORE) 사업비 지원에 의해 출판되었습니다.

This study was financially supported by Initiative for College of Humanities' Research and Education of National Research Foundation of Korea, 2017

초간본 — 노자

- 언어 그 자체·배경·문맥·비유 -

안기섭 註解

학민사

이끄는 말

序

1

楚簡『老子』란 1993년 중국 湖北省 荊門市 沙洋區 西方鄉 郭店村의 楚墓에서 발굴한 竹簡(竹書) 가운데 하나인 『老子』를 말한다.

郭店은 戰國時代(BC 475-221) 귀족 墓의 군락지이다. 이들 郭店의 楚墓는 戰國 중후반인 BC 300-221년경에 만들어진 것으로 추정하고 있다. 그러므로 竹簡이 기록된 시기는 묘를 만든 시기보다 이르다.

荊門市博物館에서는 郭店 楚墓에서 발굴한 竹簡의 내용을 老子(甲, 乙, 丙)를 비롯하여 太一生水 · 緇衣 · 魯穆公問子思 · 窮達以時 · 五行 · 唐虞之道 · 忠信之道 · 性自命出 · 成之聞之 · 尊德義 · 六德 · 語叢(1, 2, 3, 4) 등 총 13편으로 정리하여 『郭店楚墓竹簡』(文物出版社, 1998)이라는 이름으로 출간하였다. 郭店에서 출토된 이들 竹簡은 누군가가 교육용으로 당시의 책들에서 엄선한 내용들이라 여기고 있다.

2

이 가운데 『老子』(甲 · 乙 · 丙)는 이미 많은 사람들에 의하여 번역되고 연구되었다. 그럼에도 불구하고 이를 다시 번역하게 된 이유는 무엇인가? 이 楚簡本 『老子』를 본래 면목대로 번역한 책이 없기 때문이다. 그래서 필자는 언어 그 자체와 배경 · 문맥 · 비유에 주의를 기울여 탐구하게 되었다.

근원을 같이 한다고 여겨지는 『老子』의 후속 本들이 계속해서 나왔다. 시대가 바뀜에 따라 그 내용이 완전히 일치하지는 않는다. 배열순서도 매우 다르지만 후대의 여러 『老子』에 楚簡本의 내용이 들어있다. 그래서 이 楚簡『老子』도 최초본인 眞本(正本)이 아닐 것이라는 근거의 하나로 여기고 있다.

3

필자는 楚簡『老子』를 있는 그대로 읽지 못하는 가장 큰 이유가 후대에 나온 판본들을 통하여 얻은 인식의 영향이라고 여긴다. 1973년 湖南省 長沙 馬王堆의 漢墓에서 발굴된 帛書(비단에 쓴 글)本『老子』를 비롯하여 후대본들은 그 내용이 楚簡本『老子』의 1.5배가량 더 많다. 그래서 현재 볼 수 있는 모든 판본들을 원 작자의 진본으로 여기지 못하는 이유가 되기도 한다. 문제되는 점은 은연중에 後代의『老子』에 들어 있는 내용과 서술 방식에 영향을 받는다는 사실이다. 後代본이 앞 시기의 어느 것을 베끼면서 첨삭한 것이라면, 이는 같은 진본을 보았을지라도 각자의 이해에 차이가 있거나 다른 의도가 있음을 반영한 것이라고 할 수 있다. 그대로 베껴오더라도 수용자의 이해가 같다고 할 수 없다. 고립어인 고대중국어는 특히 이럴 가능성이 크다. 선입견이 있거나 배경을 다르게 이해하고 읽으면 원 작자의 뜻과는 다르게 받아들여질 수 있다는 뜻이다. 비유적인 표현일 경우 더욱 그러하다. 선대 문헌에 대한 해독 능력에도 크게 영향을 받는다.

한 걸음 더 나아가『老子』를 '道家思想'이라는 이름으로 체계화한 후대의 학문적 태도의 굴레를 씌어 읽고 있지는 않은지 깊이 생각해 보아야 한다. 후대에 일컬어온 道家思想이라는 것이『老子』의 진본이나 楚簡本의 그것과 완전히 일치하리라는 예단을 철저하게 버리고 읽어야 한다. 더욱 경계해야 할 것은 '儒家思想'과 대립되는 사상으로 여기고『老子』내지 道家思想을 이해하는 방식이다. 이러한 관념에 깊이 배어있는 상태에서 楚簡『老子』를 읽고 있지는 않은지 깊이 고민해 보아야 한다.

4

孔子의 생졸년을 BC 551~479년으로 보고 있는데, 老子[잠정적으로 姓은 '李' 이름은 '耳', 字는 '聃'이라고 여기기로 함]의 생졸년에 대해서는 아직 정설이 없다. BC 571(?)년 출생설에서부터 孔子의 후대 사람이라는 설까지 몇 가지가 있다. 일반적으로 BC 535~522년간에 孔子가 老子를 만났다는 기록에 의거하여 老子의 在世時를 추정하고 있다.

楚簡本을 비롯한 이후 여러 『老子』들 간의 상호관계에 대해서도 정설은 없다. 현재까지 밝혀진 확실한 사실은, 楚墓가 만들어진 BC 300~221년 이전에 楚簡 『老子』가 쓰여 졌으니 늦어도 그 이전에 지어진 진본이 있었으리라는 것뿐이다. 이 시기를 중심으로 하여 莊子(BC 369~286)와 韓非子(BC 280~233)가 『老子』를 읽은 것은 틀림없으나 어느 본을 보았는지는 확정할 수 없다. 이들의 생졸년과 BC 374년 무렵 사람인 太史儋이 이전에 있던 『老子』를 개작하였다는 기록 등을 종합하여 본다면, 莊子의 생졸년을 기준 삼아 늦어도 BC 400년을 전후하여 이들이 본 『老子』 원작이 있었다고 할 수 있다. 최초본은 이보다 훨씬 전이라고 추정할 수 있다.

孔子는 자신의 사상을 책으로 낸 것이 없다. 그의 생각을 전한 『論語』는 그의 사후 쓰여진 것이니, 빨라야 BC 450년 전후이다. 『老子』의 출현 시기를 가장 늦게 잡아 BC 400년 전후로 보더라도 『論語』의 출현시기와 큰 차이는 없다. 만약에 『老子』 최초본이 훨씬 전에 나왔다면 전혀 孔子의 생각을 의식하고 쓴 책일 수가 없고, 거의 동시기에 나왔다고 하더라도 서로 대립되는 생각의 표현이라고 할 수는 없다. 무슨 사상적 논쟁을 교환하였다고 볼 수 없기 때문이다.

두 사람의 출생 시기를 가지고 보더라도 그러하다. 孔子가 17세~30세(BC 535~522년) 사이에 老子를 찾아가 禮에 관해 물었다는 설을 따른다면 老子가 孔子보다 출생년이 앞설 가능성이 크다. 老子가 孔子를 만나기 전에 『老子』를 썼다면 孔子가 무슨 생각을 하고 있는지와는 상관없이 썼을 것임에 틀림없다. 동시에 생존한 기간이 있었음을 고려하더라도 孔子가 자신의 사상을 써놓은 책이 없는 상태라서 역시 그를 의식하고 『老子』를 저술했을 리가 없다. 설혹 당시에 이미 孔子의 생각이 널리 알려져서 다른 경로로 老子가 파악하고 있었을지라도 그것을 의식하고 자기의 생각을 표출한 것이라고 볼 수 있는 근거는 아무데도 없다.

설혹 老子의 出生年이 孔子보다 뒤여서 孔子를 잘 인지하고 있었다고 할지라도 楚簡本 『老子』의 내용으로 보아 孔子의 생각을 의식하고 썼다고는 결코 말할 수가 없다.

5

한편 AD 240년경에 완성된 王弼본 『老子』 이후 본에는 儒家를 배척하는 듯한 내용들이 보이는데 이는 전적으로 儒家들의 僞作이라고 할 수 있다. 만약 道家임을 자처한 후대 사람이 道家와 儒家를 버무려 썼다면 『老子』의 본래 면목을 이해하는 데는 참고할 가치가 없을 것이다.

적어도 楚簡本에 의거하는 한, 道家가 儒家를 공격한 흔적은 없다. 후대에 나온 『老子』들은 楚簡本 『老子』보다 그 내용이 많아져서 현행본과 비교하면 楚簡本은 그것의 2/5정도 밖에 되지 않는다.

6

春秋時期 말에서 戰國時期 초까지의 老子와 儒家의 상호 관련에 대해 필자의 이 같은 생각을 피력한 이유는, 많은 사람들이 별개의 두 思想 체계이자 서로 대립되는 체계라고 생각하는 후대의 철학적 관점에 바탕을 두고 『老子』를 읽고 있다는 생각을 떨칠 수가 없기 때문이다.

두 사상의 연계를 최대한 경계해야만 楚簡 『老子』의 본래 면목을 바르게 이해할 수 있다고 본다. 뿐만 아니라 이른바 道家思想이라고 일컬어온 범주 안에서의 변화나 발전조차도 의식하지 않고 읽어내고자 한다. 물론 文字가 허락하는 한 모든 가능성을 열어둔다. 최대한 楚簡의 글에 국한하여 언어 그대로 이해하는 데서 출발하되, 배경과 문맥 그리고 비유적인 표현에 주의를 기울인다. 특히 이글의 언어환경, 즉 배경에 대해 새로운 관점을 적용해 볼 필요를 느낀다.

상술한 필자의 견해는 스승님이신 慧一스님의 가르침에 의해 계시 받은 것이다. 그 가운데서도 楚簡本 『老子』의 주요 내용들을 당시 수행자들의 수련 태도와 방법이라는 관점에서 접근하였다. 그렇게 하였더니 후대의 모호한 설명들과 황당한 해석들이 많이 정리되었다. 老子의 최초 저술을 어떻게 수용하였느냐에 따라 당시부터 이미 이해상에 분기가 있었을 것이며, 老子의 본뜻과는 먼 방향으로 확대되기도 하였을 것임을 미루어 짐작할 수 있었다. 후대의 불온한 假託과 비판들의 혼탁함은 더 말할 필요가 없을 것이다.

한편 고대중국어와 현대중국어 간에 많은 차이가 있다는 사실도 고려해야 한다. 그래서 현대 중국인이라 할지라도 고대중국어를 바르게 이해하지 못하는 경우가 허다하다. 이에 대해서는 궁극적인 해결 방법이 없다. 그러나 언어(문자)는 똑같은데 배경과 문맥을 다르게 보아서라면 양쪽으로 다 해보고 나서 전체 내용에 더 부합되는 것을 취하면 된다. 글에 나타나 있지 않음에도 후대의 문헌이나 다른 이유를 들이대어 견강부회할 것은 없다. 解讀상 또 하나의 문제는 같은 글에 사용된 文字의 차이이다. 후대 문헌에 쓰인 글자와 다를 때 여러 가지 文字學상의 고증을 거친다. 그래도 문제되는 경우가 많다. 그러나 가능한 방향으로 두루 해석해 보면 된다. 그 중에 가장 적합한 것을 취하면 되므로 큰 문제는 아니라고 본다. 동일한 뜻을 가진 다른 형태의 글자일 경우는 대부분 假借, 異體, 誤記에 해당한다. 假借의 경우는 모든 문자가 말소리를 표기하는 부호이기 때문에 자형과 관계없이 소리만 같으면 얼마든지 바꿔 쓸 수 있다는 사실을 알면 된다. 출현시기가 다른 현존의 판본들 간에 뜻이 비슷한 다른 글자를 사용한 경우도 별 문제가 되지 않는다. 대체로 전체 文意를 해치지 않기 때문이다. 요컨대 文字상의 문제라면 가능한 모든 해석을 다 해 보면 될 것이다.

7

어느 언어이든 해당 민족에게는 모두 쉽게 통행될 수 있는 것이다. 글에는 언어 환경이 충분히 나타나 있지 않은 경우가 많기 때문에 후대에 글만으로 이해하는 데는 한계가 있다. 이 점을 제외하면 언어 자체는 본시 어려운 것이 아니라는 뜻이다.

글이 쓰여 지게 된 배경, 즉 언어 환경에 유의하면 되지만, 읽는 사람에 따라 저마다 생각이 다를 수 있다는 한계가 또 있다. 글마다에 드러나는 문맥과 전체의 연관성을 중시하여 오차를 최대한 줄이는 수밖에 없다. 필자는 후대본과의 모든 연관을 끊고 보는 관점을 중시하며, 언어 그 자체로만 이해하는 데서 출발하였다.

이 책의 편제는 다음과 같다.

제1, 2, 3부에서는 발굴된 초간본의 순서를 따라 甲·乙·丙을 차례로 번역한 다음, 요지를 잡아보고 필요한 해설을 보탰다. 제1, 2, 3부를 다 읽어서 전체를 종합적으로 이해하는 데는 상당한 집중력이 필요하다. 제4부에서는 핵심어와 문맥을 중심으로 주제를 다시 한 번 정리하였고, 이어서 번역문만 모아 읽도록 엮었다. 마지막으로 郭店 楚簡本『老子』의 면모와 후대본의 서지사항을 간략하게 추가함으로써 독자의 편의를 도모하였다.

부록은 먼저 考釋文, 楷書로 考定한 원문을 한 데 모아 필요시에 쉽게 찾아볼 수 있게 하였다. 이어서 甲本과 乙本을 합쳐서 考定한 帛書本 전문을 수록하여 비교해 볼 수 있게 하였다. 또한 세로로 된 원 竹簡 도판과 이를 다시 집자하여 가로로 배열한 죽간 원문을 함께 수록하였다.

필자는 중국이건 한국이건 楚簡本『老子』를 본래 면목대로 이해하고 번역한 책이 없다고 판단되어 새로이 번역을 감행하였고, 견강부회를 가장 경계했다. 그러나 독자에 따라서는 거꾸로 견강부회로 여길 수 있는 부분이 있을지도 모르겠다. 필자의 견해에 대한 비판은 독자의 몫이다.

楚簡本 『老子』를 통해 노자가 가르친 인간다운 삶이 무엇인가에 대해 심도깊게 사색해보길 바란다.

안 기 섭

차 례

【제 2 부】

곽점 초간본 『노자』 乙

【제 3 부】

곽점 초간본『노자』丙

【제 4 부】

곽점 초간본『노자』읽기의 핵심

【부 록】

【 제 1 부 】

곽점 초간본 『노자』 甲

【 01 】
본바탕의 질박함을 지키고 사욕을 줄인다

【원문】[1]

㡭智弃叏, 民利百伓. 㡭攷弃利, 覜惻亡又. 㡭𢡺 弃慮, 民復季子.
三言以爲不足, 或命之或虖豆 : 視索保僕, 少厶須欲.

[帛書 老子 제63장][2]

【考釋文】

絕知[3]棄辯, 民利百倍. 絕巧棄利, 盜賊無有. 絕僞棄慮[4], 民復季子[5]. 三言以[6]爲使[7]不足, 或令之, 或[8]乎[9]屬[10]? 視素[11]保樸[12], 少私寡欲.[13]

【譯文】

앎을 끊고 언변을 버리면 백성의 이로움이(백성이 이롭기가) 백 배가 된다. 교묘함을 끊고 이롭게 하기를 버리면 도적이(도적질 하는 일이) 있는 일이 없다. 거짓을 끊고 사려(지나친 생각)를 버리면 백성은 어린아이로 돌아간다. (이) 세 가지(마디) 말은 그것을 써서 시키는 말로 삼기에는 부족하다. 혹은(어떤 경우에는) 그들에게 명하고(시켜서 하게 하고), 혹은(어떤 경우에는) 당부를 해야 하겠지요? "본바탕을 보고(중시하고) 질박함을 보존하며, 사사로움을 적게 하고 욕심을 줄이는 것이다."라고.

【요지】

순수하지 못하거나 지나친 것들(知[智]·辯·巧·利·僞·慮), 즉 인위적인 것들의 해로움을 경계하고 있다. 본바탕을 지켜서 사욕을 줄이라고 압축하여 말하고 있다.

---

1 원문을 확정함에 있어서 異說이 많은 부분에 대해서는 최남규의 『郭店楚墓竹簡 역주』(2016) 중의 '註解'를 많이 참조하였음을 밝혀둔다.

2 [ ]안의 소재 표기는 楚簡本(초간본) 『老子』의 내용이 帛書本(백서본) 甲에서는 어디에 들어있는가를 밝힌 것이다. 숫자는 帛書本 甲에서의 배열 순서이다. 후대에 통상 '章'이라는 순서 이름을 붙여왔다.
楚簡本에 대해서는 이 책에서 '章'이라는 명칭을 붙이지 않았다. 甲·乙·丙본 각기 원본의 배열 순서에 따라 원문 앞에 숫자만 부기하였다.

3 知(지) : 楚簡本 『老子』에서는 '知'의 字形이 모두 '智'이다. 후대에는 '知'와 '智'가 뜻을 달리하는 글자로 사용되었지만, 당시 특히 『老子』나 『莊子』의 경우에는 '知'와 '智'를 구별하지 않았음을 알 수 있다. 동일한 글자의 異體로 본다. 『莊子』에서는 모두 '知'로 썼다. 어느 글자를 사용하든 '앎'과 '지혜'를 모두 포괄한다. 이에 대해서는 뒤의 '핵심어와 문맥을 중심으로 한 楚簡本 『老子』의 내용'을 정리하는 글에서 부연하기로 한다.

4 慮(려) : '詐'(사)로 풀이하기도 한다. 문맥상 지나친 사려를 뜻하므로 결과적으로는 같을 수 있다. '삿된 생각'이라고 볼 때 그러하다.
帛書本에서부터는 '絕僞棄慮'를 '絕仁棄義'로 쓰고 있는데, 도를 넘는 행위와 생각(즉, 인위적이고 거짓된 '仁義')을 가리켜서 '仁義'라고 말하였다면 곡해나 과장이 없다고 하겠지만, 본질적으로 바른 개념인 '仁義'를 그대로 가리켜 말하였다면 다른 의도를 가지고 위작한 것이라고 볼 수도 있다. 이곳에서의 세 마디 말 자체가 이미 '仁義'에 속하는 덕목이라고 할 수 있기 때문이다. 만약 그러하다면 楚簡本 『老子』에 나온 견해를 교묘하게 배척하는 의도를 감추고 있는 것이 된다. 이른 시기에 老子를 배척하려는 사람들이 있었다는 것이 된다. 老子가 '仁義'를 배척했다는 말은 나오지 않는다.

5 季子(계자) : '赤子'(적자)와 유사한 개념으로서 어린아이와 같은 때 묻지 않은 상태를 말하는 것으로 이해된다.

★『郭店楚墓竹簡 · 老子 · 甲本』(2002, 文物出版社)에서는 '季子'를 '孝慈'(효자)로 考訂하였다.['子'를 '慈'의 가차로 보는 경우이다. 여기에 맞추어 '季'를 '孝'로 考訂한 것 같다.] 이렇게 보면 '백성이 효성스럽고 자애로운 데로 돌아간다'가 되는데, 이렇게 해도 문맥이 통한다. 丙[2]의 '孝慈'와 字形이 다름에 의해 '季子'로 봄이 옳은 것 같다.

6 以(이) : 古代漢語의 어법을 다루는 사람들은 종래 介詞(전치사)로 여겨왔다. 그러나 고대의 '以'字가 동사와 개사로 나뉜다고 여기지 않는다. 굳이 품사를 정해야 한다면 동사 한 가지이다. 뒤에 목적어가 놓이건 놓이지 않건 '쓰다(가지다)'를 뜻하므로 앞 말을 받아서 '~을 써서(가지고서)(그렇게 해서)(~[으]로)'라는 뜻을 가지고 뒤에 오는 말과 이어진다. 安奇燮의 『新體系 漢文法大要 - 先秦 · 兩漢 시기』(2014, 보고사) 참조.

7 使(사) : 원문의 字形은 李零(『郭店楚簡校讀記』[增訂本, 2007])과 같이 '史'로 정한다. '使'(사)를 音이 같음으로 인하여 '史'로 쓴 것 같다. '使'는 '시키다, 부리다'는 뜻이다. 楚簡本『老子』에서 이 자형은 甲[17]의 글 중(甲 제35簡)에도 나오는데, '心使氣曰强' 중의 '使'가 그것이다. 두 곳의 '使'를 같은 뜻으로 보기로 한다. 李零은 '用'의 뜻이라 하였는데 그 까닭을 모르겠다.

帛書本에서부터 '文'字를 쓰고 있는 것을 따라 '文', '文辭'를 뜻한다고 보는 경우가 대다수이나 그렇게 보지 않아도 문맥이 잘 통한다.

'三言以爲使不足'은 '(앞의) 세 마디 말 그것을 써서 시키는 말(부리는 말 ←시킬 것)로 삼기에는 부족하다'로 번역할 수 있다. 만약에 '三言以爲文不足'으로 본다면' (앞의) 세 마디 말 그것을 써서는 글로 삼기에(글이라 하기가) 부족하다'가 될 것이다. 둘 다 전체 文意와는 통한다.

★『郭店楚墓竹簡 · 老子 · 甲本』(2002, 文物出版社)에서는 이 글자를 '辨'으로 考訂하였는데 '분별', '분별하게 해 주는 말'로 해석한다면 역시 문맥이 통한다.

8 或(혹) : 或令之(혹령지), 或乎屬(혹호촉)? : 원문에 '或'에 해당하는 똑같은 字形이 앞 뒤에 두 번 쓰였는데, 帛書本부터 '故令之有所屬' 또는 '故令有所屬'이라고 쓴 것에 따라 앞의 '或'은 '故'로, 뒤의 '或'은 '有'로 고증하여 번역하는 경우가 많다.

그러나 그럴 필요가 없다고 본다. 두 곳 모두 '或'으로 두어도 文意가 그대로 전달된다. '或令之, 或乎屬'이 된다. 楚簡本『老子』에는 '或'字가 모두 네 번 나온다.

9 乎(호) : 종래의 문법에서 '乎'를 助詞와 介詞 둘로 나누어 왔으나, 조사 하나로 보는 것이 옳다고 여긴다. 개사의 경우는 '於(于)'와 동일시하였으나 '於(于)' 자체가 介詞의 성질을 지니지 않을 뿐 아니라, '乎'가 중간에 쓰인 문장의 문맥을 자세히 살펴보면 끝에 놓이는 경우와 같은 기능을 한다는 사실을 알 수가 있다. '乎'는 어느 자리에 놓이건 대부분 疑問의 어기를 나타낸다. 강약은 문맥에 따라 차이가 있다. 강한 의문을 비롯하여 반문 및 추측성의 약

한 의문에 이르기까지 정도에는 차이가 있다. ['於(于)'와 '乎'의 기능에 대해서는 전게서 『新體系 漢文法大要 - 先秦 · 兩漢 시기』 참조]

'乎'의 이러한 성질 때문에 '或乎屬' 중의 '或'은 대답을 요구하지 않는 추측성의 약한 의문을 나타낸다. 그래서 후단은 "어떤 경우에는 요? 당부(부촉)를 해야지요."라고 직역할 수 있다. "어떤 경우에는 당부를 해야 하겠지요?"로 다듬을 수 있다. 전단과 후단을 합친 '或命之, 或乎屬?'은 "혹은(어떤 경우에는) 그것을 시키고(명해서 하게 하고), 혹은(어떤 경우에는) 당부(부촉)해야 하겠지요?"가 된다. 뒤에 오는 말과 자연스럽게 이어진다.

만약에 앞의 '或'은 '故'로, 뒤의 '或'은 '有'로 고증하여 "故令之有乎屬?"으로 정한다면, "까닭에 그들로 하여금 당부할 말을 갖게 해야 하겠지요?' 내지 '까닭에 그들로 하여금 당부할 말을 갖게 해야 할 것이리라?'로 번역할 수 있다. 어느 경우이건 문맥은 통한다.

10 屬(촉) : '당부(부촉)하다, 부탁하다, 맡기다'를 뜻한다. '屬'字가 '속하다' · '소속' 등을 뜻할 때는 '속'으로 읽는다. 원문의 자형은 '豆'에 해당한다. 이를 '屬'으로 考訂한 것이다.

11 素(소) : 『說文解字』(AD 100)에 "素 白緻繒也. 从糸, 𠂹, 取其澤也. 凡素之屬皆从素."라 하였다. '素'는 본래 희고 촘촘한 명주(비단)를 뜻한다. 깨끗한 본바탕을 가리킨다.

12 樸(박) : 『說文解字』에서 "樸 木素也, 从木菐聲."이라 한 바에 의하면 '樸'은 나무의 (가공하지 않은) 본바탕, 즉 통나무이다. 통나무 같은 질박함을 가리키는 데 쓴다.

13 視素保樸, 少私寡欲(시소보박, 소사과욕) : '素'와 '樸'의 뜻이 서로 통하고, '少'와 '寡'의 뜻이 서로 통한다. "視保素樸, 少寡私欲."으로 고쳐 써보면 뜻이 더욱 잘 드러난다. "본바탕의 질박함을 중시하여 보존하고, 사사로운 욕심을 적게 한다."가 된다. '欲'과 '慾'을 옛날에는 '欲' 하나로 썼다. '바라다, 하고자 하다', '바라는 것, 하고자 하는 것'을 뜻하므로 '욕심'(慾心) · '욕망'(慾望)도 곧 '바라는 것, 하고자 하는 것'에 속한다.

寡(과) : 竹簡의 자형 자체는 '須'(수)에 더 가깝지만, '寡'의 간략형으로 보는 견해를 취한다.

【02】

물은 낮은 곳으로 흐른다·낮은 곳이 聖人의 자리이다

【원문】

江海所以爲百浴王, 以丌能爲百浴下, 是以能爲百浴王. 聖人之才民前也, 以身後之, 丌才民上也, 以言下之. 丌才民上也, 民弗厚也. 丌才民前也, 民弗害也. 天下樂進而弗詀. 以丌不靜也, 古天下莫能與之靜.

[帛書 老子 제29장]

【考釋文】

江海所以爲百谷王[14]以其能爲百谷下, 是以能爲百谷王. 聖[15]人之在民前也, 以身後之, 其[16]在民上也, 以言下之. 其在民上也, 民弗[17]厚也, 其在民前也, 民弗害也. 天下樂進[18]而弗詀[19]以其不爭也, 故天下莫能與之爭.

【譯文】

강과 바다가 온갖 계곡의 王이 되는 바(이유)는 그것들이 온갖 계곡의 아래가 될 수 있음을 가지고서이다. 이에 그것으로 온갖 계곡의 왕이 될 수 있는 것이다.

聖人은 백성의 앞에 있으면 몸(자신)을 갖다가 그들 뒤로 하고(뒤에 있게 하고), 그가 백성의 위에 있으면 말을 갖다가 그들 아래로 한다(낮춘다). 그가 백성의 위에 있어도 백성이 [그를] 두껍다(무겁다) 여기지 않으며, 그가 백성의 앞에 있어도 백성은 해롭다 여기지 않는다.

天下가(세상 사람들이) 즐거이 [그를] 나아가게 하면서도(밀어주면서도) 잔소리 하지 않는 것은 그가 다투지 않는다는 것을 가지고서이다. 까닭에 천하에 그와 더불어서 다툴 수 있는 사람이 없다.

【요 지】

성인과 백성의 관계를 강 · 바다와 계곡의 관계에 비유하였다. 요체는 행동과 말에서 항상 백성의 '뒤'와 '아래'에 있는 것이다. 江海를 百谷의 '王'이라 한 것으로 보아 '聖人'은 모든 백성을 포용하되 자신을 낮추는 사람임을 말하고 있다. '聖人'은 백성 위에 군림하는 존재가 아니라 바로 자기를 낮추어 모든 것을 다 포용할 수 있는 사람이므로 백성들이 즐거이 받들어 지지하며 싫어하지 않는 것이다.

【해 설】

『老子』를 바르게 읽기 위해서는 '王'字의 본래 의미를 살펴볼 필요가 있다. 『說文解字』에서 "王 : 天下所歸往也. 董仲舒曰 : 「古之造文者, 三畫而連其中謂之王. 三者, 天地人也而參通之者王也.」 孔子曰 : 「一貫三爲王.」 凡王之屬皆从王."이라 하였다.

孔子와 董仲舒가 '王'字의 字形에 의거하여 '三'은 '天 · 地 · 人'을 가리키며 '丨'은 이 셋을 관통함을 가리키는 것이라 여겨서 풀이한 뜻을 취하고 있다. 이에 의하면 '天 · 地 · 人'을 관통하는 사람이 '王'이다. 『說文解字』의 저자인 許愼은 이를 취하여 '王'은 '천하가 돌아가는(귀의하는) 바'라고 하였다. 天地人을 꿰뚫은 사람이 천하가 귀의할 수 있는 사람이고 바로 이를 '王'이라 칭한 것이다.

이를 본래 의미로 여긴다면 정점에 있는 통치자를 '王'이라 지칭한 경우는 이 뜻에 기대어 정당화한 것이라고 할 수 있다. 즉, 통치자로서의 '人主[군왕, 임금, 군주]'를 뜻하는 경우는 '王'字가 포괄하는 뜻 가운데 하나일 뿐인 것이다. 바꾸어 말하면 통치자를 가리킬 때의 '人主'도 天地人을 관통하는 수행을 이룬 사람이어야 하므로 이 '王'字를 가져다 쓴 것이라고 할 수 있다.

이렇게 보면『老子』에 나오는 '王'字를 그것이 쓰이는 문맥에 관계없이 본래 의미에 의해 모두 해석할 수가 있다. '王'字가 언제나 '人主'를 가리키는 것도 아니며, '人主'라는 말이 언제나 '군왕'을 가리키는 것도 아니다.

따라서『老子』를 帝王의 道(길)나 통치행위 중심으로 읽어서는 안 된다.

이는 계곡과 강·바다의 관계를 비유한 데서부터 확인된다. '王'에 비유한 강과 바다는 모든 계곡을 관통하는 귀착지이기 때문이다. '王'字의 본뜻에 따라 군왕의 자리에 있지 않은 사람일지라도 어느 방면에서건 天地人을 관통하는 이치를 깨닫고 실천할 수 있는 사람은 모두 '王'이라 일컬을 수 있는 것이다. 윗글에서 계곡과 강·바다를 비유한 뒤에 곧바로 '聖人'이라는 말을 썼다. 聖人은 이러한 이치를 꿰뚫어 통하게 할 수 있는 사람이자 바로 그런 사람이 王인 것이다. 군왕(임금)의 자리에 있고 없음과는 상관이 없다.

甲[1]에서 깨끗한 본바탕을 지켜서 사욕을 버려야 함을 말한 데 이어 聖人을 등장시켜 낮춤의 도리를 말하고 있다. 성인은 자신을 낮추기 때문에 역설적으로 백성들의 앞과 위에 있을 수 있을 뿐만 아니라 백성들이 그를 거추장스러운 존재로 생각하지 않고 떠받든다고 말하고 있다. 낮춤은 구성원을 하나로 꿰는 길이기도 함을 설파하고 있다고 할 수 있다. 聖人이 군왕의 자리에 있고 없음과는 전혀 상관이 없다. 사회적으로 어느 자리에 있더라도 聖人은 곧 聖人이다.

---

14 王(왕) : '王'字는 이글에 처음 나온다.『說文解字』에서는 "王 : 天下所歸往也. 董仲舒曰 :「古之造文者, 三畫而連其中謂之王. 三者, 天, 地, 人也, 而參通之者王也.」孔子曰 :「一貫三為王.」凡王之屬皆从王."이라 하였다. 이 풀이에 대해서는 뒤에서 한 번 더 설명하기로 한다.

『爾雅』(BC 221~AD 9)에는 "林, 烝, 天, 帝, 皇, 王, 后, 辟, 公, 侯, 君也."[釋詁]라 되어 있다.『廣韻』에서는 "王 : 大也, 君也, 字林云三者天地人一貫三爲王, 天下所法."이라 하였다. 보통 '임금'을 뜻한다

15 聖(성) : 『說文解字』에서는 "聖 : 通也. 从耳呈聲."이라 하였다. 『爾雅』에는 '聖'字로 풀이한 항만 하나 있다. "獻, 聖也."[釋言]가 그것이다. 『廣韻』에서는 "聖 : 生也, 通也, 聲也, 風俗通云聖者聲也, 言聞聲知情故曰聖. 式正切, 一."이라 하였다. 공통되는 풀이는 '通'이다.

대표적인 문헌에서 '聖人'의 면모를 설명한 예들을 보이면 다음과 같다.

『莊子·逍遙遊』 故曰 : 至人無己, 神人無功, 聖人無名.

『禮記·曲禮上』 是故聖人作, 爲禮以敎人.

『周易·豫』 聖人以順動, 則刑罰淸而民服.

『墨子·經說上』 若聖人有非而不非.

『韓非子·揚權』 聖人執要, 四方來效.

『淮南子·原道訓』 由此觀之, 萬物固以自然, 聖人又何事焉?

『荀子·勸學』 其義則始乎爲士, 終乎爲聖人.

『說苑·君道』 聖人寡爲而天下理矣.

『墨子閒詁·親士』 聖人者, 事無辭也, 物無違也, 故能爲天下器.

16 其(기) : 竹簡의 '丌'字는 모두 '其'로 본다.

'其'가 가리키는 대상이 있을 때는 한국어의 '그'에 해당하는 代詞라고 할 수 있다. 사람뿐만 아니라 다른 모든 것들도 다 가리켜 쓸 수 있다. 본문의 경우 앞의 셋을 '聖人'을 가리킨다고 보면 역문과 같이 된다.

그런데 문맥상 마땅히 가리키는 것이 없는 경우가 있다. 이 경우는 '其'라는 소리를 빌어 강조하는 語氣를 나타낸다고 본다. 이때는 品詞상으로는 보통 助詞로 취급한다. 이렇게 보면 "[아 거] 백성의 위에 있으면 말을 갖다가 그들 아래로 한다(낮춘다). [아 거] 백성의 위에 있어도 백성이 두껍다(무겁다) 여기지 않으며, [아 거] 백성의 앞에 있어도 백성은 해롭다 여기지 않는다."로 번역해 볼 수 있다. 지시하는 말로 쓰일 때는 문장의 첫머리에 놓여 단독으로 주어가 되는 예가 드물기 때문에 이 번역을 선호할 수도 있다. 즉, 조사로 여겨도 무방하다. 代詞로 보든 助詞로 보든 위 문장의 전체 大義는 손상되지 않는다.

17 弗(불) : '不'보다 강하다. 문맥을 잘 살펴보면 대체로 그러함을 알 수 있다.

18 進(진) : '나아가게 하다(밀어주다)'를 뜻한다. 帛書本은 '推'(추)로 쓴다. '밀다', '밀어 올리다'이므로 결국 취지는 같다.

19 詀(참) : 帛書本은 '猒(厭)'(염)으로 쓴다. '싫어하다'이므로 결국 취지는 같다.

【03】

만족할 줄 아는 것이 항구적인 만족이다

【원문】

辠莫厚虐甚欲, 咎莫僉虐谷得, 化莫大虐不智足. 智足之爲足, 此恒足矣.

[帛書 老子 제9장]

【考釋文】

罪莫厚乎甚欲, 咎莫僉[20]乎欲得, 禍莫大乎不知足. 知足之爲足, 此恒足矣[21].

【譯文】

죄는 욕심이 심한(지나친) 것보다 두꺼운(무거운) 것이 없고, 허물은 얻기를 바라는 것보다 참담한 것이 없으며, 화는 만족할 줄을 모르는 것보다 큰 것이 없다. 만족할 줄을 아는 것이 만족이 되는 것(만족할 줄 아는 것을 만족으로 삼는 것), 이것이 항구적인 만족이 된다.

【요지】

욕심을 절제하여 스스로 만족할 줄 아는 것이 항상성 있는 불변의 만족임을 설파하고 있다. 모든 죄와 허물 및 화를 피할 수 있는 길이기 때문이다.

【해설】

楚簡本 원문에서 甲[1]과 甲[2] 사이에는 '▪'와 같은 문장 간의 격리 부호가 있지만, 甲[2]와 甲[3] 사이에는 아무런 부호도 없다. 그런데도 章을 나눈 것은 後代

본에서 각기 다른 章에 소속되어 있는 데 따른 것이라고 할 수 있다.

그래서 楚簡本의 의도가 무엇이든, 다른 原著에서 발췌한 것이든 간에 楚簡本의 순서에 따라 앞글과 이어서 생각해 볼 필요를 느낀다. 맨 첫머리인 [1]에서 깨끗한 본바탕을 보존하고 사욕을 줄이는 도리를 말했고, [2]에서는 자기를 낮추는 도리를 말했다. 이어서 윗글[3]에서는 '知足'을 말했다. 근본은 본바탕을 지켜서 보존하는 것이고, 사욕을 줄인다 함은 곧 만족할 줄 아는 것과 통한다. 여기에 자신을 낮추는 것을 추가해 보자. 자기를 낮춘다 함을 다른 말로 바꾸면 겸손이다. [1][2][3]을 꿰어서 보면 '保樸(본바탕을 보존함) · 낮춤 · 知足'은 사람의 본래 면목을 지키는 길이라고 할 수 있다. '保樸'은 뒤에서 말하는 '自然'(저절로 그러함) 상태를 유지하는 것이기도 하다.

'知足'하면 자기의 자리가 계곡이든 강이든 바다이든 상관하지 않을 것이다. 그러므로 욕망으로 인한 어떠한 다툼도 없게 될 것이다. 철저하게 비운 사람과 누가 다투겠는가? 저절로 존중하고 따르지 않겠는가?

20 僉(첨) : 帛書本은 '憯'(참)으로 썼다. '참담하다'로 번역하였다. '심하다, 크다' 등으로 바꾸어도 문맥을 해치지 않는다. 『郭店楚墓竹簡 · 老子 · 甲本』에서는 '憯'으로 考訂했다.

21 矣(의) : '也'(야)는 판단의 결과나 판단의 대상을 강조할 때 사용한다. 그래서 인과관계의 문장에 특히 많이 보임을 알 수 있다. 靜的인 성질을 띤다고 할 수 있다. 이에 대해 '矣'는 動的인 성질을 띠어 기본적으로 변화를 나타낸다. 그래서 변화된 결과로서의 확정적인 어기를 나타내기도 한다.

【04】

道(기운)로써 人主(神, 정신)를 도움에는 억지로 하지 않고 修行의 공을 이룬다

【원문】

以衍差人宔者, 不谷以兵强於天下. 善者果而已, 不以取强. 果而弗癹, 果而弗喬, 果而弗矝, 是胃果而不强. 丌事好長.

[帛書 老子 제74장]

【考釋文】

以道[22]佐人主[23]者[24], 不欲以兵[25]强[26]於天下[27]. [28]善[29]者果[30]而已[31], 不以取强. 果而弗伐[32], 果而弗驕, 果而弗矜, 是謂果而不强. 其事好長.

【譯文】

'道'(기운)를 써서 사람의 주인(神, 정신)을 도움에는 (군대[또는 병기]에 비유되는) 강제력을 사용해서 천하(내 몸)에 억지로 하기를 바라지 않는다. (이를) 잘하면(잘하는 사람은) [수행의 공을] 이루고야 마는데, 억지(강제력)를 취하는 것으로 하지 않는다. 이루고도 공으로 여기지 아니하며, 이루고도 교만하지 아니하며, 이루고도 자랑스러워하지 않는다. 이것을 일러 이르되 억지로 하지 않는다고 하는 것이다. 그래야 일하기가(행하기가) 좋고 길게 간다.

【요지】

수련에서 '道'(기운)로 우리 몸의 주인인 정신을 보좌하는 데 억지로 해서는 안

됨을 말하고 있다. '氣'로써 '神'을 보하는 관계이다. 우주의 기운(正氣)의 흐름을 따라야지 억지로 부리려 하면 수행의 공을 이룰 수 없음을 뜻한다. 이것을 잘 해야 제대로 이룰 수 있고 또 오래간다. 수행법의 요체 가운데 하나이다.

이 수련의 이치에 대해서는 甲[16]의 해설 항에서 설명하기로 한다.

【해설】

'道'는 넓게 보면 문자 그대로 '길'이다. 그런데 구체성이 드러나 있지 않을 때는 막연하여 쓰이지 않는 곳이 없다. 같은 말을 쓸지라도 사람마다 생각하는 그 길이 다르기도 하다. 甲[1][2][3]과 연관 지어 글의 흐름을 보면 갑자기 군대와 군주가 나올 이유가 없고, 통치행위와 관련된 글로 보기에는 다음 글 甲[5]와도 잘 연결이 되지 않는다. 또 통치행위로 보면 내용이 더 모호하다. 그래서 修行을 얘기하는 가운데 비유적으로 썼을 가능성을 생각하게 된다. 즉, '人主'는 내 몸의 주인인 '神' 즉 '정신'을 가리킨다. '兵' 또한 문자 그대로 군대나 병기를 말하는 것이 아니라 강제력을 비유하는 데 썼음을 알 수 있다.

'道'를 흔히 '바른 길'이라 여기는 것을 볼 수가 있다. 그러면서도 그 '길'이 무엇인지를 확연하게 설명하지 못한다. 原著의 글쓴이가 명확하게 말하지 못한 이유가 가장 크다. 그래서 전후 문맥을 통해서도 내포된 뜻(含意)을 정하기가 쉽지 않은 경우가 많다.

그러나 楚簡本『老子』의 경우는, 뒤에 나오는 甲[11]의 '道'에 대한 정의를 잘 살펴보면 '道'를 '기운'(氣)으로 바꿔 말할 수 있음을 알 수 있다. 이에 따르면 '人主'와 '兵'이 각각 '神'(정신)과 '강제력'을 비유하는 개념임을 이해하기가 그리 어렵지 않다.

이 '道', 즉 '기운'을 '우주의 正氣'라고 넓혀 말하면 이해하기 쉬울 것 같다.

요컨대 修行에 있어서 기운(氣)을 써서 '神'을 돕는 데는 우리 몸(天下)에 군대 같은 무력에 비유되는 억지를 써서는 안 됨을 깨우치는 말로 본다. 바꾸어 말하자면 수행상의 '有爲法'과 '無爲法' 가운데 無爲法이 人主(神)를 보좌하는 正法

임을 말하고 있다. 요컨대 '氣'와 '神'의 정상적인 관계를 설명한 것이라고 할 수 있다. 무릇 우주의 기운을 받아들이는 수행은 자연스럽게 하는 것이다. 그래야 '氣'가 '神'으로 化하게 된다.

楚簡本『老子』의 순서에 의하면, '道'라는 말에 대한 개념 정의가 아직 나와 있지 않은 상태에서 이 글에서 '道'라는 말이 처음 나온다. 甲[11]에서야 비로소 정의한다.

앞글 甲[1][2][3]을 보편적인 수행과 관련짓지 않고, '본바탕을 지키면서 자신을 낮추고 만족할 줄 안다는 것'의 적용 범위를 축소하여 人主(군왕)를 보좌하는 사람의 덕목이라고 본다면, 이 글 甲[4] 중의 '道'를 人主를 보좌하는 사람이 처신해야 할 포괄적이고 추상적인 덕목으로 이해할 수도 있을 것이다. 앞글 甲[2]에서 강·바다와 왕의 관계를 비유한 말을 통치행위자에 국한된 말로 여기고, 왕은 곧 자기를 낮출 줄 아는 聖人의 덕목을 갖추어야 함을 말한 것이라고 본다면 더욱 그러하다. 이곳의 '道'를 뒤에서 나올 '無爲'와 연관지어 통치행위상의 '無爲의 道'라고 강변할 수도 있을 것이다.

그러나 甲[1]과 甲[3]을 굳이 통치행위자가 갖추어야 할 덕목으로 제한하여 볼 필요가 없다고 본다. '道'라는 말이 여기에서 처음 나오고 여러 방면에 쓰일 수 있는 말일 뿐만 아니라, 앞의 甲[1][2][3]을 모든 사람에게 공통되는 보편적인 수행의 관점에서 이해하면 더욱 자연스럽기에 이 글 甲[4] 역시 수행의 관점에서 풀이하였다. 개별 수행이 완성된 후라야 '聖人'이라 일컬을 수 있고, 그들의 德이 敎化로 연결될 수 있을 것이다.

수행의 관점에서 이해하면 뒤에 나오는 '無爲'(인위[작위]가 없음)와도 잘 연결된다. '無爲'는 '스스로[저절로] 그러함[그리 되게 함]'(自然)을 실현하는 방법이다. 뒤의 甲[7]과 甲[11]에 의하면 '道'의 운행(작동) 방식이 '自然'이며 '無爲'가 그 방법임을 알 수 있다.

이 글 甲[4]에 나오는 '不欲以兵强於天下', '不以取强'을 '無爲'이나 '自然'과 연관 지어 이해하면 修行에 관한 것임을 더 쉽게 알 수 있다. '以無爲佐人主'('無爲'를 써서 人主를 보좌하다), '以自然佐人主'('自然'[저절로 그리 되게 함]을 써서 人主를 보좌하다)처럼 말이다. 그렇게 해도 말이 된다. 다만 '人主'가 실제로 무엇을 가리키는 지에 대한 생각의 차이로 말미암아 다른 해석이 있을 수는 있다. 그러나 이 경우는 '道'를 아직 설명하지 않은 '어떤 바른 길(방법)'로 막연하게 이해해야 하는 모호함이 있다. 그래서 '無爲에 의해 自然하게 작동(운용)되어야 하는 기운(氣, 에너지)'으로 구체화하여 이해한 것이다. 적어도 楚簡本『老子』에 나오는 여러 곳의 '道'字를 일관되게 이해하고자 할 때 그러하다.

만약에 작자가 말하고자 한 그 무엇을 설명하기 위해 '道'라는 이름을 빌려 쓰기 전에 '道'字가 가리켜 온 일반적인 의미의 '길'을 뜻하는 것으로 본다면, 그대로 '길'(이치, 방법 등을 포함)이 될 것이다. 이 경우 '길'은 주관성을 띤 모종의 '바른 길'을 가리키게 된다. 그렇게 보더라도 결국 기운(에너지)의 바른 운용을 내포하게 되어 넓은 의미에서는 역시 같게 될 수도 있다. 다만, 그 기운 자체냐 그 기운의 작동원리냐 하는 의문이 생기는데 이것마저 구분하지 않았다고 볼 수도 있다. 뒤의 甲[11]에서 '道'를 '狀'이라고 표현한 것에 의거하여 '道'를 우주 만물에 통하는 기운으로 보면 그것의 작동 원리 또한 그 안에 내포되어 있다고 할 수 있기 때문이다. 이러한 설명은 老子의 '道'에 대한 후대 사람들의 이해의 일부를 어느 정도 포용할 수 있을 것이다.

물론 楚簡本『老子』에 나오는 모든 '道'字가 쓰인 경로를 하나로 꿰고자 노력하면, '道'를 '기운'으로 여기는 것이 앞뒤 글의 연관성을 확보하는 데 가장 적절하다는 것을 알 수 있다. 이렇게 하면 앞뒤의 내용이 더 잘 연결되고 의미도 더욱 분명해져서 글쓴이의 의도와 문맥을 파악하기가 쉬워진다.

22 道(도) : 본문 중의 [해설]항을 참조할 것.

楚簡本『老子』에서 '道'字는 이 글에서 처음 나온다.

『說文解字』에서는 '道'字를 "辵部: 道 : 所行道也. 从辵从𩠐. 一達謂之道."라고 풀이하였다. 『爾雅』에서의 연관된 풀이는 "釋宮 : 路, 旅, 途也. 路, 場, 猷, 行, 道也"이다. "釋詁 : 迪, 繇, 訓, 道也", "釋詁 : 梏, 梗, 較, 頲, 庭, 道, 直也"이다. '길'을 뜻한다.

『廣韻』에서는 "道 : 理也, 路也, 直也, 衆妙皆道也. 說文曰 : 所行道也, 一達謂之道. 徒晧切, 七."이라 하였다. '길'이라는 뜻 외에 이것이 상징하는 '理', '直'을 추가하였다.

23 人主(인주) : 문자 그대로 '사람의 주인'이라는 뜻으로서 '군왕[임금, 왕, 군주]'을 가리킨다. 같은 방식으로 臣下(신하)는 '人臣'(인신)이라고 한다. 통치 행위를 말 할 때는 字面 그대로 받아들이면 되지만, 이 책에서는 이 '사람의 주인'을 修行 상의 '神' 즉 '정신'을 비유한 말로 보고 해석한다.

24 者(자) : 帛書本에서는 이곳에 '者'자를 쓰지 않았다. '者'는 강조의 기능을 하는 助詞이다. '者'의 앞에 오는 말은 문맥에 따라서 '~하는 사람', '~하는 것'으로 번역해도 되는 경우들이 있다. 그래서 흔히 '道를 가지고 人主를 보좌하는 사람은'이라고 번역한다. 굳이 이렇게 보지 않아도 다 통한다. 古代漢語에서 '~하는 사람', '~하는 것'을 나타냄에 '者'를 써야하는 것이 아님을 많은 용례를 통하여 알 수 있다.

['者'의 기능에 대해서는 전게서 『新體系 漢文法大要 - 先秦 · 兩漢 시기』 참조.]

25 兵(병) : 본시 '군대(군사, 군인)', '병장기(무기, 병기)', '싸움(전쟁)' 등을 뜻한다. '군대' 또는 '병기'로 번역할 수 있는데, 이 글에서는 修行 상의 '강제력'을 비유하는 데 쓰였다.

26 強(강) : '彊'으로도 쓴다. '강함'과 관련된 모든 것을 나타내는 데 쓰인다. 『爾雅』에 "强 暴也."라는 항목이 있다. 이에 의하면 '난폭함', '폭력(무력)' 등을 뜻하는 말로도 쓰임을 알 수 있다.

그러나 이 글에서는 修行과 관련하여 '强'字의 다른 뜻인 '억지로(강제로) 하다'[또는 억지로 함, 강제력]를 뜻하는 말로 본다.

27 天下(천하) : '天下'는 '하늘 아래'를 뜻한다. '天'이 통상 가리키는 '하늘'일 때는 이 '하늘 아래'가 '세상'을 뜻한다. 그런데 여기에서의 '天下'(하늘 아래)는 우리 몸 전체를 비유하는 말로 쓰였다. '天'은 머리 즉 우리 몸의 상부를, '下'는 그 아래를 가리켜 '天下'는 우리 몸 전체를 비유한 말로 여겨진다. 楚簡本 『老子』에서 여러 차례 이러한 뜻으로 사용된다.

'天'字에 대하여 『說文解字』에서는 "天: 顚也. 至高無上, 从一, 大."라 풀이하였다. 段玉裁는 여기에 "…… 凡言元始也. 天顚也. 丕大也. …… 顚者人之頂也, 以爲凡高之稱. …… 天亦可爲凡顚之稱. ……"이라 注하였다.

'顚(전)'字에 대해서는 『說文解字』에서 "顚: 頂也."라 하였고, 段玉裁는 注에서 "見釋言國

語班序顚毛注同. 引伸爲凡物之頂 …….”이라 하였다.
‘頂(정)’字에 대한 『說文解字』의 풀이는 “頂: 顚也. 从頁丁聲.”이다. 『方言』에는 “顚頂, 上也.”라는 풀이가 있다.
후대의 자전에서도 『說文解字』의 풀이를 기본으로 삼고 있다. 종합해 보면 ‘天’은 곧 ‘顚’이고 ‘顚’은 곧 ‘頂’이다. ‘顚’과 ‘頂’에 공통되는 뜻은 ‘정수리’(꼭대기)이다. 『方言』의 설명 방식으로는 ‘위’이다. 이들 문헌의 풀이에 의해 ‘天’의 本義가 ‘하늘’인지 ‘정수리’(꼭대기)인지를 단언할 수는 없다. 그러나 ‘天’이 ‘정수리’ 즉 ‘머리 위’를 가리키는 것은 분명하다. 뿐만 아니라 정수리에 해당하는 높은 곳에 있는 것을 널리 지칭할 수 있음을 알 수 있다.
사람을 중심으로 볼 때 빈 허공인 하늘(天)의 시작은 바로 사람의 머리 위이다. 여기에서부터 그 위의 모든 것을 ‘天’이라 일컬을 수 있다. 사람의 몸에서 머리 꼭대기는 곧 ‘하늘’에 해당한다.

28 여기에서부터 ‘~好長’까지는 帛書本과 많은 차이가 있어서 상호 글자를 맞추어 고증할 수는 없고 내용의 유사성만 파악할 수 있다.

29 善(선) : ‘善’字는 ‘잘하다’, ‘좋다’, ‘착하다’ 등을 포괄한다.

30 果(과) : ‘이루다, 해내다’, 즉 ‘결과(과실)를 얻다’를 뜻한다.

31 而已(이이) : ‘而’는 助詞이다. 앞 말을 강조한다. 전후 관계는 문맥에 의해 나타난다. 문맥 관계를 나타내는 接續詞의 기능은 없다. [전게서 『新體系 漢文法大要 - 先秦 · 兩漢 시기』 참조]
‘已’는 動詞로서 ‘말다, 그치다(그만두다), 다하다, 그뿐이다’를 뜻한다.

32 伐(벌) : 여기에서는 ‘공(공적)으로 여기다’, ‘자랑하다’를 뜻한다. 『廣韻』에 “伐 征也, 斬木也, 又自矜曰伐. 房越切, 十四.”라고 하였는데, ‘又自矜曰伐’이라고 풀이한 것에 해당한다.
‘自矜’은 ‘스스로 자랑스러워하다’로 풀이된다.

【 05 】

수행이 잘된 장부는 도달한 경지의 깊이를 헤아릴 수가 없다

【원문】

古之善爲士者, 必非溺玄達, 深不可志. 是以爲之頌 : 夜虐奴冬涉川. 猷虐廾奴愄四哭. 敢虐廾奴客. 觀虐廾奴懌. 屯虐廾奴樸. 坉虐廾奴濁. 竺能濁以朿者, 牆舍淸. 竺能庀以迬者, 牆舍生. 保此衍者不谷端呈.

[帛書 老子 제59장]

【考釋文】

[33]古之善爲士[34]者, 必微妙[35]玄[36]達, 深不可識, 是以爲之容 : 豫[37]乎[38]若冬涉川, 猶[39]乎其[40]若畏四鄰, 嚴乎其若客, 渙[41]乎其若釋[42], 屯[43]乎其若樸, 沌[44]乎其若濁. 孰能濁以靜者, 將徐淸? 孰能安以動[45]者, 將徐生? 保此道者不欲尚[46]盈.

【譯文】

옛날에 장부 노릇을 잘하는 사람은 반드시 미묘함(마음자리, 心地)에 현달했으므로 (그) 깊이를 알 수가 없었다. 이에 그 용모를 그려보고자 한다(형용해 보기로 한다).

주저주저하여 겨울에 냇물을 건너는 것 같이 하고, 조심조심하여 [아 거] 사방의 이웃을 두려워하는 것 같이 하고, 위엄스러워서 [아 거] 손님과 같고, 풀려있어서(온화하고 인자하여) [아 거] 얼음이 녹아내리려는 것 같고, 도타워서 [아 거] 통나무와 같고, 어두워 보여서 [아 거] 흐린 물과 같다.

어느 누가 흐린 상태 그것을 고요하게 해서 장차 서서히 맑아지게 할 수 있겠는가? 어느 누가 안정된 상태 그것을 가지고 움직이게 해서 장차 서서히 생하게 할 수 있겠는가? 이 道(기운)를 보유한 사람은(보유하게 되면) 오히려 가득 채우기를 바라지 않는다.

【요 지】

장부다운 장부에 대해 묘사하고 있다. 그는 미묘한 곳까지 도달하여 깊이를 알 수 없다. 행동거지가 조심스럽고 겸손하며 장중하고 얼음이 녹아내리듯이 온화하고 어질면서도 질박하여 미덥고 어두워 보인다.

수행을 잘하여 미묘함에 현달한(근원을 깨달은) 사람은 기운이 혼탁한 상태를 진정시켜서(가라앉혀서) 맑게 하고, 그 안정된 상태를 이용해서 움직여 生하게 할 수 있으면서도 가득 채우려고 하지는 않는다.

【해 설】

이 글 또한 甲[1][2][3][4]의 내용과 연관 지어 이해하기로 한다. 道(기운)를 잘 닦아서 '玄達'한 사람의 면면을 통해 수행의 결과가 어떻게 표출되는가를 설명하고 있다.

'微妙'한 것은 곧 '마음자리(心地)'이다. '微妙玄達'은 '미묘함에 현달했다'는 뜻이니 근원을 깨달은 사람을 형용하는 말이다. 이러한 경지에 도달한 장부의 면모를 설명하였고, 이런 사람은 '濁'한(혼탁한) 상태를 '靜'하게(고요하게) 해서 '淸'하게(맑아지게) 하고(탁한 기운을 정화함), 이러한 '安'의(안정된) 상태를 이용하여 正氣가 '動'하게(움직이게) 해서 '生'하게(살아나게) 할 수 있다고 하였다. 끝에서 이것(道)을 보유(보존)할 수 있는 사람은 가득 채우려 하지 않는다고 했다. 이 '道'가 기운이 아니고 무엇이겠는가?

수련의 방법을 구체적으로 말하지는 않았지만 이 수행을 완성할 수 있는 사람은 '몸 안의 혼탁한 기운을 안정을 통해서 맑히고 그 안정된 상태에 의해 기운을 동하게 해서 새로운 기운이 생겨나게 할 수 있는 사람'이라고 본 것이다. 道家의 수행법에서 내 몸의 正氣에 의해 邪氣를 몰아냄으로써 내 몸을 정화하고 나아가 우주의 기운을 받아들이는 수련의 과정으로 이해된다.

그리고 이러한 수행의 이치를 깨달아 안 사람은 가득 채우지 않고 비워두는, 즉 '知足'을 아는 사람이기도 하다. 수행의 순서이자 방법이기도 하다.

이 글을 막연하게 道의 어떤 면모를 설명한 글이라고 말하기는 쉬워 보인다. 그러나 막상 구체적으로 적용시켜 보기로 하면, 통치행위를 비롯한 사람 사이의 관계를 말한다고 보기에도 석연치가 않다. 통치자가 사람을 다스리는 방법을 이렇게 막연하게 설명했다고 여기기는 곤란하다.

그래서 앞글들의 내용과 일관되게 우리 몸에 바르게 운행되도록 수련하는 대상인 기운을 '道'라 하였다고 본다. 甲[11]에서의 '道'에 대한 정의와 부합된다. 도가의 수행법을 접해보지 못한 사람들은 이러한 방향으로 이해하기가 쉽지 않겠지만, 당시에 이 글에서 설명되는 수행을 실천했던 사람이나 후대에 이를 실천해 본 사람들이라면 이와 관련된 다른 구체적인 수행법을 알고 있었기에 이 말의 뜻이 쉽게 와 닿지 않았을까?

33 楚簡本에서 앞글 甲[4] 끝의 '好'字와 '長'字 사이에 '–'와 같은 막대 부호가 있다. 그런데 일반적으로 이를 착오로 보기 때문에 '長'字를 올려붙이고, 이 글 甲[5]의 첫 글자를 '古'(故)로 여긴다. 그러나 '長'字를 이 글 앞에 붙여 '長古'라고 보아도 말은 된다. '긴(오랜) 옛날'을 뜻하기 때문이다. 앞글[4]의 끝부분 역시 '其事好'라고만 해도 문제가 발생하지 않는다. 그런데 후대 본은 앞글 끝부분인 '其事好長'이 아예 없고, 뒷글은 거의가 '古'를 뜻하는 '故'로 시작한다. 이를 취하여 '古'로 考訂한다. 甲[4]는 帛書本 74장, 王弼본 30장에 있는데 내용이 많이 다르다. 甲[5]는 帛書本 59장, 王弼본 15장에 들어 있다.

34 士(사) : 『說文解字』의 풀이는 다음과 같다. "士 : 事也. 數始於一, 終於十. 从一从十. 孔子曰 : 推十合一爲士. 凡士之屬皆从士." 여기에서는 우리가 흔히 알고 있는 '士'의 뜻을 풀어놓지 않았다. 그런데 '壻'字의 설명 중에 단서가 있다. "壻 : 夫也. 从士胥聲. 詩曰 : 女也不爽, 士貳其行. 士者夫也. 讀與細同." '士'는 곧 '丈夫(장부)' 즉 사내대장부라고 할 때의 그 장부를 뜻함을 알 수 있다. 이 글의 '士'는 바로 이 뜻이라고 본다. 따라서 이 글에서는 '장부'로 번역하기로 한다.

물론 신분상의 위계를 뜻하는 경우도 있다.

『爾雅』에는 다음과 같이 풀이되어 있다. "釋詁: 在, 存, 省, 士, 察也.", "釋言: 髦, 士, 官也.", "釋訓: 美士爲彥." 이 가운데 '士, 官也'라고 하였다.

중국 고대의 封建時代 신분 계급의 하나를 가리킬 때는 '公 · 卿 · 大夫 · 士 · 庶人'으로 나뉘는 계급 질서에서 가운데 계급이다. 피지배계급인 庶人 바로 위에 있는 지배계급의 최하단이라고 보면 된다. 公 · 卿 · 大夫에 이를 수 있는 신분이다. 그래서 왕왕 그 이상의 신분을 포괄하여 지칭하기도 한다. 한국어로 '선비'라고 번역하게 되면 이 개념에 가까워지므로 주의를 요한다.

帛書本과 傅奕본은 '士'를 '道'로 바꾸어 썼다. '善爲道'가 되니 '道를 잘 행하다'로 본 것이 된다. '善爲士'의 '장부되기를 잘하다[→장부 노릇하기를 잘하다]'도 道를 실천하여 그렇게 되는 것이니 취지가 크게 다르지는 않다고 본다.

35 微妙(미묘) : 원문은 '非溺'인데 帛書本에서는 '微妙(眇)'로 썼다. '非'는 '微'와 의미가 같다. 『郭店楚墓竹簡 · 老子 · 甲本』에서는 '溺' 그대로 考訂했다. '溺'은 假借字로서 '妙'와 통한다고 본다.(최남규 역주 『郭店楚墓竹簡』의 35쪽 '註解'를 따름) 그래서 '微妙'로 바꾸어 썼다.

36 玄(현) : 『說文解字』에 "玄 幽遠也. 黑而有赤色者爲玄. 象幽而入覆之也. 凡玄之屬皆从玄."이라 하였다. '幽遠'(유원) 즉 '그윽하고 멀다'는 뜻이다. '아주 멀다', '깊숙하다', '심오하다' 등의 뜻을 나타낸다. 색깔로는 '검은 색에 붉은 색이 있는 것'이라고 하였으니 약간 검붉은 색깔이고, 이 색깔로 비유할 수 있는 모든 것을 '玄'으로 표현한다. '어둑어둑하다', '깊이를 헤아릴 수 없다', '심오하다', '오묘하다' 등을 나타낸다. '玄達'(현달), '玄妙'(현묘), '玄虛(현허)' 중의 '玄'이 그것이다.

37 豫(예) : 『說文解字』에는 "豫 象之大者. 賈侍中說 不害於物. 从象予聲."이라고만 되어 있어서 이 글 중의 뜻과는 상관이 없다.

『爾雅』에서는 '豫'를 '樂', '厭', '安', '敘' 등으로 풀이하였지만 역시 상관되는 항목이 없다.

『廣韻』에서는 "豫 : 逸也, 備先也, 辨也, 早也, 安也, 猒也, 敘也, 又州名." 등으로 풀이하

였는데, 이 가운데 '備先'과 관련이 있다. '준비가 앞서다' 즉 '미리 준비하다'를 뜻하는데 시간을 앞당기는 것만을 나타내는 것이 아니라 뒤로 미루어 늦춤을 나타내는 데도 쓰인다. 그래서 '머뭇머뭇 함', '주저주저함'을 형용한다.

38 乎(호) : 여기에서의 '乎'는 감탄성을 띤 助詞로 본다.
帛書本은 '呵'로 표기하였으며, 王弼본부터는 '兮'를 쓰고 있다.

39 猶(유) : 『說文解字』에는 "猶 玃屬. 从犬酋聲. 一曰隴西謂犬子爲猷."라 되어 있고, 『廣韻』에는 『爾雅』의 풀이를 인용하여 "爾雅云 : 猶如麂 善登木. 又音由, 音柚."라 되어 있다. 이 글 중의 뜻과는 무관하다. '猶'는 원숭이류의 짐승을 가리키는 데서부터 '망설이다(주저하다, 머뭇거리다)', '같다', '오히려', '말미암다', '꾀' 등을 뜻한다. 이 가운데 '망설이다(주저하다)'에 해당한다. 문맥에 맞추어 '조심조심하다'로 번역하였다. 결국 앞의 '豫'와 비슷한 뜻이다. '猶豫'(유예: 망설여 일을 결행하지 않다, 시일을 늦추거나 미루다)라고 할 때의 두 글자의 뜻이라고 여기면 된다.

40 其(기) : 바로 앞 구의 '乎' 앞에는 '其'字가 없는데 그 뒤부터는 모두 들어 있다. 帛書本에는 앞 구부터 들어 있다. 王弼(왕필)본부터는 '儼(嚴)乎' 뒤부터 들어 있다. 강조의 어기를 나타내는 조사로 보아 번역하였다. '其'를 代詞로 보아 '古之善爲士者'를 가리키는 말로 보아도 문장은 성립한다.

41 渙(환) : '풀리다', '흩어지다'를 뜻한다. 어진 풍모를 형용하는 말로 쓴 것 같다.

42 釋(석) : 『說文解字』에서는 "釋 解也. 从釆, 釆取其分別物也. 从睪聲."이라고 풀이하였다. 『爾雅』에서는 "服也."라고 하였다. 『廣韻』에서는 "捨也, 解也, 散也, 消也, 廢也, 服也, 又姓. 施隻切, 十六."이라 풀이하였다. 이 글 중의 '釋'은 『說文解字』의 '解', 『廣韻』의 '解', '消'의 범주에 든다. 즉, '풀다(풀리다)', '소멸하다' 등으로 번역할 수 있다. 결국 '渙'과 '釋'의 뜻이 비슷하다. 그런데 앞뒤로 짝하여 쓰인 말들 가운데 뒤에 오는 말은 모두 구체성을 띤 내용이므로 풀리는 것을 얼음으로 상정하여 '얼음이 풀리다(녹다)'로 구체화하였다. 그러나 굳었던 무엇이 풀리는 것이면 다 해당한다고 여긴다. '若釋'을 정확하게 풀이하자면 '(굳었던 무엇이) 풀리는 것 같다'가 될 것이다.

43 屯(둔) : 帛書本 乙은 '沌'(돈)이다. 王弼본에서부터 '敦'(돈)으로 쓴 것을 취하여 '도탑다(두텁다)'로 번역하였다. 『廣韻』에 "屯 難也, 厚也, 陟綸切, 又徒渾切, 四."라 하였는데 '厚'가 그것이다. 『說文解字』에는 "難也."만 있다.

44 沌(돈) : 帛書本은 '湷'(춘)으로 쓰고 있다. 王弼본부터는 '混'(혼) 또는 '渾'(혼)으로 썼다. 『廣韻』에서 "沌 混沌."이라 한 데에 그 뜻이 나타나 있다. '沌'은 '어둡다'를 뜻하니 후대

본에서 비슷한 뜻의 '混', '渾'(흐리다)으로 바꿔 쓴 것이다.

45 '安'(안)과 '動'(동)은 王弼본을 따랐다. 이후 本들도 모두 같다.

46 尙(상) : 帛書本부터는 이 글자가 없다. '不' 앞에 들어가면 자연스러울 텐데 이 자리에 들어 있다. 빼고 번역하는 것이 더 자연스럽다.
'尙'을 '숭상하다'로 번역해도 말은 되나 문맥상 어색하다.

【06】

聖人은 無爲에 의한다·신중하여 그르치는 일이 없다·저절로 그리 되게 한다

【원문】

爲之者敗之, 埶之者遠之. 是以聖人亡爲古亡敗, 亡執古亡遂. 臨事之紀, 誓冬女怡, 此亡敗事矣. 聖人谷不谷, 不貴難得之貨; 孝不孝, 復衆人之所𨒊. 是古聖人能尃萬勿之自肰而弗能爲.

[帛書 老子 제27장]

【考釋文】

爲之[47]者敗[48]之, 執之者遠[49]之. 是以聖人亡[50]爲, 故亡敗, 亡執, 故亡失. 臨事之紀[51], 愼終如始, 此亡敗事矣. 聖人欲不欲, 不貴難得之貨, 教不教[52], 復衆之所過. 是故聖人能[53]專[54]萬物[55]之自然而弗能爲.

【譯文】

그것을 인위적으로 하면 그것을 그르치고, 그것을 잡으려고 하면(집착하면) 그것과 멀어진다. 이에 聖人은 人爲가 없다. 까닭에 그르치는 일이 없다. 잡으려 하는 것이 없다. 까닭에 잃는 일이 없다. 일에 임하는 벼리(요체)는 끝을 삼가 하여 처음과 같이 하는 것이다. 이것이 일을 그르침이 없게 해주게 된다.

聖人은 바라지(욕망하지) 않기를 바라며, 얻기 어려운 재물을 귀하게 여기지 않고, 가르치지 않음을 가지고 가르쳐서 뭇 사람들이 지나치는 바(잘못하는 것)를 되돌린다. 이런 까닭에 성인은 만물(=내 몸의 모든 것)이 스스로(저절로) 그러함을 돕는 것은 잘해도 인위적으로 하는 것은 잘하지 못한다(作爲 하는 데는 능하지 못하다).

【요지】

正氣를 닦는 수련을 人爲(作爲)적으로 하지 않고 집착하지 않으면서도, 처음부터 끝까지 신중함을 근간으로 삼음으로써 일을 그르치지 않는 도리를 설명하고 있다. 이러한 경지에 있는 사람이 聖人이다. 그는 욕심을 부리지 않으며 인위적인 가르침에 의하지 않고 저절로 그리 되게 하는 방법으로 수행하고, 그에 따라 보통 사람들이 잘못하는 것을 바로잡는다. '教不教'는 '行不言之教'를 뜻한다.

人爲(作爲)를 뜻하는 '爲'와 이의 반대인 '無爲'(亡爲)의 개념을 등장시켰다. 이 '無爲'에 의해 만물(=내 몸의 모든 것)이 '自然'하도록(스스로 그러하게 되도록) 돕기만 하는 것으로 聖人은 수행을 완성한다.

【해설】

'無爲'(人爲[作爲]가 없음)라는 말이 처음 등장한다.

聖人이 수행을 함에 있어서 '無爲'하는 이유와 결과에 대해서 말하고, 수행에 임하는 핵심이 시종일관 삼가는 것임도 말하였다. 聖人의 수행 방법은 만물이 저절로 그리 되게 하는 것을 돕는 것이다. 통치행위와 관련된다고 볼 수 있는 구체적인 행위에 대한 언급은 전혀 없다. '無爲'를 어떠한 입장에서 이해해야 할 것인가에 대해서는 뒤의 '핵심어와 문맥을 중심으로 한 楚簡本『老子』의 내용'을 정리하는 글에서 부연하기로 한다.

---

47 爲之(위지) : 여기에서의 '爲'는 문맥상 '人爲(作爲)적 내지 자의적으로 무슨 일을 함'을 가리킨다. '之'는 代詞로서 '爲'의 대상이 되는 목적어이다. '그것'에 해당한다. 한국어로는 번역하지 않는 것이 더 부드러운 경우가 많다.

48 敗(패) : '그르치다', '깨뜨리다', '실패하다' 등으로 번역할 수 있다.

49 遠(원) : 楚簡本 丙, 帛書本 甲에서 사용한 글자는 고증에 의하면 '失'字에 해당한다. 帛書本 乙부터는 모두 '失'로 쓴다.
'遠' 그대로 번역해도 전체적인 뜻이 달라지지 않는다. '失'(잃다)로 바꾸지 않고, 원문 그대로 '멀어지다, 멀어지게 하다'로 번역한다. 뒤에서는 '失'字를 쓰고 있다. '遠'과 '失'이 전달하고자 하는 뜻은 결국 같다.

50 亡(망) : '亡'은 '無'(무)의 뜻이다. 그래서 원문을 '無'로 바꾸지 않았다. 楚簡本『老子』에서는 주로 '亡'字를 쓰고, '無'자는 드물게 썼다. '無爲'의 경우는 丙[5]에 한 번 나오고 나머지는 '亡爲'로 썼다.

51 紀(기) : '벼리'는 '그물의 위쪽 코를 꿰어 오므렸다 폈다 하는 줄'이다. 그래서 '일이나 글의 중심이 되는 줄거리'를 가리키는 데 쓰인다. '요체', '강기', '법도' 등으로 번역할 수 있다. 요체를 가리킨다.

52 敎不敎(교불교) : 楚簡本 丙에서는 '學不學'(학불학)이라 하였다. 이곳의 '敎不敎'를 帛書本을 비롯한 이후 본들은 모두 '學不學'으로 쓰고 있다. '배우지 않음을 배운다'라고 말하는 것도 '가르치지 않음을 (가지고) 가르친다'와 전달하고자 하는 뜻은 같다. 가르치는 입장에서든 배우는 입장에서든 '無爲'(作爲가 없음)에 의해 목적을 이룬다는 뜻이다.

53 能(능) : 『說文解字』의 풀이는 이러하다. "能 熊屬. 足似鹿. 从肉㠯聲. 能獸堅中, 故稱賢能 ; 而彊壯, 稱能傑也. 凡能之屬皆从能." 본뜻은 곰의 일종이고, 이 동물의 성질이 '堅中'하므로 '賢能'하다는 말이 있다고 했다. 『爾雅』에는 '能'字에 대한 직해는 없고 '克'字를 "克, 能也."라 풀이하였다. 이로 미루어 거꾸로 '能'은 '克' 즉 '이기다'는 뜻이라고 할 수 있다. "鼈三足, 能. 龜三足, 賁."에 의하면 동물 이름이다. 또, "道盛德至善, 民之不能忘也." 라는 풀이 가운데 '不能忘'에 의하면 '능하다, 잘하다'는 뜻임을 미루어 알 수 있다. 『廣韻』에서는 『爾雅』의 풀이를 인용하여 "能 爾雅謂三足鼈也, 又獸名禹父所化也, 奴來切, 又奴登切, 二."라 하여 동물의 이름인 경우와, "能 工善也, 又獸名熊屬足似鹿亦賢能也, 奴登切又奴代奴. 來二切, 一."이라고 하여 '일을 잘하다(일이 좋다)'는 뜻이 있음을 알 수 있다. "賢 善也, 能也, 大也, 亦姓. 胡田切, 十七."이라는 풀이를 통해서는 '賢'과 같은 뜻임을 알 수 있다. '賢能하다'를 뜻하는 '能'이다. 『爾雅』의 경우와 마찬가지로 "克 能也, 勝也."라는 풀이도 있다. 그러므로 '能'은 본시 '잘하다', '(현)능하다', '이기다' 등의 뜻으로 쓰였음을 알 수 있다.

54 尃(부) : 楚簡本 丙은 '補'로 적었다. 帛書本부터는 '輔'(보)로 쓴다. '돕다'로 번역한다. 『說文解字』와 『廣韻』에서는 '尃'를 '布也'라 풀이하였다. '布'는 '펴다'를 뜻한다. 윗글의 '尃'를 이렇게 풀이하여도 뜻이 통한다.

55 物(물) : 竹簡本에서는 모두 '勿'로 표기하고 있다.
'萬物'은 보통 '세상의 모든 것'을 가리키는 데 쓰는 말이다. 그런데 수행의 관점에서 보아 앞뒤 문장과 같은 맥락에서 이해하면, 내 몸 안의 만물, 즉 '내 몸의 모든 것'을 비유하는 말로 쓰인 것 같다. 뒤의 甲[7]에 나오는 '侯王'과 '萬物'의 관계에 비추어 볼 때, 더욱 그러하다.
이에 대해서는 다음 글 甲[7]에서 부연 설명한다.
'聖人'은 이러한 수행을 완성할 수 있는 정점에 있는 최고수이다.

【07】

道(기운)는 항상 無爲에 의해 운행된다

侯王(=精神)이 이것을 지키면 만물(=내 몸의 모든 것)이 저절로 된다
만족할 줄 알면 저절로 안정된다

【원문】

衍恒亡爲也. 侯王能守之而萬勿牆自憑. 憑而雒隻, 牆貞之以亡名之歡. 夫亦牆智足, 智足以朿, 萬勿牆自定.

[帛書 老子 제81장]

【考釋文】

道恒亡爲也, 侯王[56]能守之而萬物將自化[57]. 化而欲作[58], 將鎭[59]之以亡名之樸[60]. 夫亦將知足, 知足以靜, 萬物將自定.

【譯文】

'道'(기운)는 항상 人爲(作爲)가 없다. 侯王(=精神)이 그것을 잘 지키면 만물(=내 몸의 모든 것)이 장차 저절로 된다. 되었는데도 (무엇을) 짓고자(作爲 하고자) 하였다면, 장차 그것을 누름에(진정시킴에) 이름이 없는 통나무와 같은 것[본바탕, 自性]을 써야 할 것이다.

무릇 또 장차 만족할 줄을 알아야 할 것이다. 만족할 줄을 알아서 그것으로 고요해지면 만물(=내 몸의 모든 것)이 장차 저절로 안정될(제자리를 찾게 될) 것이다.

【요지】

수행상 甲[6]의 연장선상에서 '道'(기운)가 운행되게 하는 방법을 말하고 있다.

그것은 '無爲'이다. 侯王에 비유되는 精神(神)이 이 도리를 잘 지키면 만물에 비유되는 내 몸의 모든 것이 저절로 된다. 만약에 잘못하여 作爲가 생기면 바로 '知足'하고(만족할 줄 알고) 진정시키면 내 몸의 모든 것이 저절로 안정된다.

【 해 설 】

앞글 甲[6]의 마지막 부분인 "是故聖人能專萬物之自然而弗能爲."에 대해 부연 설명하고 있는 성격을 띠는 문장이다. 따라서 앞의 甲[6]과 이 글 甲[7]은 내용이 긴밀하다. 두 장으로 나눌 필요가 없이 붙이는 게 낫겠다. 楚簡本에는 甲[6]과 甲[7] 사이에 分章 표시도 없다.

甲[6]에서 수행의 요체가 왜 '無爲'인지를 설명했고, 甲[7]에서는 그래서 "道恒亡爲也."라고 요약한다. '道'(기운)는 바로 '無爲'에 의해 작동됨을 강조한 것이다. "道는 항상 無爲다."라는 말을 거꾸로 하면 "항상 無爲하는 것이 道이다."가 된다.

甲[6]에서는 이 '無爲'를 실천하여 내 몸의 모든 것이 '自然'하게(저절로 그렇게 되게) 할 수 있는 사람이 聖人임을 말했고, 甲[7]에서는 이 道를 우리의 精神(侯王)이 지키면 역시 내 몸의 모든 것(만물)이 '自化'한다(저절로 된다)고 했다. 만약에 잘되고 있는데도 侯王(精神)이 作爲를 가하게 되면 '樸'에 비유되는 본바탕을 찾아서 진정시켜야 됨을 부연하였다.

뒤의 甲[10]에서는 "道恒亡名(無名), 樸, ……."이라 하여, '道'(기운)를 이름붙일 수 없는 것으로서 '樸'(가공하지 않은 통나무)이라고 비유하였다. 요컨대 일부러 또는 억지로 무슨 일을 하지 않으면 우리 몸이 저절로 안정되게 되어 있다는 것이다. '無爲'를 잘 실천하려면 '知足'(만족할 줄을 앎)하여야 함을 추가하였다. '知足'은 '無爲'를 잘 행하게 해 주는 요체이기 때문이다. '知足'하면 혼란이 생기더라도 鎭靜(진정)시킴으로써 온 몸이 '自定'하게(스스로 제자리를 찾아 안정되게) 할 수 있다. 앞의 甲[6]에서는 '知足'을 '欲不欲'(바라지 않기를 바람)이라 표현했었다.

甲[2]에서 '王'은 계곡 물이 모여서 이루어진 강과 바다를 비유하는 데 쓰였다. 그곳에서 설명하였듯이 필자는 '王'字의 본래 의미를, '天·地·人'을 가리키는 '三'을 '丨'이 꿰고 있는 글자 형태에 의거하여 이 셋을 관통하는 존재라고 보았다. 그 글에서 강·바다에 비유되는 사람으로 '聖人'을 등장시켰다.

그 뒤의 甲[4]에서는 '人主'(=精神)를 등장시켰으며 그것을 잘 도우려면 억지로 해서는 안 된다고 하였다. 이 또한 수행상의 '無爲'에 대한 다른 표현이라고 할 수 있다. 甲[5]에서는 '道'를 잘 보존한 사람은 '玄達'(그윽하게[심오하게] 통달함)한다고 말하였다. 그가 채우려 하지 않는다 함은 다른 해석의 여지도 있으나 우선 수행상의 呼吸을 생각해 볼 수 있다. 자연스럽게 놓아두는 無爲의 호흡이라고 보는 것이다.

甲[1]에서 '(視素保樸) (少私)寡欲'이라 하고, 甲[3]에서는 이미 죄·허물·화를 면하려면 '知足'해야 한다고 하였으며, 甲[4]에서는 '不以取强'이라고 하였다. 甲[5]에서는 '(保此道者)不欲(尙)盈'이라 한 데 이어 甲[6]에서는 '欲不欲'이라 하고, 이글 甲[7]에서 수행과 관련하여 다시 '知足'을 말하였다. 표현은 다르지만 모두 '知足'과 통한다. 수행에 있어서 억지로 하지 않고 '知足'해야 '無爲'를 실천하여 성공할 수 있음을 말한 것이다. 수행상 作爲가 있을 수 있기 때문에 그 방편까지 설명하고 있다.

여기 甲[7]에서는 甲[4]의 '人主' 대신 '侯王'이라는 말이 나왔다. 이상의 글들만을 종합해 보아도 人主·侯王(또는 侯·王)이 단순히 군주를 뜻하지 않음을 알 수 있다. 수행의 글로 보고 비유적인 표현임을 간파한다면, 통치행위상에서 '聖人'이라는 말과 '人主'나 '侯王'을 연결 지으려는 데서 나타나는 혼란스러움과 불합리함이 없어진다. 우리는 구체적인 사례를 들어서 통치행위를 말한 곳이 없다는 사실에도 유의할 필요가 있다.

우리는 '人主'·'侯王'을 비롯하여 '萬物'과 '天下'(甲[4])가 지니는 비유적인 뜻을 뒤의 甲[10]에서 다시 확인할 수 있다. 따라서 『老子』 중의 이런 글을 군왕의 길을 설명한 '帝王之學' 중심으로 이해하려는 것은 합당치 않다고 본다.

甲[6]은 帛書本 27章의 후반, 王弼본 64章의 후반에 있고, 甲[7]은 帛書本 81章, 王弼본 37章에 있다. 내용으로 보아 두 글이 떨어져 있는 이유를 알 수가 없다. 아마도 이것들이 근거한 판본이 楚簡本『老子』의 眞本이 아니었던 것 같다. 太史儋(태사담)이 썼다고 전해지는 것이었을 가능성이 없지 않다.[61] 이것도 일종의 증보 및 개작본일 것이다. 시대적 배경의 변화에 따른 글쓴이의 의도가 추가되었을 것이라는 추측이 가능하다.

---

56 侯王(후왕) : '侯王'은 일반적으로 군왕(임금, 왕, 군주)을 뜻한다. 봉건시대의 다섯 가지 작위는 '公 · 侯 · 伯 · 子 · 男'이다. 이 가운데 두 번째 작위가 '侯'인데 이것으로 다섯을 아우른다. '諸侯'라 하면 '여러 侯들'이라는 뜻인데 개별 侯를 가리키는 데도 쓴다. 뒷날 강성해진 제후들이 '王'을 참칭(僭稱)했다. 그래서 '侯王'은 '侯' 또는 '王'을 가리킨다. '군왕'(임금, 왕, 군주)에 해당한다.
그런데 여기에서는 우리 몸의 군왕에 해당하는 '精神'(神)을 비유한 말로 쓰였음을 알 수 있다. 구체적인 통치행위를 언급하지 않고 있을 뿐 아니라, 이 글 자체로 보나 앞뒤 글의 맥락으로 보나 수행(수련)의 이치를 말하고 있다고 여겨지기 때문이다. 甲[10]에도 유사한 설명이 나온다.
앞의 甲[4]에서는 "以道佐人主者, 不欲以兵强於天下."라고 하여 '侯王' 대신 '人主'를 사용하였다. 둘은 같은 뜻이다. 이 글에서 '精神'(神)을 비유하는 말로 쓰인 것과도 같다.
이와 함께 '萬物'은 앞의 甲[6]("是故聖人能專萬物之自然而弗能爲.")에서와 마찬가지로 내 몸 안의 만물, 즉 '내 몸의 모든 것'을 비유하는 말로 쓰였다.
'聖人'은 이러한 수행을 완성할 수 있는 정점에 있는 최고수를 가리키는 것이 분명하다.

57 化(화) : 『說文解字』에서는 "化 教行也. 从匕从人, 匕亦聲."이라 하고, 『廣韻』에서는 "化 德化變化. 禮記曰田鼠化爲鴽, 紀年曰周宣王時馬化爲狐, 又姓. 呼霸切, 六."이라 하였다. 가르쳐서 되든지, 덕에 의해 되든지, 변해서 되든지를 막론하고 모든 '되다'를 뜻한다.

58 作(작) : 『爾雅』에서는 "作, 造, 爲也."라 하였다. '짓다(하다), 지어지다(되다)'를 뜻한다. 이 글의 문맥에서는 '爲'와 마찬가지로 '작위(作爲)'를 뜻함을 알 수 있다.
『說文解字』에서는 "作 起也. 从人从乍."라 하였다. 일어나는 모든 것을 나타내는 데 쓰임을 알 수 있다. 『廣韻』의 "作 : 爲也, 起也, 行也, 役也, 始也, 生也, 又姓漢有涿郡太守作顯則落切又則邏臧. 路二切, 六."에 의하면, 모든 짓거나 지어짐(만들거나 만들어짐)을 가

리킴을 알 수 있다.

59 鎭(진) : 원문의 字形에 의하면 '貞'(정)이 된다. 帛書本을 비롯하여 후대의 本들에서 '鎭'으로 쓰고 있는 것을 따랐다. '누르다', '진정시키다'를 뜻한다.

60 樸(박) : '가공하지 않은 통나무'를 뜻하는 말인데 이 통나무의 성질이 곧 '질박함'이다. 몇 번 나온다. '道'를 가공이 없는 '통나무'에 비유하였다. '질박한 본바탕' 그 자체임을 표현한 것 같다. 그러므로 이것은 어떠한 이름을 붙일 수 없는 것이다. '道'의 모습을 일관되게 표현한 말이다.

'樸'이 나오는 예를 모두 모아보면 다음과 같다.

視素保樸, 少私寡欲.[甲1]
古之善爲士者, …… 屯乎其若樸, 沌乎其若濁.[甲5]
化而欲作, 將鎭之以亡名之樸.[甲7]
道恒亡名, 樸, …….[甲10]
我欲不欲而民自樸.[甲16]

61 太史儋 : 周나라 때 사람이다. 太史는 관직 이름이다. '太史인 儋'이라는 뜻이다. 司馬遷이 쓴 『史記』에 의하면, 태사담이라는 사람이 函谷關(함곡관)에서 尹喜(윤희)라는 사람에게 5천여 자의 『老子』를 써주었으며, 그 뒤 秦(진)의 獻公(헌공: BC 385-362년 재위) 11년에 헌공을 만났다고 한다.

【 08 】

聖人은 無爲를 실천한다·
어렵게 여기므로 결국 어려움이 없다

【원문】

爲亡爲, 事亡事, 未亡未. 大少之, 多惕必多難. 是以聖人猷難之, 古終亡難.

[帛書 老子 제26장]

【考釋文】

爲亡爲, 事亡事, 味亡味. 大, 小之, 多易必多難.[62] **是以聖人猶難之, 故終亡難.**

【譯文】

함(人爲, 作爲)이 없기(無爲)를 행하고, 일삼음이 없기(無事)를 일삼고, 맛봄이 없기(無味)를 맛본다. 큰데도(큰일인데도) 그것을 작게 여기거나, 쉽게 여김이 많으면 반드시 어려움이 많아진다. 이에 聖人은 오히려 그것을 어렵게 여긴다. 까닭에 끝내(결국) 어려움이 없다.

【요지】

할 일이 없게 하고 일삼을 것이 없게 하며 맛볼 것이 없게 하는 것이 수련의 근본임을 설명하고 있다. 그러면서도 언제나 경솔하지 않게 깊이 살펴서 수련해야 함을 부연하고 있다. '無爲'를 강조함과 동시에 실행하는 태도를 보충 설명하였다.

【해 설】

수련할 때 애써 일삼지 않도록 주의해야 함을 강조하고 있다. 특히 無爲法을 실행할 단계에서 유의하여야 할 지침이다. 有爲法을 최소화 할수록 높은 경지에 도달할 수 있기 때문이다.

어렵게 여긴다는 말은 앞 글 甲[6]에서 시종 '삼간다(愼)'고 말한 것과 통한다.

62 후대의 本에 의하면 이 부분이 많이 부연되어 있다. 王弼본을 보면 다음과 같이 되어 있다.
"大小多少, 報怨以德. 圖難於其易, 爲大於其細. 天下難事必作於易. 天下大事必作於細. 是以聖人終不爲大, 故能成其大. 夫輕諾必寡信. 多易必多難."
'多易必多難'은 '쉬운 것이 많으면 반드시 어려운 것도 많다'고 번역할 수도 있다.

【09】

대립되어 보이는 모든 것이 相輔的 관계이므로 聖人은 無爲에 의해 공을 이룬다

【원문】

天下皆智𢼸之爲𢼸也, 亞已 ; 皆智善, 此丌不善已. 又亡之相生也 ; 難惕之相成也 ; 長耑之相型也 ; 高下之相涅也 ; 音聖之相和也 ; 先後之相墮也. 是以聖人居亡爲之事, 行不言之季. 萬勿復而弗怡也, 爲而弗志也, 成而弗居. 天唯弗居也, 是以弗去也.

[帛書 老子 제46장]

【考釋文】

天下皆知美之爲美也, 惡已 ; 皆知善, 此其不善已. 有亡之相生也, 難易之相成也, 長短之相形也, 高下之相盈也, 音聲之相和也, 先後之相隨也. 是以聖人居[63]亡爲之事, 行不言之教. 萬物作而弗始也, 爲而弗恃也, 成而弗居. 夫唯弗居也, 是以弗去也.

【譯文】

천하(세상) 사람들이 다 아름다움이 아름다움이 된다고 안다면(아름다운 것이 아름다운 것이라고 여긴다면) 나쁘고야(나쁜 것이고야) 말며, 다 좋다고(선하다고) 안다면 이는 (거) 좋지 않고야(좋지 않은 것이고야) 만다. 있음과 없음은 서로 생겨나게 하며, 어려움과 쉬움은 서로 이루어지게 하며, 길과 짧음은 서로 모양을 이루게 하며, 높음과 낮음은 서로 채워주며, 음악의 소리와 개별의 소리는 서로 조화를 이루며, 앞과 뒤는 서로 따른다.

이에 聖人은 함(作爲)이 없는 일에 머물고, 말하지 않는(말하지 않아도 되는) 가르침을 행한다. 만물(몸의 모든 것)이 지어져도(만들어져도) 시작으로(시작할 거리로) 삼지 않으며, 되어도 믿지(그것에 기대지) 않으며, 이루어져도 (거기에) 머물지 않는다. 무릇 머물지 않을 것을 생각한다. 이에 (그 기운이) 떠나지 않는 것이다.

【요지】

美와 惡, 善과 不善이 다르지 않다. 우리의 생각일 따름이기 때문이다. 같은 이치로 有-無, 難-易, 長-短, 高-下, 音-聲, 先-後 등도 마찬가지이다. 대립의 관계가 아니라 상생의 관계이기 때문이다. 그러므로 聖人은 無爲를 실천하고, 만물(몸의 모든 것)이 다 이루어져도 공으로 삼지 않기에 공이 되는 것이다.

【해설】

甲[7][8]에 이어 甲[9]에서도 '無爲'를 말하였다. 여기에서는 상대성의 이치를 들어 말했다. 모든 것이 상대적이면서 서로 돕는 관계이다. 상대되는 것 사이의 관계는 하나가 없으면 다른 하나도 없다. 그러므로 '無爲'를 실천하는 것이 바른 길이다. 내 몸 안에 正氣가 만들어져도(作) 그것을 시작할 일거리로 삼지 않고, 되어도(爲) 그것에 기대지 않고, 이루어져도(成) 차지하지 않는다. '作·爲·成'은 여기에서 모두 비슷한 뜻으로 쓰였다.

---

63 居(거) : 『說文解字』에서는 "居 蹲也. 从尸古者, 居从古."라 하고, 『廣韻』에서는 "居 當也, 處也, 安也. 九魚切, 十四."라고 하였다. '처하다, 살다, 머물다, 차지하다' 등으로 번역할 수 있다.

【 10 】

道(기운)는 이름 지을 것이 없는 樸(가공하지 않은 통나무와 같은 것)이다

侯王(군왕)에 해당하는 우리의 精神이 이것을 지키면 내 몸의 모든 것(萬物)이 저절로 편안해 진다

【원문】

道恒亡名, 僕, 唯妻, 天陉弗敢臣. 侯王女能獸之, 萬勿將自賓. 天陉相酓也, 以逾甘雺, 民莫之命天自均安. 詒制又名, 名亦既又, 夫亦牆智止, 智止所以不詒. 卑道之才天下也, 猷少浴之與江海.

[帛書 老子 제76장]

【考釋文】

道恒亡名[64], 樸[65], 雖微, 天地弗敢臣, 侯王如能守之, 萬物[66]將自賓[67]. 天地相合[68]也, 以輸甘露. 民莫之令而[69]自均安[70]. 始制[71]有名, 名亦既有, 夫亦將知止, 知止所以不殆. 譬道之在天下[72]也, 猶小谷之與江海.

【譯文】

'道'(기운)는 언제나 이름 지을 것이 없다.(이것이다 저것이다 할 수 없는 그 무엇이다.) '樸'(가공되지 않은 통나무와 같은 것)이다. 비록 미미해 보이지만 하늘(몸의 위)과 땅(몸의 아래)이 감히 신하로 삼지(부리지) 못한다. 侯王(=精神)이 그것을 잘 지킬

것 같으면 만물(=몸의 모든 것)이 장차 스스로(저절로) 따르게 된다. 하늘과 땅이[위와 아래의 기운이] 서로 화합하면(合一되면) (그것으로) 단 이슬을 날라 온다. 백성은(사람마다) 그것에 명령하는 일이 없어도 저절로 고루 편안해 진다.

짓기(人爲[作爲]하기) 시작하면 이름 지을 것[→잘못]이 있게 된다. 이름 지을 것이 또 이미 있게 되면 무릇 또 장차 멈출 줄을 알아야 한다. 멈출 줄을 아는 것이 [몸이] 위태롭지 않게 되는 바(길)이다. 비유하자면 '道'(기운)가 天下(=우리 몸 전체)에 있는 것은 작은 계곡들이 강·바다와 더불어 있는 것과 같다.

【요지】

'道'(기운)는 이것이다 저것이다 할 수 없는 그 무엇이다. '樸'(가공하지 않은 통나무)과 같이 본바탕이 질박한 것이다. 미약해 보이지만 '天'(우리 몸의 위)과 '地'(우리 몸의 아래)가 감히 마음대로 부릴 수 있는 것이 아니다. 우리 몸의 군주에 해당하는 '神'(=精神)이 이 기운을 잘 지키면 내 몸의 모든 것이 저절로 그것에 순응하게 된다. '天'(머리 위)을 통하여 들어오는 기운과 '地'(몸통의 아래)를 통하여 들어온 기운이 合一하면 감로수를 운반하게 되므로, 누구나 저절로 평안해질 수 있다.

만약에 어떤 人爲(作爲)로 인하여 어떤 잘못된 것이 있게 되면 이를 깨닫는 즉시 그 자리에서 멈추어야 위험을 면할 수 있다. 근원인 계곡과 그것이 모여 이룬 강·바다와의 관계로 비유하였다. 계곡은 가만 두기만 하면 저절로 강과 바다를 이루기 때문이다.

【해설】

'道'는 '이름 지을 것이 없다' 함은 '이름 붙일 수가 없는' 그 무엇임을 뜻한다. '樸'으로 비유하였다. 본바탕이지만 확연히 드러나 보이지 않는 것이면서 어디에나 존재하는 것임이 분명하다. 그래서 내 몸의 군주에 해당하는 精神이 이 '道'(기운)를 지키면 내 몸의 모든 것이 스스로 따른다(自賓). 스스로 따른다는 것은 바로 앞에서 말한 '自然'(스스로 그러함, 저절로 됨)의 다른 표현이라고 할 수 있다.

하늘에 해당하는 내 몸 위쪽의 기운과 땅에 해당하는 내 몸 아래쪽의 기운이 내 몸 안에서 하나로 합쳐지면 모든 사람(백성)이 감로수를 마신듯 고루 편안하게 산다. 그러나 作爲에 의해 이름 붙일 무엇이 생겨나게 하는 것은 '道'(기운)의 운행 이치에 맞지 않으므로 이럴 때는 즉시 멈추어 위험을 막아야 한다. '人主'·'侯王'·'萬物'·'天地'가 우리 몸과 관련하여 비유적으로 쓰였듯이, '天下'는 우리 몸의 하늘인 머리의 아래 전부를 비유하여 몸통 전체를 가리킨다. 기운이 우리 몸 전체에 담겨 흐르는 것은 마치 수많은 계곡의 물이 가만히 놓아두어도 저절로 흘러 강과 바다를 이루는 것과 같다.

주목할 점이 하나 있다. 甲[7]의 "[道恒亡爲也,] 侯王能守之而萬物將自化. 化而欲作, 將鎭之以亡名之樸. 夫亦將知足, 知足以靜, 萬物將自定."과 甲[10]의 내용을 비교해 보자. "[道恒亡名,] [樸, 雖微, 天地弗敢臣,] 侯王如能守之, 萬物將自賓. [天地相合也, 以輸甘露. 民莫之令而自均安.] 始制有名, 名亦旣有, 夫亦將知止, 知止所以不殆. [譬道之在天下也, 猶小谷之與江海.]" 두 글의 [ ] 안에 추가된 말을 제거하고 보자. 다음과 같다.

甲[7] : 侯王能守之而萬物將自化. 化而欲作, 將鎭之以亡名之樸. 夫亦將知足, 知足以靜, 萬物將自定.

甲[10] : 侯王如能守之, 萬物將自賓. 始制有名, 名亦旣有, 夫亦將知止, 知止所以不殆.

표현이 약간씩 다를 뿐, 내용이 전적으로 같다. '自化'를 '自賓'으로, '化而欲作'은 '始制有名, 名亦旣有'로, '將鎭之以亡名之樸'은 '夫亦將知止'로, '夫亦將知足, 知足以靜, 萬物將自定'은 '知止所以不殆'로 바꾸어 말했을 뿐이다. 추가된 말들을 제거하고 보면 이처럼 똑같은 내용을 반복해서 강조하고 있음을 알 수 있다. 요지는 같다. 甲[7]과 甲[10]에는 聖人이라는 말이 등장하지 않는다. '侯王' · '萬物'이 공통으로 쓰였고, 甲[10]에는 '天地'와 '天下'가 추가되었다. 수련의 글로 보면 '道恒亡爲' · '道恒亡名'의 '道'는 '기운'을 뜻하는 말임이 분명해진다. '道'의 의미를 막연하게 구름 잡듯이 설명하지 않아도 된다.

필자가 楚簡本『老子』중의 '人主' · '侯王' · '萬物'에서 '天下' · '天地' 등을 일반적으로 사용하는 뜻으로 보지 않고 수행과 관련된 비유어로 보는 중요한 이유는 다음과 같다.

(1) 天地는 군왕(侯王, 人主)의 다스림의 대상이 아니다. 군왕이 어떠한 '道'를 지킨다고 할지라도 '天地'가 相合(合一)되지는 않는다. '萬物'이 '세상만사'를 뜻한다고 볼 경우, 군왕이 '道'만 잘 지키고 있으면 세상만사가 저절로 따른다는 것도 이치에 맞지 않다. '天地弗敢臣'하는 것이 '道'인데 '군왕'이 어찌 이것을 지킬 수 있겠는가?

(2) '人主'나 '侯王'을 군주로 볼 경우, 통치행위와 관련된 구체적이거나 확실한 언급이 전혀 없다. 甲[7]의 경우만 하더라도 지킬 것은 오직 '道'이며 그것이 '樸'(가공되지 않은 질박한 것)이라는 말 밖에 없다. '民'이라는 말이 나오니 이것에 현혹될 수도 있다. 그러나 '民'은 '人'과 같다. 여기에서 굳이 군주의 지배대상으로 보아야할 이유가 없다. 그럼에도 불구하고 사람들은 이러한 단어들의 本意에 집착하여 통치행위에 관한 주장, 즉 '帝王之學'으로 여겨왔던 것 같다. 그래서 하나같이 피상적인 추측으로 일관된 해석을 내놓았고 또 저마다 다를 수밖에 없었다.

(3) 군왕을 뜻하는 말일 때의 '人主' · '侯王'과 聖人이라는 말과의 관계를 알게 해주는 곳이 어디에도 없다. 군왕은 聖人의 수준에 도달하여야 한다는 말도 없다. 그럼에도 불구하고 聖人을 통치행위자의 지위에 두고 생각한 사람들이 많은 것 같다. 甲[7]과 甲[10]에는 '聖人'이 등장하지 않았지만 '無爲'의 수행을 완성한 정점의 최고수를 가리킴에 틀림없다. 聖人은 多數이다.

64 名(명) : '名'은 '이름'을 가리킬 때나 '이름 짓다(이름 붙이다, 명명하다)'(→이름 짓기, 이름 지음)를 가리킬 때나 한 가지로 쓰인다. 다른 어휘들도 마찬가지이다.

65 樸(박) : 원문은 '僕'(복)으로 되어 있다. 帛書本부터는 '樸' 또는 '朴'(박)으로 쓰고 있다. 문맥상 '道'의 성질을 비유적으로 말한 것이라 여기고 번역하였다.
甲[7]에서 설명한 바와 같이 '樸'은 '가공하지 않은 통나무'를 뜻하는 말로서 이 통나무의 성질인 '질박함'이 '道'를 비유적으로 설명하는 데 쓰이는 이유이다. '질박한 본바탕' 등의 다른 말로 설명해도 그다지 명쾌하지는 않다. 그래서 '無名'이라고 한 것이리라. 楚簡本 『老子』에 나온 횟수는 앞에서 밝힌 바와 같다.

66 萬物(만물) : 일반적으로 쓰이는 '萬物'은 눈으로 볼 수 있는 사물만을 가리키는 개념이 아니다. 한마디로 '모든 것'을 뜻한다. '세상만사'를 포함한다. '物'은 '人物, 動物, 植物, 事物, 物件'이라는 어휘들을 통하여 짐작할 수 있듯이 '人'(사람) · '物'(사물) · '事'(일)를 모두 포함한다. '物'字는 이처럼 넓은 의미로도 쓰이고 좁은 의미로도 쓰인다. 쉽게 말하면 '것'이라고 할 수 있다. '萬物'은 존재하는 범위와는 상관없이 그 안의 '오만 가지 것' · '모든 것'을 가리키는 데 사용할 수 있는 말이다.
앞에서 말한 바와 같이 글의 문맥을 고려하여 '侯王' · '人主'는 우리 몸의 군왕에 해당하는 '精神'(=神)을 비유한 말로 여겼으며, '萬物'은 '우리 몸의 모든 것'을 가리키는 말로 여겨 풀이하였다.

67 賓(빈) : '손님이다', '손님의 위치에 있다' 함은 '따른다, 복종한다'는 뜻이다.
『說文解字』에서는 "賓 所敬也. 从貝㝉聲."이라고만 하였다. 『爾雅』에 "悅, 懌, 愉, 釋, 賓, 協, 服也."라 하여 '賓'을 '복종하다'(服), 즉 '따르다'는 뜻으로 풀이하고 있다. 본문 중의 '賓'은 바로 이 뜻이다.
『廣韻』에서는 "賔 敬也, 迎也, 列也, 遵也, 服也. 說文作賓所敬也, 又姓左傳齊有大夫賔須無. 必鄰切, 十."이라 하였다. '賔'은 '賓'과 같은 글자이다. '遵'과 '服'으로 풀이한 것이 '따르다'에 해당한다.

68 合(합) : '합하다, 합쳐지다'를 뜻한다. 이 글에서 '天地' 즉 하늘과 땅이 합쳐진다는 것은 우리 몸의 하늘에 해당하는 위와 땅에 해당하는 아래가 서로 통하여 기운이 合一됨을 의미한다고 할 수 있다. 이 합일된 기운이 곧 감로수인 것이다.

69 而(이) : 원문의 字形은 '天'이지만 문맥상 '而'로 본다. 竹簡 隸書의 자형이 유사하다.

70 安(안) : 帛書本은 '焉'(언)으로 썼으며, 王弼본부터는 이 글자가 없이 '~自均'으로 되어 있다. 이때는 '均'(균)이 서술어가 되어 '고르다, 고르게 되다'를 뜻하는데 문맥상 그 의미가 두

드러지지는 않는다. ‘均’자와 ‘安’자의 竹簡 자형이 비슷한 것에 근거하여 같은 글자로 보기도 하는데, 원문에 두 글자가 함께 쓰였기 때문에 그대로 보아 번역하였다. ‘焉’과 ‘安’은 竹簡에서 서로 가차되어 쓰이기도 한다.

71 制(제) : 『說文解字』에서 “制 裁也. 从刀从未. 未 物成有滋味, 可裁斷. 一曰止也.”라고 하였다. ‘裁’(재)는 ‘마르다(마름질 하다)’는 뜻이다. 옷을 짓기 위해서 옷감을 크기에 맞게 자르는 행위를 가리킨다. 곧 ‘짓다’, ‘만들다’를 뜻한다. ‘爲’字를 ‘人爲, 作爲’를 뜻하는 개념으로 썼을 때와 마찬가지이다. 作爲의 다른 표현이다.

72 天下(천하) : ‘人主’ · ‘侯王’ · ‘萬物’ · ‘天地’를 수행과 관련하여 비유적으로 쓰인 말로 간주함에 따라 ‘天下’ 또한 우리 몸의 하늘인 머리의 아래 전부를 비유한 말로 본다. 즉, 우리의 몸통 전체를 가리킨다.

【 11 】

섞여 이루어진 狀인 道(기운)는 위대하게 작동한다 · 원리는 저절로 그러함(自然)이다

【원문】

又𤖯蟲成, 先天陞生, 敓緐, 蜀立不亥, 可以爲天下母. 未智亓名, 𡥈之曰道. 虗𢐉爲之名曰大.

大曰濳, 濳曰远, 远曰反. 天大, 陞大, 道大, 王亦大. 國中又四大安, 王居一安. 人法陞, 陞法天, 天法道, 道法自肰.

[帛書 老子 제69장]

【考釋文】

有狀[73]混[74]成, 先天地生, 寂寥[75], 獨立不改[76], 可以爲天下母. 未知其名, 字之曰道, 吾强爲之名曰大.

大曰逝[77], 逝曰遠, 遠曰返. 天大, 地大, 道大, 王亦大焉[78]. 國[79]中有四大而王居一焉. 人法地, 地法天, 天法道, 道法自然.

【譯文】

뒤섞여 이루어진 상태가 있다. 천지가 생하기 이전에 있었다(천지보다 먼저 생겼다). 고요하다. 홀로 서있다(존재한다). (본성이) 바뀌지 않는다. 천하의 어머니라 할 수 있다. 아직 그것의 이름을 알지 못한다. 그것에 글자를 부여해서 '道'라고 말하련다. 나는 억지로 그것을 위해 이름을 지어 크다(위대하다/큰 것)고 말하련다.

크므로 다 간다(이르지 않는 곳이 없다)고 말하게 된다. (어디나) 다 가므로 멀다(멀리 간다)고 말하게 된다. 멀리 가므로 (멀리 갔다가) 다시 돌아온다고 말하게 된다. 하늘(天)도 크고, 땅(地)도 크고, '道'도 크고, 王 역시 크다. 영역[←나라](=우주, 세계) 안에 네 가지 큰 것이 있는데, 왕이 그 가운데 하나를 차지한다. 사람(=왕)은 땅을 본받고, 땅은 하늘을 본받으며, 하늘은 '道'를 본받으며, '道'는 自然을 본받는다.

【요 지】

요지를 한 마디로 말하기 쉽지 않은 부분이다. 이 글 자체가 이미지이기 때문이다. 그래서 '道'를 어떻게 이해하느냐에 따라 여러 해석이 나 올 수 있는 부분이다.

기존의 해석과 다른 관점에서 이해하고자 하므로 다음의 해설 항에서 상세히 다룬다.

【해 설】

초간본 『老子』 전편을 이해하는 데 매우 중요한 부분이다.

1. 우선 이 글 전편을 하나의 이미지라고 할 수 있다. 그래서 '有狀混成'의 '狀'(상태[형상])이라는 말부터가 '象'(이미지)을 형용하는 말이다. 이것이 뜻하는 이미지를 '道'라 명명하고 '大'라고 부연하였다.

여기에서 말하는 '狀' 즉 '道'를 '太極'으로 보고 그에 따라 全文을 이해할 수도 있고, 마음(心)으로 보아도 읽혀진다. 또 다른 관점에 대해서는 뒤에서 상세하게 논하기로 한다.

문제는 뒤에 오는 말들과 어떻게 잘 조화되도록 이해하느냐에 있을 것이다. '大曰逝, 逝曰遠, 遠曰返'은 어느 경우이든 통한다. 넓힐 수 있는 것이므로 크다(위대하다)고 할 수 있으며, 당연히 가지(이르지) 않은 곳이 없을 것이고, 가지 않은 곳이 없으니 먼 데까지 이를 수 있는 것이고, 끝없이 가면 다시 처음과 이어지니

돌아오는 것이(멀리 갔다가 돌아오는 셈이) 아니겠는가? 예를 들어 '狀'이라는 말로 나타내고자 한 '象'(이미지)을 마음으로 보아 이해할 경우 더 쉬워질 것이다. 마음은 공간의 어느 곳이든지, 시간의 먼 미래와 먼 과거까지 마음대로 갔다가 다시 돌아오지 않는가? 그러니 '遠'이고 '返'인 것이다.

'王'과 '國'의 개념에 대해 주의를 요한다. '王'은 앞에서 언급한 바 있듯이 흔히 쓰이는 통치자로서의 '왕'이 아니다. '天 · 地 · 人' 즉 '天文 · 地理 · 人事'를 꿰뚫은[=진리를 깨달은] 사람이다. '國'도 일반적으로 사용하는 국가의 개념이 아니다. '나라'라는 말로 형용하는 것 가운데 '영역' · '세계'가 있다. 그 영역은 '宇宙'일 수도 있고, 사람에 대입하여 비유하기로 하면 우리 몸의 모든 것이다. 사람의 몸을 '小宇宙'라고 하지 않는가? '人法地'의 '人'은 바로 앞의 '王'을 받는 말로 이해된다. 깨달은 사람인 왕으로부터 점차 나아가면, 그 선후관계는 차례로 사람(왕)은 땅을 본받고, 땅은 하늘을 본받고, 하늘은 자연을 본받는 것이 된다. 사람은 땅의 모든 현상을 본받고, 땅의 모든 현상은 하늘의 모든 현상과 맞물려 돌아가므로 땅은 하늘을 본받는다고 한 것이다. 하늘이 본받는 것은 바로 '道'라고 하였다. 이러한 맥락에서 보면 하늘이 본받는 '道'는 곧 우주가 운행하는 규율(법칙)이 된다. 이 '道'가 본받는 것이 '自然'이다. 우주 운행의 법칙이 이 저절로 굴러가는 自然 안에 있기 때문일 것이다. 이는 '自然'을 우리가 오늘날 '자연'이라고 말하는 그것과 직관으로 연결해서 이해하는 경우이다.

그런데 이 '自然'이라는 말이 당시에도 여실히 이와 같이 쓰였을까 하는 의문이 남는다. 다시 말하면 '自然'을 글자 그대로 '저절로 그러함, 저절로 그러한 것'으로 풀어도 되지 않느냐 하는 점이다. 楚簡本 『老子』에서는 甲[6]에 이 말이 처음 나오는데, "是故聖人能専萬物之自然而弗能爲." 중에 쓰였다. '物之自然' 중의 '自然'은 '만물의 自然'이라고 말할 수는 없고 '만물이 저절로(스스로) 그러함'이라고 이해할 수밖에 없다. 뒤에 나오는 '自然'들도 모두 그러하다. 그러므로 甲[11]의 '道法自然'을 꼭 오늘날 우리가 말하는 '자연'이라고 특정할 필요는 없을 것 같다. '자연'스럽다고 할 때의 '자연'도 있듯이 전체에 일관되게 '저절로 그러함'이라고 이해해도 될 것 같다. 우리가 말하는 흔히 말하는 '자연'도 어차피 '저절로 그러한 것'이 아닌가?

楚簡本『老子』에는 '自然'이라는 말이 딱 네 군데 나온다. 앞의 甲[6]("是故聖人能尃萬物之自然而弗能爲.")과 이 글 甲[11](道法自然), 그리고 丙[1]의 "成事遂功而百姓曰我自然也."와 "是以能輔萬物之自然而弗敢爲." 중에 나오는데, 모두 '저절로(스스로) 그러하다(그러함)'로 쓰였다고 할 수 있다.

2. 앞에서 '狀'을 하나의 '이미지'(象)라고 했다. 甲[11]의 앞에 나오는 글들을 수행(수련)의 입장에서 이해할 수 있음을 강조했었다. 만약에 그러한 관점이 맞다면, 나아가 앞뒤의 글이 상호 연관되어야 한다면 그 이미지를 수행(수련)에 대입할 수 있을 것이다. 이 글도 수행과 관련하여 이해할 수 있다고 본다. 그래서 수행의 입장에서 먼저 다음과 같이 풀이해 본다.

"뒤섞여 이루어진 狀(상태 →기운[氣], 에너지)이 있다.[(어떤) 狀이 있는데 뒤섞여 이루어져 있다.] '天'과 '地'가 생겨난 것보다 앞선다(생기기 전부터 있었다). 고요하고 텅 빈 가운데 홀로 서서 바뀌지 않는다. 그것을 '天' 아래 모든 것의 어머니[모체 → 생성해(만들어) 내는 것]라고 할 수 있다. 아직 그것의 이름을 알지 못한다. 그것에 글자를 부여해서 '道'라 말하련다. 나는 억지로 그것을 위해 이름을 지어 '大'(크다, 큰 것)라고 말한다.

'大'는('大'에 대해서는) '逝'(흘러간다, 운행한다)라고 말하게 되고, '逝'는('逝'에 대해서는) '遠'(멀다, 요원하다)이라고 말하게 되며, '遠'은('遠'에 대해서는) '返'(반복된다, 되돌린다)이라고 말하게 된다. '天'도 크고, '地'도 크고, '道'도 크고, '王' 또한 크다. 영역(권역) 안에 (이들) 네 가지 큰 것이 있는데 '王'도 (그 가운데) 하나를 차지한다. '人'은 '地'를 법 삼고(본받고), '地'는 '天'을 법 삼으며, '天'은 '道'를 법 삼는다. '道'는 '저절로 그러함'('自然' → 저절로 그리 되는 이치)을 법 삼는다."

위와 같은 해석은 '道'를 흔히 이야기 해왔던 막연한 '우주관'으로 보지 않는 관점이다. 우리 몸 안에서 기운이 운행되는 이치와 그 밖의 세상 모든 것에 운행되는 기운의 이치가 같다는 면에서 보면, '道'를 '기운'으로 보는 것 역시 일종의 '우주관'이 될 것이다.

甲[11]을 일반인들이 언어 그 자체만을 가지고 이해할 때는 추상적인 설명으로 채워져 있는 것 같아서 도무지 무슨 말인지 이해하기 어려울 것이다. 서술의 대상인 '道'의 실체를 파악하기 어렵기 때문이다. 그래서 역설적으로 언어 그 자체로 읽는 것을 출발점으로 삼을 필요가 있게 된다고 할 수 있다. 그런 다음에 문맥과 글의 배경에 비추어 비유와 상징을 찾아내야 할 것이다.

등장하는 개념들을 넓게 적용하여 보면 우주관이라는 차원에서 이해할 수 있을 것 같지만 쉽지는 않을 것이다. 그래서 범위를 제한하여 구체적으로 이해해 볼 필요를 느끼며, 그 단서는 앞뒤 글 중에 나오는 수행과 더욱 밀접한 글들이다. 사람의 몸을 중심 삼아 이해하는 것이 그것이다.

(1) 먼저 이 글에 등장하는 개념들을 다시 들여다보자.

'狀'은 有形·無形의 것을 다 지칭할 수 있는 개념이어서 '형상, 모습'이라고 번역하면 형상이 있는 것을 가리키는 말로만 오해할 여지가 있다. '混成'이라 형용하였으니 '모든 것이 한 데 섞여 있는(뒤섞여 이루어진) 기운의 상태'로 여기고자 한다. 말하자면 陰陽으로든 五行으로든 나눌 수 없는 온전한 상태라고 할 수 있다. '太極'이라는 개념을 적용시킬 수 있다고 본다. 즉, 太極 상태의 기운을 상정해 볼 수 있다. '獨立不改'의 것이니 어떠한 영향도 받지 않으며 변하지 않는 존재이다.

天과 地가 생겨나기 전부터 있었던 것이고 天 아래의 '母'(모체)라고 하였으니, '狀'이라는 것은 有形·無形의 것을 만들어 내는 동력임을 알 수 있다. 만약에 우주론이라고 생각한다면, 문자 그대로 天下는 하늘 아래가 될 것이며 이 '道'라는 것이 만들어 낸 우리 눈에 보이는 유형의 것을 크게 나눈 것이 天과 地가 될 것이다. 그러나 범위를 축소하여 일단 우리 몸과 관련된 상징적 표현이라 여기고 이해해 나가기로 한다. '天'(머리 위, 즉 머리 위의 공간과 우리 몸의 경계이기도 함)의 '下'(아래, 즉 머리부터 그 아래의 내 몸 전체)를 만들어 내는 모체인 이 '𦁥'을 '道'라는 글자를 빌려 명명하였다. 그렇다면 '道'라고 이름 붙인 이 '𦁥'은 모든 것의 근원이 되는 기운(氣, 에너지)이 아니겠는가?[80]

보통 '天'은 눈에 보이는 위쪽의 모든 것, 즉 낮에는 푸르고 밤에는 어두운 허공, 그 안에 있는 달, 별, 별자리들을 아우르는 개념이다. '地'는 눈에 보이는 아래쪽의 모든 것, 즉 우리가 발을 디디고 살고 있는 지구상의 존재물을 아우르는 개념이다. 이는 인체를 기준하여 설정된 개념이다. 그러나 그 쓰임은 다양하다. 이 글에서는 따로 상징하는 바가 있다. '天'은 위쪽의 가장 가까운 곳인 사람의 머리와 그 경계를 상징하고, '地'는 땅을 접하는 하부와 그 경계를 상징한다. 이 글의 첫머리에서 '道'를 '混成'한 '𦁥'으로 정의한 것에 따르면 그러하다.

(2) 이 글 甲[11]은 '𦁥'이라는 말을 시작으로 『老子』의 핵심어 가운데 하나인 '道'의 개념에 대해 정의를 내리고 있다. 앞의 甲[10]에서 말한 '이름이 없는(지금까지 이름 붙여지지 않은)' 것이면서, 이 글에서 '天下의 모체가 된다'고 한 말을 중심으로 '道'의 개념을 이해하는 것이 중요하다고 본다. '천하의 모체로서 混成 不變의 𦁥(기운, 기, 에너지, 힘)'으로 정의되는 '道'의 면면을 '大'(크다, 위대하다)로 총괄한 뒤, '逝·遠·返' 등의 말로 부연 설명함으로써 그것의 운행을 구체화한다.

'大'는 '크다'를 뜻한다. '위대하다'라는 말로도 표현이 부족하지만 이 말 외에 다른 말로 풀이하기기 쉽지 않다. '대단하다, 굉장하다' 정도일까?

'逝·遠·返'은 '大'에 내포된 의미들을 한 걸음 한 걸음 나아가면서 설명한 말이다. 이 큰 道는 당연히 크게 가고(작용하고; 逝), 크게 가니 당연히 멀리 미치고(遠)·멀리 미쳐서는 다시 되돌리는(반복하는; 返) 성질을 갖는다.

(3) 天·地·道·王을 '四大'(네 가지 큰 것)라 하였다.

道(기운)가 크므로 이를 받아들이는 하늘(天)과 땅(地) 역시 크다. 사람(人) 몸에서 기운은 기본적으로 이 '天'과 '地' 사이를 운행한다. 이를 해낼 수 있는 사람인 '王'(天·地·人을 꿰뚫은 사람, 진리를 깨달은 사람) 또한 크다(위대하다)고 할 수밖에 없지 않은가?

'道'(기운)는 아무나 보고 느낄 수 있는 것도 아니며, 자유자재로 내 몸 안에 소통시킬 수 있는 것도 아니다. '道'는 '人' 속에서의 '天'과 '地' 사이에 작동하는 기운이며, 이것의 작동 원리가 '저절로 그러함'('自然')임을 알 수 있다. 이렇게 보면 보다 구체적이고 전후 문맥이 닿는다. 요컨대 여기에서의 '自然'은 有形의 무엇을 가리키고 있지 않다. 즉, 우리가 오늘날 눈에 보이는 자연현상(자연물)을 가리키는 데 사용하는 '自然'을 뜻하지 않는다. '저절로(스스로) 그러하게 되다'를 뜻한다. 작동 원리이다.

다시 말해서 道는 하늘(머리 위쪽인 우리 몸의 상부)과 땅(우리 몸의 아래) 사이(天下)의 모든 것을 운행하게 해 주는 기운[氣, 에너지, (힘)]이며, '自然'은 이 道의 작동 원리인 것이다. 우리 인체를 가지고 말하면, 이 원리는 '天'으로 표현되는 내 몸의 위에서부터 작동할 수도 있고, '地'로 표현되는 내 몸의 아래에서부터 작동할 수도 있다. 이 '天'과 '地'의 사이가 곧 '天下'이다. 이 '天'과 '地' 사이의 전부, 즉 '天下'는 곧 사람의 몸 전체를 가리킨다. 그리고 우리 몸의 '天'과 '地'를 온전하게 꿴 '人'(사람)이 곧 '王'으로 형용된다. '王'은 곧 수행을 완성한 사람이라고 할 수 있다.

人(사람)·地(땅)·天(하늘)·道(도)의 관계에 대하여, '人法地, 地法天, 天法道, 道法自然'이라고 하였다. 직역하면 "사람은 땅을 본받고, 땅은 하늘을 본받고, 하늘은 도를 본받으며, 道는 自然을 본받는다."이다. 이 역시 '人(사람)·地(땅)·天(하늘)'의 상징성과 구체성을 살펴서 풀어내야 한다고 여긴다. 이 글의 문맥에 의하면 단순히 세상 만물을 나누어 일컫는 人·地·天으로만 이해할 개념이 아닌 것 같다.

(4) '混成'한 '狀'을 '하늘과 땅이 생기기 전부터 있었던 적막한 혼돈의 상태'라고 풀이하면 매우 막연하다. 뒤에 오는 말들과 연결 짓기도 쉽지 않다. 뒤의 글도 부분적으로만 보면 우주론인 것처럼 보인다. 큰 것[大]인 道는 쉼 없이 운행하는(흘러가는)[逝] 것이자, 멀리 미치는[遠] 것이며, 되돌아가는(순환하는)[返] 것이니

말이다.

'道'의 면면을 형용한 말들을 합쳐서 보기로 하자. '大道'[큰 도]이며, 이 '大道'는 곧 '逝道'[운행하는(흘러가는) 도], '遠道'[그 영역이 먼(광활한) 도], '返道'[반복되는 도]이다. 또 '逝大'[운행하는 큰 것], '遠逝'[멀리(광활하게) 운행하는 것], '返逝'[반복해서 운행하는 것] 등을 구성해 볼 수도 있다. 총괄하면 '返遠逝大道'[返+遠+逝+大道; 반복해서 광활하게 운행하는 큰 道]라고 말할 수 있다. 그러므로 관건은 '狀'을 어떻게 이해하느냐에 있다.[81]

(5) '四大'라는 말에 대해 생각해 보기로 하자.

天大 · 地大 · 道大 · 王亦大의 순으로 말하였다. 앞의 설명에 이어 '天'과 '地'를 우리가 일반적으로 이해하는 하늘과 땅으로 보지 않으면 수련과 맥락이 닿는다. '道'(기운)가 운행하는 두 정점인 '天', 즉 우리 몸의 최 상부인 머리와 하부인 '地'는 모두 크다(중요하다, 위대하다). 당연히 이 사이를 운행하는 '道'는 본시 크다. 모든 사람을 크다고 할 수는 없다. 오직 이 '天'과 '地'에 '道'(기운)를 통하게 할 수 있는 수행자를 뜻하는 '王'만이 큰 것이다.

다시 말하면, 天과 地의 원천(母)이 道라 하였으므로, 道가 크면 이것의 운행처의 양 끝인 天과 地도 따라서 큰(중요한) 존재이다. 오직 사람에 대해서는 王이 크다고 하였다. 그래서 '王'을 통치행위자로서의 군주가 아니라, 사람 몸의 天과 地를 꿰어 道(기운)가 통하게 할 수 있는 사람을 가리킨다고 본다. 한 사람이 아니라 누구나 될 수 있다.

그래서 '人法地', 즉 사람이 땅(아래, 하부)을 본받는다 함은 곧 땅의 기운이 먼저 이곳으로 통하게 해야 하는 이치를 본받아야 한다는 뜻으로 이해할 수 있다.(물론 이 안에 天과 地의 조응관계가 내포되어 있다.) '天'과 '地'는 모두 기운 운행의 정점이지만 법 삼는 순서는 '人→地→天'으로 말하였다.

수련은 대부분 앉아서 한다. 이 때 '天'의 중심은 '百會'穴이고, '地'의 중심은 '會陰'穴이다. 이 두 선을 연결하는 선은 子午線이라고 한다.

'天'과 '地'를 흔히 말하는 '天道'와 '地道'로 확장시켜서 볼 수 있을지의 여부는 당시의 관련 문헌을 찾지 못하여 단언할 수가 없다. 만약에 연결이 가능하다면 '人道法地道→地道法天道'의 관계로 '人→地→天'을 이해할 수 있을지도 모르겠다. 이에 대해서는 뒤의 甲[13]에서 좀 더 부연하기로 한다.

'王'의 개념에 대해 잠시 생각해 볼 것이 있다. 당시의 시대 배경을 생각할 때 '王'이라 하면 백성을 대표하고 지배하는 통치자로서의 王(군왕)을 생각하기가 쉬울 것이다. 그러나 이는 '無爲'나 '自然'이라는 개념과 부합하지 않는다. 楚簡本『老子』에서 '王'이라는 글자는 '聖人'에 가까운 개념으로 쓰였다고 할 수 있다. '王'字를 모든 정점의 통치자를 가리키는 데 사용하지 않았음을 알 수 있다. '天'에 해당하는 머리에서 '地'에 해당하는 아래까지의 온 몸에 기운이 통하게 하는 사람을 여기에서의 '王'으로 보는 또 하나의 이유이다. 다시 말하거니와 이 '王'字의 자형을 잘 살펴보면, '三'이라는 字形 중의 가운데 획인 '一'이 사람을 가리키고, 위·아래의 두 획 '一'은 각각 하늘을 받치고 있는 머리 맨 위(天)와 땅을 접하고 있는 아래(地)를 상징하며, 이를 연결하여 꿰고 있는 것이 'ㅣ'이다. 이런 사람이 곧 '王'이다. 『說文解字』에서 "王 : 天下所歸往也. 董仲舒曰 : 「古之造文者, 三畫而連其中謂之王. 三者, 天地人也而參通之者王也.」 孔子曰 : 「一貫三爲王.」 凡王之屬皆从王."이라 한 것은 이 글을 이해하는 데 좋은 참고가 된다.

사람의 몸을 가리키는 '人'과 머리를 가리키는 '天', 그리고 하부를 가리키는 '地'의 관계에 대해 '人'은 '地'를 본받으며(法삼으며), '地'는 '天'을 본받으며, '天'은 '道'를 본받는다고 한 것도 여기에 맞추어 이해할 수 있다. 人·地·天을 따로따로 보지 않고 '天'·'地'를 몸의 상하로 보면 몸통에서 기운이 운행하는 중심선의 양단이 된다. 하부를 통하여 기운을 받는 이치나 머리를 통하여 기운을 받는 이치는 한 가지이다. '人法地'는 땅(몸의 하부)으로 기운을 받는 이치를 말한 것이라고 여긴다. '道'는 人의 地·天을 중심으로 하여 운행하는 기운(氣, 에너지, 힘)이다. 이 기운이 운행하는 원리에 따라서 뚫어 통하게 하면 우리 몸에 필요한 모든 것이 만들어진다. '저절로 그러하게 되는'('自然') 법칙이 '道'의 운행 원리이다. 궁극적으로 '無爲'를 실천해야 이룰 수 있음을 알 수 있다.

(6) 만약에 '道'를 우주 자체를 가리키는 개념으로 본다면, '自然'만이 道·天·地·人을 관통하는 운행의 이치가 될 것이다. 즉, 道는 實在이고 自然은 이치(법칙)인 것이다. 그러나 앞 글에서 이미 나온 '道'는 문맥상 곧바로 '우주' 자체를 형용하는 말이 아니었다. '保此道', '道恒無爲', '道恒無名' 중의 道가 그것이다.

(7) 이 글 甲[11]에서 '道'는 말로는 온전히 설명할 수 없는 것임을 전제하였다. '道'는 본시 '길'을 뜻하는 말인데 老子는 이 말을 빌려 '狀'이라고 일컬은 그 무엇을 지칭하는 데 사용하였다. '混成'이라는 수식어를 사용하였고, 天과 地보다 앞서 존재하였으며, 天下 모든 것의 '母'라고 하였다.

뒤의 乙[5]에서 이 '道'가 인지되는 양상을 설명할 때, 上士(상등의 장부)·中士(중등의 장부)·下士(하등의 장부)로 나누어 '道'에 대한 이해가 사람에 따라 차이가 있음을 말하였다. 닦인 정도, 즉 수행의 수준에 따라 느끼고 받아들이는 데 차이가 있음을 분명히 하고 있는 것이다. '道'란 모두에게 똑같이 손에 쥐어 줄 수 있는 것이 아님을 알 수 있다. 장부를 세 등급으로 나누어 '道'에 대한 인식 수준의 차이를 설명하고 있는 데서도 이 '道'를 기운(氣)으로 여길 수 있음을 알 수 있다.

(8) '自然'을 눈에 보이는 자연현상으로 여기게 되면 수행과 관련짓기가 어렵다. '自然'을 자연현상으로 보면 '道'를 '기운'으로 보기가 어렵다. 그래서 '自然'을 이치 그 자체 또는 역으로 自然에 내포된(自然을 통해서 알 수 있는) 이치로 이해하게 된다.

(9) 이 글에 쓰인 '國'의 개념에 대해 부연하기로 한다. '國中有四大'라고 하였다. 개개의 국가를 단위로 삼아서 비유적으로 그 안에 天·地가 있다고 말할 수 있을지 모르나 매우 어색하다. 국가 안에 道가 있다고 하는 것은 앞에서 설명한 道의 개념에 비추어 말이 되지 않는다. 국가 안에 王이 있다는 것은 말이 될 것 같지만 앞의 天·地·道가 '국가'라는 뜻과는 잘 어울리지 않으니 '王'을 앞에서 설명한 뜻으로 볼 수밖에 없다. 그래서 '國'은 '영역'('域'의 개념)을 뜻한다고 본다. '國家'를 뜻하는 '國'이 아니라, 우리가 흔히 '나라' 또는 '세계'라는 말로 바꿔 쓸 수 있는 그 영역을 가리키는 '國'인 것이다. 王弼본부터 '域'으로 쓴 것은 의미가

있어 보인다.[82]

(10) 이 글 자체만으로도 일종의 우주론이라고 말할 수 있을지는 모르겠다. 또 사람 즉 인체에 그치지 않고 우주만물에 적용되는 기운이라고 여겨서 넓혀 적용할 수도 있다.

그렇다고 하더라고 이 글의 목적은 수행에 있는 것 같다.

놓치지 말아야 할 매우 중요한 사실은 도처에서 강조한 '無爲'이다. '無爲'는 '自然'(저절로 그러하도록) 하기 위한 방법이라는 사실이다. 일정한 '有爲'의 관문을 돌파하여 더 높은 경지에 이르고자 하면 그때는 '無爲'의 법을 따라야 하는 것이다. 그래서 '無爲'하면 '저절로 그러하게 됨'(自然)을 반복해서 말했다. 이를 잘 이해하면 '기운은 항상 無爲에 의해 작용함'을 말한 '道恒無爲'나 '기운은 항상 말로 설명할 수 없는 것'임을 말한 '道恒無名'이 좀 더 잘 이해될 것이다. '道'(기운)는 모두에게 손에 꽉 쥐어줄 수 있는 개념은 아니지만, '無爲'에 의해서 제대로 작동될 수 있는 존재인 것이다.

(11) 요컨대 이 글 甲[11]을 사람에 적용시켜서 수행의 원리를 설명하는 말로 보았다. 그래서 '道'(기운)를 '우주의 기운', '우주의 正氣'로 풀어 설명해도 무방하리라 여긴다.

저절로 그리 되게 하는 원리가 있고 그 원리에 의해서 '道'라고 이름 붙인 기운(에너지)이 내 몸 안에서 작동한다. '自然'과 '道'는 自在하는 원리와 실제로 운용되는 기운의 관계라고 할 수 있다. 불변하는 규칙이 있다면 소우주인 사람의 몸에 적용되는 이 기운이 마땅히 전 우주에도 적용될 것이다.

몸의 맨 위를 통해서는 하늘의 기운을, 몸의 맨 아래를 통해서는 땅의 기운을 받는다. 이 기운이 작동하는 원리는 '自然'(저절로 그러하게 됨)이다. 이 위대한 道(기운)는 운행하고(逝) 멀리 미치며(遠) 순환한다(返). '人'을 관통하는 기운과 작용원리는 같지만, 글에서 밝히지 않은 '天'과 '地'의 차이 때문에 법 삼는 순서를 '人法地', '地法天'이라고 말한 것 같다.

이상과 같은 논의에 따라 우리 몸 안에서의 '道'(기운)의 운행이라는 관점에서 원문의 번역을 다듬어 보기로 한다.

"섞여 이루어진 기운(狀)이 있다. 하늘(몸통의 맨 위)과 땅(몸통의 맨 아래)이[=우리 몸이] 생기기 전부터 있었다. 고요하게 홀로 서서(있으면서) 변하지 않는다. 그것을 하늘 아래(우리 몸 전체)의 모체라고 할 수 있다. 아직 그것의 이름을 알지 못하지만, 그것에 '道'라는 글자를 부여해서 명명하기로 한다. 나는 억지로 그것에 '大'(크다[큰 것]→위대하다, 중요하다)라는 이름을 붙인다.

'大'에 대해서는 그것이 '逝'(흘러간다, 운행한다)라고 말하고, '逝'에 대해서는 '遠'(멀다, 멀리 간다)이라고 말하며, '遠'에 대해서는 '返'(반복된다, 순환한다)이라고 말하게 된다.[→ 이 큰 '道'(기운)는 반복해서 멀리 운행한다.]

하늘(몸통의 맨 위, 머리 위)도 위대하고, 땅(몸통의 맨 아래)도 위대하고, (그 사이를 운행하는) 道(기운)도 위대하고, [우리 몸의 하늘(위)과 땅(아래) 사이에 이 기운이 통하게 할 수 있는 사람을 뜻하는] 王 또한 위대하다. [우리 몸이라는] 영역 가운데 이 네 가지 위대한 것이 있는데 王도 그 가운데 하나를 차지한다. 사람은 땅을(기운이 몸의 하부를 통해서 들어오는 이치를) 본보기로 삼고(본받고), 땅은 하늘을(기운이 머리 위를 통해서 들어오는 이치를) 본보기로 삼고, 하늘은(기운이 머리 위를 통해서 들어오는 이치는) 道를(기운 그 자체를) 본보기로 삼으며, 道는(기운은[또는 기운의 운행은]) 저절로(스스로) 그러함('自然' → 저절로 그리 되는 이치)을 본보기로 삼는다."

요컨대 '道'라는 단어를 빌려 명명한 '混成'한 '狀', 이것을 '기운'(氣)으로 본다. 좀 더 부연한다면 '道'(기운)를 '우주의 기운', '우주의 正氣'라고 말할 수 있다. 이 '道'를 '一點光明', '한 물건', '神光'(신령스러운 광명) 등으로 일컬을 수도 있다.

'道'는 老子가 이 '混成'한 '狀'을 일컫기 위해 빌려 쓰기 전에 이미 있던 단어이다. 원래의 의미를 하나로 통괄하여 번역하면 말 그대로 '길'이다. '道'라고 하든, '길'이라고 하든, 이 말은 쓰이는 문맥에 따라 '다니는 길'을 가리킬 수도 있고, 어떤 '이치'(법칙)를 가리킬 수도 있고, 어떤 '방법'을 가리킬 수도 있고, 어떤 '목적'을 가리킬 수도 있고, 어떤 '생각'을 가리킬 수도 있다. 그런데 이 글에서 말한 '混成'한 '狀'을 가리키는 데는 처음 사용하였기 때문에 甲[11]과 같이 정의할 필요가 있었고, 그것의 존재와 작용, 그리고 작용의 원리를 설명하게 된 것이다.

'道'를 '길'이라고 여겨도 각자가 생각하는 길이 다른데, '道'가 이치를 가리키는 말로 쓰이면 그 실체에 대한 인식이 더욱 다양하고 혼란스러울 것이다. '무슨' 이치를 두고 한 말인지에 대한 생각이 저마다 다르기 때문이다. 따라서 막연하게 말하면 안 된다. "'無爲'가 '道'이다."라고 말한다거나, "'自然'이 곧 '道'이다."라는 것도 옳지 않다. '道'가 바로 '無爲'라고 말한 곳도 없을 뿐만 아니라, '無爲'는 '道'를 얻는 방법이지 그것을 바로 '道'라고 명명할 수는 없다. 즉, '無爲'에 의해 얻을 수 있는 것이 '道'인 것이다. '道'가 곧 '自然'을 가리킨다면 '道法自然'이라는 말을 할 수가 없다. 그러므로 "'無爲自然'이 곧 '道'이다."라는 식으로 말하는 것도 옳지 않다. '道'가 얻어지는 이치는 '自然'하도록(저절로 그러하도록) 놓아두는 것이요, 그 방법은 곧 '無爲'인 것이다. '道'의 실체는 이렇게 살펴서 알아내고 설명해야 하는 것이지, '無爲'나 '自然'이라는 말로 얼버무리거나 '天道'를 가리키느니, '大道'를 가리키느니 하는 따위로 설명해서는 영원히 老子가 말한 '道'가 무엇인지를 알아낼 수가 없다.

문맥에 따라 본시 여러 경로로 쓰이는 말로서의 '道'라면 老子가 이같이 어렵게 설명하지도 않았을 것이다. 만약에 기존에 쓰여 온 방식대로의 '길'을 뜻한다면, 각자가 사용한 '道'의 함의와 경계를 명확하게 해야 할 것이다. 글의 배경과 문맥도 철저히 살펴야 할 것이다.

일반적으로 생각하는 '바른 길'을 염두에 두기는 쉽다. 그런 경우라고 할지라도 그 바른 길이 무엇이냐에 따라 생각이 다를 수 있기 때문에 '道'의 내용이 저마다 다르게 된다. 諸子百家라고 일컫는 사람들이 모두 '道'라는 말을 쓰고 있으며 각자 자기의 道가 옳다고 주장하지만, 그 내용이 저마다 다르다는 사실을 감안하면 각자가 주장하는 '道'의 개념이 간명해야 하고, 다른 사람의 '道'와의 경계가 분명해야 한다. 이에 더하여 일반적인 개념으로 쓰인 '道'와 함께 쓰일 때 그 경계를 더욱 분명히 해야 할 것이다.

73 狀(상) : 『說文解字』에는 "狀 犬形也. 从犬爿 聲."이라고만 되어 있다. 『廣韻』에서는 "狀 形狀. 鋤亮切, 一."이라 하였다. '형상, 모습'을 뜻한다. 유형이든 무형이든 어떠한 '상태'를 포함한다.

後代本의 『老子』 제14장에는 다음과 같은 말이 있다.

視之不見 名曰夷, 聽之不聞 名曰希, 摶之不得 名曰微. 此三者不可致詰, 故混而爲一. 其上不皦, 其下不昧, 繩繩不可名, 復歸於無物, 是謂無狀之狀. 無物之象, 是謂惚恍. 迎之不見其首, 隨之不見其後. 執古之道以御今之有, 能知古始, 是謂道紀.

(그것을 보려 해도 보이지 않아 이름 하여 어렴풋하다고 하고, 그것을 들으려 해도 들리지 않아 이름 하여 흐릿하다고 하고, 그것을 잡으려 해도 얻지 못하여 이름 하여 희미하다고 한다. 이 세 가지는 나누어 따질 수가 없다. 까닭에 섞어서 하나로 여긴다. 그 위는 밝지 않고 그 아래는 어둡지 않으며, 이어지고 이어져서 이름 지을 수가 없고 物(실체)이 없는 데로 돌아간다(없는 것에 속한다). 이를 일러 상태(형상)가 없는 상태라 하고, 物이 없는 象(이미지) 이것을 황홀하다 이른다. 그것을 맞이해도 그 머리를 볼 수 없고, 그것을 따라가도 그 꼬리를 볼 수가 없다. 옛날에 있던 道를 잡아서 지금 있는 것을 다스리며 옛날의 처음을 알 수가 있는데, 이를 道의 실마리라 이른다.)

이 가운데의 '是謂無狀之狀' 중에 쓰인 '狀'과 같은 뜻으로 쓰였다. 여기에서의 '道'도 楚簡本 甲[11]의 '道'와 같음을 알 수가 있다. 역시 '道'가 '기운'(氣)을 가리킴을 알 수가 있다.

74 混(혼) : 『說文解字』에서는 "混 豐流也. 从水昆聲."이라 하여 여러 물줄기가 모인 것을 뜻한다고 보았고, 『廣韻』에서도 "混 混流, 一曰混沌陰陽未分. 胡本切, 十六."이라 하여 여러 물줄기가 섞이는 것을 뜻하며, 陰陽이 뒤섞여 나뉘어 있지 않음을 가리킨다고도 했다. 陰陽이 나뉘지 않은 상태가 곧 太極이다.

75 寂(적) : 『廣韻』에서 '寂 靜也, 安也. 前歷切, 五.'라고 하였다. '고요하다, 평온하다'를 뜻한다.

寥(료) : 『廣韻』에서 '寥'(료) 音의 경우는 '空也, 又寂寥也, 寥廓也.'라 하고, '寥'(력) 音의 경우는 '寂寥無人又深也. 又音聊.'라 하였다. '쓸쓸하다, 텅 비다, 휑하다, 빈 곳(하늘)' 등을 뜻한다. '寥'는 '廖'로 쓰기도 한다.

'寂寥'는 '고요하고 텅 비다'는 범주 안에서의 뜻으로 보면 될 듯하다.

76 改(개) : 원문에는 '亥'(해)로 적고 있다. 帛書本부터는 모두 '改'로 쓴다.

77 逝(서) : 帛書本은 '筮'(서)로, 그 이하는 '逝'(서)로 쓴다.

78 焉(언) : 원문에서는 두 곳의 '焉'을 모두 '安'으로 썼다.

•'焉'은 본시 代詞로서 '之'와 마찬가지로 '그'를 대표 삼아 번역할 수 있는데, '之'보다 어감이 더 강하다. 그런데 가리키는 내용이 없게 되면 그대로 助詞의 기능을 갖는다. 語句 끝

에 조사로 쓰일 때는 이것이 쓰인 어구가 말의 초점임을 강조한다. 두 번째 예는 代詞로 보아도 말이 통하고 助詞로 보아도 말이 통한다. 代詞로 여겨 번역하면 '왕이 그 가운데서(거기에서) 하나를 차지한다'가 된다.
帛書本부터는 '焉'으로 적되 '王亦大' 뒤에는 쓰지 않았다. 문맥상으로는 두 군데 모두 쓸 만하다.

79 國(국) : 楚簡本과 帛書本에서는 '國'으로 적고 있는데, 王弼본부터는 '域'(역)으로 적고 있다. 보통 '나라'를 뜻하는 말이라 여기고 번역한다. 그런데 '나라'라는 말을 쓸 때 우리가 통상적으로 생각하는 '국가'인가에 대해서는 생각해 볼 점이 있다. 이 안에 '四大'에 해당하는 天·地·道·王이 있다고 했기 때문이다. 이 문맥에 따르면 '國' 또는 '域'이 나타내는 것은 단순히 우리가 아는 통념상의 '국가'가 아니라, 크기를 정할 수는 없지만 어떤 '영역(권역)'으로 여기는 것이 맞을 것 같다. 물론 각 국가도 영역의 하나이니 국가마다에 이들 네 가지 개념(四大)을 적용시켜 이해할 수도 있겠지만, 여기에서는 개별 나라에 적용되는 개념이 아님을 알 수 있기 때문이다. 여기에서의 '나라'는 '영역'을 뜻한다. '어떤' 영역인가는 이 글을 어떻게 읽느냐에 달려 있다. '국가(나라)'를 표본으로 삼을 수는 있지만, 한 국가 안에 땅과 하늘이 있다고 말하는 것은 매우 어색하다. 영역을 가를 수 있는 '모든 영역'을 가리킨다고 보기로 한다.

80 이것에 이름을 붙이면서 왜 '名曰道'라 하지 않고 '字曰道'라고 하였을까? '名'이든 '字'든 결국 이름 붙인다는 면에서는 뜻이 통한다. 그런데 굳이 '字'(글자를 부여한다)라고 한 것은 이 '狀'을 아무도 알고 있지 못했거나 알더라도 명명하지 않은 존재일 뿐만 아니라 기왕에 '길'을 뜻하는 '道'라는 글자를 빌어서 명명하였기 때문에, '道'字가 지닌 기존의 뜻과 혼동하지 말아야 함을 분명히 하려는 뜻이 있는 것 같다.

81 ① '狀'을 어떠한 '狀態'를 뜻하는 말로 보고, '天下'가 생기기 전의 '混成'한 '狀'을 '道'라고 한 처음 말만 취하면, '道'는 곧 혼돈의 상태로 존재하는 우주 그 자체를 가리킨다고도 말할 수 있을 것이다. 만약에 '道'를 '우주' 그 자체로 이해하면 '광활하게 영원히 반복해서 운행하는 큰 우주'가 된다. 그러나 이렇게 보면 앞뒤 글 중에 쓰인 '道'와 연결되지 않는다. 또 이 글의 끝에서 말하는 '道法自然'이라는 말과도 잘 연결되지 않는다.
② 만약에 '道'를 우주 자체가 아닌 우주가 존재하고 운행하는 이치(도리, 법칙)의 개념으로 이해한다면 '광활하게 반복해서 운행하는 큰 이치'가 될 것이다. 그런데 이런 '이치'를 '狀'이라고 표현할 수 있을까를 생각하면 이 또한 마땅치 않아 보인다.

82 楚簡本 『老子』에서 '國'字는 乙[1]의 후단인 다음 글 중에서만 다시 나온다. "莫知其極, 可以有國. 有國之母, 可以長[舊. 是謂深根固柢], 長生舊視之道也." 뒤에서 말하겠지만 수행과 관련된 글로서 '국가'를 뜻하지 않는다.

【 12 】

사람의 몸은 풀무처럼 기운을 호흡한다

【원문】

天陸之𠛱, 丌猷囯籊與!? 虛而不屈, 湩而愈出.

[帛書 老子 제49장]

【考釋文】

[83]天地之間, 其猶橐籥[84]歟[85]!? 虛而不屈[86], 動[87]而愈出.

【譯文】

(우리 몸의) 하늘과 땅 사이는 풀무와 같으리니!? 비어있으면서 다하지(굽히지) 않으며, 움직일수록 더 나온다(기운이 더 세게 나온다).

【요지】

이 글에서의 '天'(하늘)은 인체의 맨 위인 머리(또는 머리의 중심)를, '地'(땅)는 몸통의 하부(또는 하부의 중심)를 가리키는 것이 분명하다. 우리 몸통 전체(天·地 사이에 비유됨)를 공기를 빨아들여서 다시 내뿜는 풀무에 비유하고 있다. 우리 몸통이 수축과 팽창을 반복하여 움직이면서 기운을 호흡하는 것을 풀무의 작동 방식에 비유하여 설명하고 있다.

앞뒤로 이동할 때마다 공기를 흡입하고 내뿜는 풀무 안의 판은 우리 몸의 횡경막에 비유된다.

【해설】

바로 앞에 나온 글 甲[11]은 '道'에 대해 정의하고 人·地·天·道·自然의 관계를 설명한 것이었다. '道'를 '混成'한 '狀'이라 하였기에 이 '狀' 즉 '道'를 '기운'으로 풀이하였다. 이 기운은 天地 간의 어디에나 있는 것이다. 다시 말해서 이 '道'의 작용이 미치지 않은 곳이 없으므로 우주 만물을 관통한다. 그래서 적용 범위를 좁혀서 우선 사람에게만 적용시켜 보면 수련의 이치가 내포되어 있음을 알 수 있다. 우주 안에서 우리가 보는 형상은 사람(人)·땅(地)·하늘(天)의 세 가지로 압축하여 말할 수 있다. 여기에 '天·地·人'에 통하는 이 '道'를 연결시켜 관통하게 할 수 있는 사람이 '王'이다.

소우주라고 할 수 있는 사람의 몸은 위로는 하늘이 맞닿아 있고 아래로는 땅과 맞닿아 있다. 그래서 '天'으로 인체의 상부를 지칭(비유, 상징)할 수 있고, '地'로는 인체의 하부를 지칭할 수 있다. '天地之間'의 '天'·'地'를 원 뜻 그대로 하늘과 땅이라고 하면 이 사이가 풀무(橐籥)와 같다는 말을 도저히 이해할 수가 없다. 풀무의 역할에 비추어서 풀무가 바람을 만들어 내듯이 하늘과 땅 사이에서 만물이(무엇이) 만들어진다고 말할 수도 없고, 풀무의 작동 원리에 비추어서 공기를 흡입하여 내쉬듯이 하늘과 땅 사이가 텅 비어있는 것 같지만 작동하기만 하면 만물을(무엇을) 만들어 냄을 뜻하는 것이라고 할 수도 없다.

후대 본에서는 이 앞에 "天地不仁, 以萬物爲芻狗. 聖人不仁, 以百姓爲芻狗."[각주의 해석 참조]를 추가해 두었는데, 도대체 그 의도가 무엇인지를 알 수가 없다. "天地之間, 其猶橐籥歟? 虛而不屈, 動而愈出."을 어떻게 이해하였기에 '성인이 어질지 않으면 백성을 짚으로 만든 개(芻狗)로 여긴다'는 말을 붙여 넣었을까? '풀무' 내부를 '天'과 '地' 사이의 공간에 비유한 것으로 보고 그것의 작용(動而愈出)을 天과 地 사이에서 무엇이 만들어지든가 생동하는 것을 비유했다고 보더라도, '聖人不仁, 以百姓爲芻狗'와는 맥락이 닿지 않는다. 그러나 만약에 수행과 관련된 호흡을 비유한 말로 본다면, 조금은 연결이 가능할 것 같다. '聖人不仁'은 만약에 天과 地가 자비롭지 못해서 道(기운)가 작동되지 않는다면, 만물은 '芻狗'처럼 생명이 없는 존재가 될 것이요, 天과 地와 人을 관통하는 기운의 소통을 체득한 聖人이 백성에게 자비를(수행의 이치를) 베풀지 않는다면 백성이 '芻

狗'처럼 생명력이 없게 될 것이라는 말로 보면 될 것이기 때문이다.

"天地不仁, 以萬物爲芻狗. 聖人不仁, 以百姓爲芻狗."라는 말은 접어두기로 한다. 무엇을 두고 天地가 '不仁'하다고 할 것인가? 또 '不仁'하다면 어찌 聖人이라 할 수 있겠는가? 논리적으로 말이 되지 않는 것 같다.

道(기운)의 작용이 미치지 않은 곳이 없다. 우주 만물을 관통하므로 범위를 좁혀서 적용시켜도 그대로 통한다. 天地 간의 주체인 사람을 대상으로 하여 보면 된다. 이 글 甲[12]를 수행(수련)에 관한 글이라고 보면 앞뒤 글과 맥락이 닿는다. 『老子』에서의 가르침을 따른 사람들의 무리를 후대에 '道家'라고 하였다. 역사적으로 道家라 이르는 무리 중에서는 수많은 수행 방법이 있어 왔다.

이 글에서 우주 자연, 정치, 수행 등을 체계적으로 나누거나 구체적으로 서술하고 있지 않기에 어려움이 있다. 그러나 道家에서 중시한 수행법으로 여겨 이해하였다.

바로 앞 글 甲[11] 앞에 있는 여러 글들과 이글 甲[12]의 내용이 수행(수련)과 직접적으로 관계되는 서술이라고 여겨지기에 甲[11]에서의 '道'에 대한 정의와 人·地·天·道·自然의 관계도 수행에 맞추어 풀이했었다. 앞글 甲[11]만으로는 쉽지 않은 일이다.

수행에 관한 설명일 경우, '天'과 '地'는 사람의 몸을 대상으로 하여 비유적으로 쓰였다는 두드러진 증거가 이 글 甲[12]이다. '天'은 분명 사람의 머리 또는 머리의 중심 자리를, '地'는 신체 하부 또는 신체 하부의 중심 자리를 비유한다. 공간적으로 보면 가장 좁은 범위에서의 하늘과 땅의 관계가 될 것이다. '풀무'와 그것의 역할은 사람 몸통의 호흡을 비유한 것이 된다. 즉, 우리 몸 안의 기운의 운행을 설명한 것이라고 보는 것이다.

앞 글 甲[11]에 나오는 '人·地·天·道·自然'을 모두 자연물로 여겨 동일 층위의 개념으로 보지 않아도 되는 이유이다. 그래서 수행법과 관련지어 '道'는 '인체를 드나드는 정상적인 기운(→ 氣, 에너지)'으로서 '混成'(혼연)의 太極 상태라고 보았다. 이에 따라 '自然'도 '호흡을 인위적으로 하지 않고, 道 즉 기운을 저절로 작동하게 하는 이치'를 가리킨다고 말하게 되었다. '大 · 逝 · 遠 · 返'도 같은 맥락에서 이해하였다. 이 道(기운)는 天地 만물이 생겨나기 전부터 있었던 불변의 것으로서 天地 만물이 생성되게 한 모체(근본 에너지, 힘)이므로 '크다'(위대하다)고 하였으며, 이 위대한 기운은 운행하여(逝) 미치지 않은 데가 없이(遠) 순환한다(返). 이 '道'가 '大'하므로 이것이 드나드는 天도 크고 地도 크다. 여기에 天地人을 꿸 수 있는 사람을 뜻하는 '王'도 당연히 크다. 聖人은 바로 이러한 의미에서의 '王'에 해당한다.

'王'의 본뜻은 甲[11]에서 설명한 바와 같다. '王'字의 字形이 '三'(天 · 人 · 地)을 'ㅣ'이 꿰뚫고 있는 형상이므로, 이것이 상징하는 바에 따라 天道 · 地道 · 人事를 꿰뚫어 아는 깨달은 사람이라고 보는 것이다. 수행의 관점에서 보면, 기운을 '人'인 내 몸에 '天 · 地'를 연결하여 관통시킬 수 있는 사람이 곧 '王'인 것이다. 그는 하늘 즉 머리 위에서, 땅 즉 몸의 하부에 이르기까지 내 몸통에 우주의 정기가 통하게 하여 운용할 수 있는 사람이다.

道(기운)를 받아들여 생동한다는 점에서는 우주 만물과 인체의 운행 원리가 같다. 우리 몸은 소우주로서 이 글 甲[12]에서의 '天'과 '地'는 각각 인체의 상부인 머리와 하부를 지칭 또는 상징하는 말로 쓰인 것이다. 이 글의 배경, 즉 언어 환경에 따라서이다. 이 글 甲[12]를 막연히 일반적인 하늘과 땅 사이를 가리키는 말로 이해하면 뒤에 오는 말과도 연결이 되지 않는다.

이 글 甲[12]의 설명 대상에 대해서는 다음에 이어지는 글들을 통하여 더 생각해 보기로 한다.

---

83 帛書本부터는 이 글 앞에 "天地不仁, 以萬物爲芻狗. 聖人不仁, 以百姓爲芻狗."가 있다. '芻狗'(추구)는 '짚으로 만든 개'이다. 옛날 제사 지낼 때 쓰고 버리던 물건이다. "천지가 어질지 않으면 만물을 짚으로 만든 개로 여긴다(삼는다). 성인이 어질지 못하면 백성을 짚으로 만든 개로 여긴다."로 번역된다. 이 말은 논리적으로 뒷말과 맥락을 맞추기가 쉽

지 않다.
楚簡本『老子』에서는 '丙'[2] "故大道廢, 安有仁義? 六親不和, 安有孝慈? 邦家昏[亂, 安]有正臣?" 중에 '仁'字가 한 번 나온다. '仁'과 같은 범주의 개념이라고 할 수 있는 '慈'字가 이 글에 함께 나온다. 甲[1] "絕知棄辯, 民利百倍. 絕巧棄利, 盜賊無有. 絕僞棄慮, 民復季子." 중의 '季子'를 '孝慈'로 보지 않을 경우 '慈'字도 딱 한 번 나온 셈이다.

84 橐籥(탁약) : 풀무. 불을 피울 때 바람을 일으키는 기구. 풍구.
풀무는 본시 대장간에서 쇠를 달구거나 녹이기 위해 화덕에 뜨거운 공기를 불어넣는 기구이다. 일반적인 형태는 직사각형의 상자 모양이다. 통 안에 두 개의 평평한 판이 있다. 한쪽에는 손잡이와 가죽으로 막은[가죽막이는 밸브의 역할을 함] 공기흡입구[흡입할 때만 열리는 구멍]가 있고, 다른 한 쪽에는 바람이 나오는 구멍[내뿜을 때만 열리는 구멍]이 있다. 여기에 풍로(바람이 통하는 길)를 끼워 화덕의 밑 부분과 연결한다. 화덕 가운데에는 쇠를 녹이는 흑연으로 만든 도가니가 놓이게 된다.
풀무의 손잡이를 잡아당기거나 밀면 앞·뒤의 흡입구를 통하여 들어온 공기가 배출구를 따라 노(로, 爐)와 화덕으로 연속적으로 공기를 불어 넣게 된다. 손잡이를 잡아당기면 뒤쪽의 흡입구가 열리면서 공기가 유입되는 대신에 앞쪽의 흡입구는 닫히게 되며, 거꾸로 손잡이를 밀면 앞쪽의 흡입구가 열리면서 공기가 유입되는 대신에 뒤쪽의 흡입구가 닫히게 된다.
손잡이를 밀고 당기는 손풀무와 발로 밟아서 바람을 내는 발풀무가 있다.
다음은 상자형 손풀무의 사진이다.

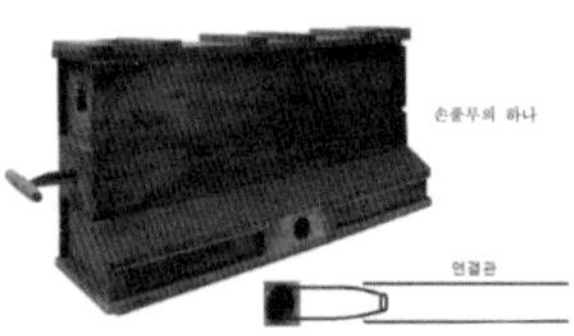

풀무는 펌프질에 의해 지속적으로 바람을 공급하여 불을 살리고, 신체의 호흡도 이와 유사한 작용에 의해 부단히 신체에 에너지를 공급한다.
사람이 앉은 자세로 옆으로 누웠다고 생각하면 위의 나무 풀무의 모양과 쉽게 비교가 된다. 에너지(기운)를 공급하는 목적과 작동 방식이 유사하다. 지속적으로 움직여서 필요한 에너지를 공급하는 원리만 비유했다고 생각하면 쉽다. 물론 풀무의 내부 판이 앞뒤로 이동하는 것과 사람이 숨을 마시고 내쉴 때 횡격막이 위로 올라가고 아래로 쳐지고 하는 내부의 유사성까지 상상해 볼 수는 있다. 숨기운이 드나드는 구멍이 어디에 있는가 하는 것은 생각하지 않는 것이 좋다.
道家의 수련에서 실제로 행하는 대표적인 호흡 방법은 숨을 들이마실 때 배가 들어가면서 장기가 수축되고, 내쉴 때는 배가 나오면서 장기가 팽창하는 방법이다.
풀무 속의 공기를 기운이라 생각하면, 손잡이를 잡아당길 때는 기운(바람)이 들어오고 밀어 넣을 때는 필요한 곳에 공급된다. 반복하면 계속 공급된다(바람이 나온다). 풀무가 '움직일수록 더 나온다' 한 것은 이를 두고 한 말이다. 작동을 반복할수록 바람이 더 많이 나오는 것은 호흡을 계속하면 기운이 더 많이 모이는 것에 비유된다고 할 수 있다. 잡아 당겨서 생긴 공간은 비어있는 것 같지만 실제로는 공기 즉 기운이 가득 차 있다. 이를 두고 '虛而不屈'이라고 한 것이다.

85 歟(여) : '歟'는 옛날에는 주로 '與'로 썼다. 의문과 감탄을 겸하여 나타내는 語氣助詞이다.

86 屈(굴) : 『說文解字』에 "屈 無尾也. 从尾出聲."이라 하였다. 이에 의해 이 글 중의 '屈'字의 의미를 정할 수는 없다.
『爾雅』 "揫, 斂, 屈, 收, 戢, 蒐, 裒, 鳩, 樓, 聚也." 중의 '聚也'에 의해서도 정할 수가 없다.
『廣韻』에도 "屈 拗曲, 亦姓, 又虜複姓屈突氏, 又羌複姓有屈男氏. 區勿切, 三."과 같이 취할 만한 것으로는 '굽다, 굽히다'는 뜻이 있다.

87 動(동) : 帛書本 甲은 '動'(종)으로 표기하고 帛書本 乙을 비롯하여 후대의 문헌들은 '動'으로 쓴다. '움직이다'를 뜻한다. '沖'(충)의 가차자로 보기도 한다.

【 13 】

호흡은 완전한 비움 상태에서 시작한다

【원문】

至虛, 恒也, 獸中, 篙也. 萬勿方𠬝, 居以須復也. 天道員員, 各復丌堇.

[帛書 老子 제60장]

【考釋文】

至[88]虛, 恒也 ; 守中[89], 篤也. 萬物方作, 居[90]以顧[91]復也. 天道[92]云云[93], 各復其根[94].

【譯文】

비어있음(비운 상태, 비움)에 이르면(도달하면) 항상성이 유지되며, 가운데(이 안정된 상태, 中)를 지키면 도탑다(굳건하다). 만물(내 몸 안의 모든 것)이 바야흐로 지어지면 (그 가운데) 머물러 있으면서 되돌아가는(순환하는) 것을 돌아본다. 하늘의[머리로 들어오는] 기운이 부단히 운행하여 각기 그 뿌리로 돌아간다.

【요지】

비워서 그 상태를 지키면 든든해지고, 이에 따라 (몸에 필요한) 모든 것이 만들어질 때 계속 그 상태에 있으면서 (기운의) 순환을 觀하고 있으면 하늘의 기운이 운행하여 계속 들어오고 각기 갈무리 될 곳으로 돌아가게 됨을 말하였다.

바로 앞 글 甲[12]에서 말한 바와 같이 풀무와 같은 작동원리를 지닌 인체 안에서, 기운(道)이 그것의 작동 원리인 '自然'(저절로 그러함)에 의해 운행하게 하는 방식을 구체적으로 설명하고 있다.

【해 설】

만약에 甲[11]을 수행과는 아무런 상관이 없는 글로 이해하게 되면 바로 앞 글 甲[12] "天地之間, 其猶橐籥歟? 虛而不屈, 動而愈出."이 왜 갑자기 튀어 나왔는지를 이해하기가 매우 어려울 것이다. 비어있을 때 무엇이 다하지(굽히지, 끝나지) 않으며['不屈'], '動'하는 것과 '出'하는 것이 무엇인가를 설명하기가 쉽지 않기 때문이다. 그런데 수련상의 호흡으로 이해하니 간단하게 해결된다.

'天·地'가 비유적으로 쓰였음을 간파하지 못하고 일반적인 개념의 하늘과 땅으로 여겨 풀이한 사례들을 보면 하나같이 바람을 잡듯 추상적이고 모호하다. 甲[11]의 글을 우주관, 즉 우주 전체에 대한 설명으로 이해하고 나면 그럴 수밖에 없을 것이다.

수행(수련)과 관련된 것으로 이해하면 앞 글 甲[12]가 이 글 甲[13]과 자연스럽게 이어진다. 의미의 모호성 또한 크게 줄어든다.

그러나 어떻게 하면 '虛'에 도달할 수 있는지에 대해서는 구체적인 설명이 없기에 위의 번역에 약간의 의역을 가하여 이해를 보태면 다음과 같다.

"(눈을 감고 고요히 앉아 몸과 마음이 저절로) 비워지는 상태에 도달하면 (변함없는) 항상성을 유지하게 되며, (몸의) 중심자리[저절로 고요해진 상태]를 지켜 觀하고 있으면 (이러한 상태가 더욱) 굳건해진다. (이렇게 해서 우주에서 취한 기운으로) 내 몸에 필요한 모든 것[만물]이 바야흐로 만들어지면 그 상태에 머물러 있으면서 (그 기운이) 순환하는 것을 좇아가면서 바라본다. (그러면) 머리를 통해서 들어온 기운[天道]이 부단히 운행하여 (그 기운[에너지]이) 각기 그 근원이 되는 자리(혈자리 등)로 돌아간다."

'道'를 기운으로 보니 '天道'는 하늘의 기운을 뜻하게 된다.

어떠한가? 인체가 기운을 호흡하는 것을 풀무에 비유한 앞 글 甲[12]와 더불어 道家 수행법의 총론이자 요체가 아닐까?

당시에 이러한 수행법이 유행했다면, 당시 수행을 하고자 했던 사람들은 이 말이 무엇을 의미하는지 그냥 이해할 수 있었을 것이다.

甲[12]의 '天'은 머리의 중심인 '百會'(또는 머리 위 중앙선 전체)를 대표 삼고, '地'는 몸통 하단의 중심인 '會陰'(또는 몸통 하단의 중앙선 전체)으로 대표 삼을 수 있다. 百會와 會陰을 연결하는 선이 道家 수련에서 말하는 子午線이다. 내면의 호흡은 이 두 곳 사이인 몸통에서 이루어진다. 그래서 이를 풀무에 비유한 것이라고 할 수 있다. 풀무의 작동을 멈추었을 때처럼 호흡을 멈추고 비운 상태로 있어도 우리의 생명은 끝나지 않으며, 당겨서 멈춘 풀무를 다시 작동시킬 때 바람이 더 잘 나오는 것처럼 내 몸의 기운이 움직일 때도 이와 같다.

이렇게 보면 甲[12]와 甲[13]은 추상성과 모호성을 최소화하면서 수행의 기본 원리를 설명한 말로 이해된다. 여기에서 말한 天道를 河圖에 표현된 天道와 직접 연결시키기는 쉽지 않아 보인다. 보통 '天道'라고 하면 洛書에 표현된 '地道'와 상대되는 말을 떠올리게 된다.[95] 이해하기에 따라서는 우리 몸 안에서 天道에 부합하는 순환이 이루어지고 있음을 말한 것이라고 설명할 수 있을 지도 모르겠다. 그러나 글 중에는 이에 대한 설명이 없으므로, 河圖와 洛書의 그림이 수련상 어떠한 의미를 지니는지에 대해 구체적으로 알지 못한다면 아예 접근이 불가능한 글이 된다.

뒤에도 수행과 관련되는 내용이 계속 나온다.

주의할 점이 있다. 도가의 命功 수행을 흔히 '鍊丹'으로만 생각하는 사람이 있을 수 있다. 그러나 '鍊丹'의 방법에는 여러 가지가 있었고, 옳지 않은 방법도 있었다. 건강을 증진시키고 생명을 늘이는 것을 '命功'이라 하고, 마음을 수련하는 것을 '性功'이라 하는데, 楚簡本『老子』의 수련은 이 둘을 한 데 포괄하고 있는 것 같다. 양쪽 모두 수련하는 것을 佛家에서는 '性命雙修'라고 한다.

만약에 이 글을 세상을 다스리는 이치라는 관점에서 이해하고자 한다면, 앞에서 강조한 '無爲'를 곧 비움('虛')으로 여길 수 있을 듯하다. 즉, '無爲'를 실천하고 있으면 그에 따라 만물, 즉 세상만사가 공고해지고 순환을 반복하는데, 이것을 돌아보고(보고) 있노라면 天道가 부단히 운행하고 있다는 사실을 알게 된다고 풀이할 수 있다. 그렇다면 이때 天道가 각각 그 뿌리로 돌아간다 함은 무엇을 말하는 것일까? 도대체 天道란 무엇일까? 만물이 제자리로 돌아가는 것을 바라보고 있으면 천도(하늘의 법도)가 부단히 운행하는 가운데 만물이 제각기 자기의 자리(뿌리, 근본이 되는 곳)로 돌아간다는 사실을 깨달을 수 있다는 말인가? 설명이 좀 더 구체적이었으면 좋으련만 이를 탓할 수는 없다. 어떠한 행위를 말하는 것인지가 명확하게 나타나 있지 않지만 다들 '無爲'를 행할 때의 나(또는 治者)와 만물의 관계로 인식하여 해석하고 있다. 그러나 이런 식으로 추상적으로 풀이하고 보면 구름 잡듯 애매하다. 아마도 억지인 것 같다.

---

88 至(지) : 帛書本부터는 '致'로 쓴다. '이르다', '도달하다'를 뜻한다.

89 中(중) : 원문 글자 그대로 번역하였다. 이는 '비워서 항상성이 유지되는 안정된 상태', '치우치지 않은 상태'를 가리킬 수 있기 때문이다. 이것을 '中'이라고 한 것으로 이해된다.
그런데 帛書本부터는 '情, 靜, 靖'으로 쓴다. 이것들은 모두 '靜'을 뜻한다. 이에 따라 대체로 '守中'(수중)을 '守靜'(수정)으로 보고 있다. 이렇게 보면 '守靜'은 '고요함을(비어있는 고요한 상태를) 지킨다'가 된다. 이것도 말이 통한다. 비운 다음에 안정된 상태를 '靜'으로 볼 수 있기 때문이다. 고요해진 상태는 곧 안정을 가져온다. 즉, '비운 다음에 고요해진 상태(=안정된 상태)를 지킨다'는 뜻이 된다. 논리적으로 가능하다.

90 居(거) : 帛書本부터는 모두 '吾(오)로 쓴다. 문맥상 여기에 굳이 '吾'가 들어가야 할 이유가 없는 듯하다. 내 몸 밖의 일(萬物)을 관찰한다고 생각해서 이렇게 바꾼 것이 아닐까 한다.

91 顧(고) : 帛書本부터는 '觀'(관)으로 쓴다. '顧'는 '돌아보다', '둘러보다'는 뜻이니, '보다'를 뜻하여 서로 뜻이 통하는 '觀'으로 바꿔 쓴 것 같다.

92 天道(천도) : '天道'라는 말은 문맥에 따라 여러 가지를 가리킬 수 있기 때문에 주의를 요한다. '地道'와 상대되는 말로 쓰인 경우에도 비유적으로 쓰면 한 가지에 그치지 않는다.

93 云云(운운) : 다른 판본들은 '芸芸(운운), 雲雲(운운)' 등으로 표기하였다. 음이 통하여 서로 가차되어 쓰인다. '부단히 운행하는 모양'을 형용하는 말이므로 '계속 들어온다'는 뜻으로 이해하면 될 것 같다.

94 根(근) : '根'字는 이곳과 楚簡本『老子』乙의 첫 번째 단락 乙[1]의 후단인 "有國之母, 可以長[舊. 是謂深根固柢], 長生舊視之道也." 중에만 나온다. 두 글 모두 수행에 관한 설명으로 이해할 수 있다.

기운이 돌아가 갈무리 되는 곳을 뜻하는 이 '뿌리(根)'라는 개념의 실체는 글 중에 밝혀져 있지 않다. '各復其根'이라는 말에 의하면 귀속되는 뿌리가 신체 중의 주요 혈자리 또는 장기일 수 있다. 그 근원을 하나로 치면 수행 단계에 따라 다르다고 할 수 있다. 초급 단계에서는 下丹田이 될 것이며, 최고급 단계에서는 全身이 될 것이기 때문이다.

95 참고로 河圖와 洛書에 대해서 약간 소개해 보기로 한다.
河圖(하도)는 옛날 중국 伏羲氏(복희씨) 때에 黃河(황하)에서 龍馬(용마)가 지고 나왔다는 55개의 점으로 된 그림이다. 洛書(낙서)는 夏(하)나라의 禹王(우왕)이 홍수를 다스릴 때, 洛水(낙수)에서 나온 거북의 등에 씌어있었다는 45개의 점으로 이루어진 아홉 개의 무늬이다. 아래의 그림이 그것인데, 점의 수가 河圖는 1에서 10까지이고, 洛書는 1에서 9까지이다. 이해의 편의를 위해 원 그림에는 없는 숫자(河圖 중앙의 검은 동그라미는 위아래 5개씩으로 나뉘어 있는데 합쳐서 10을 나타냄)와 방위를 써넣었다.

河圖는 인류 선천시대의 相生(상생) 관계를 나타내고 있으며, 洛書는 후천 시대의 相剋(상극) 관계를 나타내고 있다.

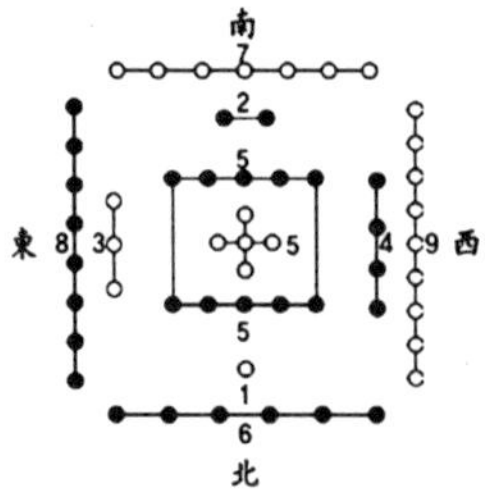

河圖

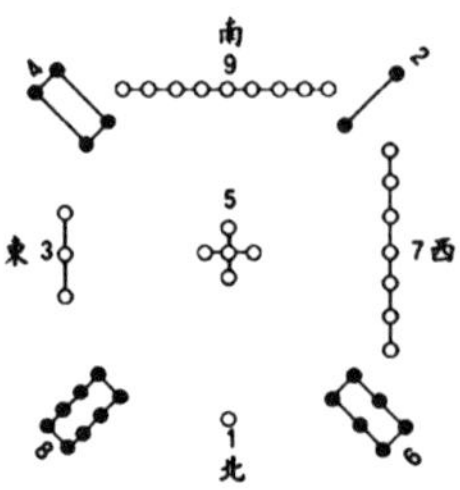

洛書

【 14 】

수련은 邪氣가 생기기 전에 하는 것이 좋고, 이미 생겼다면 미미할 때 다스려야 한다

【원문】

丌安也, 易柔也. 丌未菲也, 易悔也. 丌毳也, 易畔也. 丌幾也, 易後也. 爲之於丌亡又也, 絧之於丌未亂. 合〔抱之木, 生於毫〕末. 九成之臺, 作〔於累土. 百仁之高, 始於〕足下.

[帛書 老子 제27장]

【考釋文】

其[96]安也, 易持也, 其未兆也, 易謀也, 其脆也, 易判也, 其微也, 易散也. 爲之於其亡有也, 治之於其未亂.合抱之木, 作於毫[97]末, 九成[98]之臺, 作於累土, 百仞之高, 始於[99]足下.

【譯文】

그것(기운)이 안정되면 유지하기 쉽다. 그것이 아직 조짐이 없으면 꾀하기(도모하기) 쉽다. 그것이 취약하면 쪼개기(나누기) 쉽다. 그것이 미미하면 흩어버리기 쉽다. (그러므로) 그것이 있는 일이 없을 때에(생기지 않았을 때에) 그것을 하고, 그것이 아직 어지러워지지 않을 때에 그것을 다스리는 것이다. (두 팔을) 합쳐서 품을 만한 나무도 터럭 끝만 한 데서부터 만들어지고, 아홉 겹(층)의 누대(누각)도 쌓은 흙에서부터 만들어지며, 백 길의 높이도 발밑에서 시작된다.

【요 지】

수련을 함에 있어서 안정이 중요하다. 평안한 상태라야 기운을 받고 또 기운을 運化하기가 쉽기 때문이다. 아직 삿된 기운(邪氣)이 생겨날 조짐이 없을 때 수련하면 가장 좋을 것이다. 만약에 邪氣가 생겼을지라도 약하고 미미할 때는 그래도 제거하기기 쉽다. 그러므로 아직 발생하지 않았거나 어지러운 상태에 이르지 않았을 때 수련하여야 한다. 모든 것이 아주 작은 데서 시작하므로 邪氣가 침입한 조짐이 있으면 커지기 전에 제거하여 바른 기운(正氣)을 유지해야 한다.

【해 설】

이 글 역시 수행과 관련된 글이다. 수행상 유의할 점을 말하고 있다. '其'가 가리키는 내용이 무엇인지가 명확하게 드러나 있지 않지만 앞에서 '道'라고 명명한 '氣'(기운)라 여겨진다. 당시 이 글을 쓰거나 베낀 사람들은 이것이 무엇을 말하는지 알고 있었을 것이다.

글 자체만으로 보면 어떠한 일에도 끌어다 붙일 수 있는 매우 포괄적이고 중립적인 표현이다. 이제까지 주로 통치행위로 여겨 해석해 왔다. 이 글만 가지고 보면 국가를 다스림에 있어서 일이 없을 때 잘 하고, 일이 커지기 전에 미리미리 문제를 제거하여 혼란이 없게 하라는 뜻으로 이해할 법 하다.

그러나 앞뒤를 연계해서 보면, 앞 글 甲[13]은 運氣操身의 기본 수행 방법이라 할 수 있고, 이 글 甲[14]는 유의사항이라고 할 수 있다.

안정된 상태는 몸과 마음을 다스리기가 가장 쉬운 상태이다. 그러므로 이 때 수련을 하는 것이 최상이다. 어떠한 나쁜 기운이 생겨났을지라도 미미할 때는 제거하기가 쉽다. 따라서 삿된 기운(邪氣)이 없을 때 기운을 기르고, 이미 발생하였다면 미미할 때 삿된 기운을 흩어버림으로써 이것이 커져서 발생할 수 있는 혼란을 미리 예방한다는 이치를 설명한 것이라 생각된다. 모든 것은 아주 작은 데서 시작해서 커지므로 해로운 기운이 생기면 조기에 제거해야 한다.

帛書本에서는 甲[14]에 뒤의 丙[5]"爲之者敗之, 執之者失之. 聖人無爲, 故

無敗也；無執, 故[無失也]. 愼終若始, 則無敗事矣. 人之敗也, 恒於其且成也敗之. 是以聖人欲不欲, 不貴難得之貨；學不學, 復衆之所過. 是以能輔萬物之自然而弗敢爲."가 바로 이어져 있다.

---

96 其(기) : '其'는 한국어로 '그'로 풀이할 수 있는 단어이다. 한문법에서는 보통 그것이 가리키는 실체가 있을 때에는 '代詞'라는 품사를 부여하고, 특정할 만한 실체를 찾을 수 없을 때에는 가리키는 내용이 없이 허두로 사용되고 있으므로 '助詞'라는 품사를 부여한다.
이 글 중의 '其'를 특정하기가 쉽지 않다. 그러나 이 글이 수행과 관련된 글임에 틀림없고 그렇게 하는 것이 앞뒤 글과도 연계되므로 앞에서 '道'라고 명명한 '氣'(기운)를 가리키는 것으로 본다. 윗 글에서 "其安也, 易持也, 其未兆也, 易謀也, 其脆也, 易判也, 其微也, 易散也."와 같이 '其'字가 여러 번 나오는데 그 내용에 있어서는 '正氣'와 '邪氣'가 다 있다. 모두 '그것'이라고 번역하였다.
'其'가 助詞로 쓰일 때는 '語氣'를 나타내는 부류에 속하며, 강조의 기능을 하는 助詞의 하나이다. 쉽게 설명하자면 한국어로 '아 거 뭣이냐 거 ~'라고 할 때의 '아 거' 정도에 해당한다고 보면 된다.

97 '末'(말)字 앞에 누락된 글자를 帛書本 등에 의거하여 고증한 것 중에 '抱之木, 生於毫'를 보충한 설을 취하였다.

98 成(성) : 원문의 '成'을 '城'(성)으로 고증하기도 한다. 백서본은 '成'으로 썼다. 王弼본과 같이 후대에 '層'(층)으로 쓰기도 하였다. 모두 '중첩'의 의미를 지닌다. 그래서 '九成'을 '아홉 겹' 또는 '아홉 층'으로 번역하였다. '九' 자체가 '아홉 층'을 가리킨다고 보고 '成'을 '이루다'로 보아 '九成'을 '아홉(아홉 층)으로 이루어지다'로 번역할 수도 있다.

99 '足'(족)字 앞에 누락된 글자를 帛書本 등에 의거하여 고증한 것 중에 '於累土. 百仁之高, 始於'를 보충한 설을 취하였다.

【15】

열려 있는 몸의 구멍과 여닫는 몸의 문을 막고서 광명한 기운을 고르게 해서 사기를 정화시킨다

【원문】

智之者弗言, 言之者弗智. 閟亓門, 賽亓門, 和亓光, 迵亓新, 劊亓䝯, 解亓紛, 是胃玄同. 古不可得天新, 亦不可得而疋 ; 不可得而利, 亦不可得而害 ; 不可得而貴, 亦不可得而戔. 古爲天下貴.

[帛書 老子 제19장]

【考釋文】

知之者弗言, 言之者弗知. 閉其兌[100], 塞其門, 和其光. 同其塵, 挫[101]其銳, 解其紛. 是謂玄同[102]. 故不可得而[103]親, 亦不可得而疏, 不可得而利, 亦不可得而害, 不可得而貴, 亦不可得而賤. 故爲天下貴.

【譯文】

그것(기운)을 안다면 말을 하지 않는다(못한다). 그것에 대해 말을 한다면 모른다는 것이다. 그 구멍을 닫고 그 문을 막은 상태에서 그 빛(그 광명한 기운, 正氣)을 고르게 한다. (그런 다음) 그 티끌은 한 가지로 하고(하나로 모아 합치고), 그 날카로움은 꺾으며, 그 얽힌 것을 푼다. 이를 '玄同'(현묘하게 하나 되게 함[또는 하나 됨])이라 이른다. 까닭에 (기운은) 얻어서[얻었다고=현묘하게 하나 되게 했다고] 가까이

할 수도 없고, 또 얻어서 멀리할 수도 없다. 얻어서 이로울 수도 없고, 또 얻어서 해로울 수도 없다. 얻어서 귀해질 수도 없고, 또 얻어서 천해질 수도 없다. 까닭에 천하(내 몸)의 귀한 것이 된다.

【요지】

이 역시 수행에 관한 글이다. '知之'·'言之' 중의 '之'는 '道'라고 명명했던 '氣'(기운)이다.

기운을 고르게 해서 여러 가지 형태로 존재하는 邪氣를 정화시키는 것을 '玄同'(현묘하게 하나 되게 함[하나 됨])이라는 말로 표현하였다. 正氣를 받아서 邪氣를 정화함으로써 내 몸 안의 기운을 하나 되게 함을 뜻한다. 이렇게 되면 親·疎와도 利·害와도 貴·賤과도 관계가 없으므로 내 몸 안에서 가장 귀한 것이 되는 것이다.

【해설】

'知之'·'言之'라고 시작하여 여기에서도 '之'(그것)의 실체를 말하지 않았다. 글만 가지고 보면 이미 알고 있는 사람에게만 통하는 말이라고 할 수 있을 성 싶다. 그러나 '閉其兌, 塞其門, 和其光'에 의해 이것이 수행에 관한 글임을 바로 알 수가 있다. 우리 몸의 여닫는 곳을 모두 닫고 고요히 내 몸 안의 정기를 살리고 우주의 정기를 받아 몸을 정화시키는 것이다. 이러한 취지에 따라 윗글의 내용을 좀 더 쉽게 다듬어 보면 다음과 같다.

"그 기운에 대해서 깨달아 알았다면 그것이 어떠하다고 말을 하지 않게 된다. 만약에 그것에 대해 말을 한다면 모르고 있다고 할 수 있다. 몸과 마음으로 체득하는 것이지 말로 설명할 수 있는 것이 아니기 때문이다.

내 몸의 닫혀 있는 구멍과 여닫는 문을 모두 닫고 막은 채, 우주의 광명한 기운(빛)이 고르게 퍼지도록 해서, 티끌 같이 흩어져 있는 삿된 기운은 하나로 모으고 날카로운 기운은 꺾으며 얽혀있는 기운은 풀어서 모두 破解한다. 이를 '玄同'(현묘하게 하나 되게 함)이라 이른다. 까닭에 이러한 경지에 이르게 되면 이 기운에 의해 무엇을 가까이 할 수도 멀리할 수도 없는 것이며, 이롭게 할 수도 해롭게 할 수도 없는 것이며, 귀해질 수도 천해질 수도 없는 것이다. 그래서 내 몸에 가장 귀한 것이 된다."

생각을 비롯하여 여러 형태로 나타나는 삿된 기운을 모두 정화하여 도달한 경지를 설명하고 있다고 여겨진다.

수행의 글로 보니 명확해지지 않는가? 수행의 道는 사람마다 단계마다 차이가 있을 것이고 말로 설명하기 어려운 것이다. 수행의 기본이 되는 구체적인 방법은 먼저 고요히 앉아 밖으로 통하는 모든 감각기관을 닫아 밝은 생각으로 모든 삿된 기운들을 정화하여 고르게 하는 것이다. 이렇게 하면 靜의 상태에 도달하게 될 것이다. 이 경지가 바로 禪定의 단계가 아니겠는가? 여기에 도달하면 가까움도 멂도, 이로움과 해로움도, 귀함과 천함도 가리지 않게 될 것이다. 그러므로 천하에서(내 몸 안에서) 더 없이 귀한 경지가(또는 사람이) 아니겠는가?

이렇게 되면 中道가 서게 될 것이니 사람과 사람 사이의 관계에서도 조화를 이루게 될 것은 당연하다. 그러니 개인의 수행에서 보면 '天下'는 내 몸 전체일 뿐이지만, 결국 내 몸을 포함한 온 세상도 되지 않겠는가?

---

100 兌(태) : 帛書本 甲은 '閟'(민)으로 乙은 '垸'로 적고 있다. '兌'는 耳目口鼻 등의 구멍을 뜻하는 말이다. [『淮南子 · 道應訓』의 "王若欲久之, 則塞民於兌."의 '兌'에 대하여 高誘는 '耳目口鼻也'라고 주석하였다.]

101 挫(좌) : 帛書本 甲은 '坐'로, 乙은 '銼'로 쓰고 있으며, 이후 본들은 '挫'로 쓴다. '꺾다', '꺾이다'를 뜻한다.

102 玄同(현동) : '현묘하게 하나 되게 함'으로 번역하였다. '和諧'를 뜻한다. '玄'에 대해 『廣韻』에서 '玄 黑也, 寂也, 幽遠也, 又姓列仙傳有玄俗河間人無影. 胡涓切, 十三.'이라 하였는데, 이 가운데서는 '幽遠'이라는 풀이가 가장 가깝다.

103 而(이) : 원문의 '天'은 서로 형태가 비슷하여 '而'를 잘못 쓴 것이다.

【16】

올바름(天道)을 써서 나라(내 몸)를 다스리고 無爲로써 천하를 취한다

【원문】

以正之邦, 以戟用兵, 以亡事取天下. 虗可以智丌肰也? 夫天下多昇韋而民爾�. 民多利器而邦慈昏. 人多智而戟勿慈记. 法勿慈章, 覜惻多又. 是以聖人之言曰 : 我亡事而民自福 ; 我亡爲而民自蠡 ; 我好青而民自正 ; 我谷不谷而民自樸.

[帛書 老子 제20장]

【考釋文】

以正治[104]邦, 以奇用兵, 以亡事取天下. 吾何以知其然也? 夫天下[105]多忌諱而民彌[106]叛. 民多利器而邦滋昏. 人多知而奇物滋起. 法物滋章[107]盜賊多有. 是以聖人之言曰 : 我亡事而民自富. 我亡爲而民自化. 我好靜而民自正. 我欲不欲而民自樸.

【譯文】

올바름(天道)을 써서 나라(내 몸)를 다스리고, 기묘함(기이함, 地道)을 써서 군대(邪氣 퇴치법)를 운용하며, 일삼음이 없음을 써서 천하(내 몸 전체)를 취한다(지닌다). 내가 무엇을 가지고서 그것이 그러하다는 것을 알겠는가? 무릇 천하에 꺼리고 기피할 것이 많으면 백성들이 두루 배반한다(지키지 못한다). 백성들에게 날카로운 기물이 많으면 나라가 더욱 어두워진다. 사람에게 아는 것이 많으면 기이한 물건이 더욱 일어난다(더 많이 생겨난다). 법 같은 것이 더욱 드러나면 도적이 많이 있게 된다.

이에 聖人은 다음과 같이 말한다. 나에게 일삼음이 없으니 백성들이 스스로 부유해진다. 나에게 人爲가 없으니 백성들이 스스로 순화된다. 내가 고요함을 좋아하니 백성들이 스스로 바르게 된다. 내가 하고자 하지 않음을 하고자 하니 백성들이 저절로 질박해진다.

【요 지】

한 나라에 해당하는 내 몸을 다스림에는 평상시에는 '正'(올바른 방법)에 해당하는 天道를 따라야 한다. 그러나 邪氣가 침범하여 내 몸이 전쟁 상태와 같아지면 곧 '奇'(기묘한 방법)에 해당하는 地道에 따라 물리쳐야 한다. '無事로써 天下를 취한다' 함은 無爲를 위주로 하여 수행하여야 내 몸 구석구석이 모두 제대로 다스려짐을 의미한다. 우주의 정기를 받아 내 몸 안에서 기운이 운행되게 하고, 사기가 침범했을 때 기묘하게 정화시키는 이러한 이치는 내 몸 밖의 세상을 다스리는 데도 그대로 적용될 것이다. 거꾸로 세상을 바르게 다스리는 이치로 내 몸을 다스려야 한다고도 말 할 수 있을 것이다. 그래서 聖人은 無事·無爲에 의해 수행하고, 그 德이 백성들에게 미치게 되면 저절로 부유해지고 순화되고 바르게 되며 질박해지는 쪽으로 敎化가 이루어질 것이다.

【해 설】

수행상 '無爲'의 중요성을 강조하였다. 이를 백성들의 실제 세상사를 예로 들면서, '번다한 금기 사항, 많은 예리한 기물, 많이 아는 것, 법규 같은 것이 드러나는 것' 등이 모두 이롭지 못함을 가지고 증명하였다. 수행에 관한 글임을 알고 나면, 이러한 시끄러운 것들은 내 몸에 邪氣가 발생하게 하는 원인들에 비유됨을 알 수 있다.

맨 앞의 "以正治邦, 以奇用兵, 以亡事取天下."가 관건이 된다. 이를 개인의 수행법을 비유한 말로 이해하면 실마리가 풀린다.

수련을 배경 삼아서 먼저 앞부분을 이해해 보기로 한다.

'左'는 '體'로서, '正'에 해당하는 '天道'를 따르며 '左旋'한다. 이는 '相生'의 원리이다. '右'는 '用'으로서, '奇'에 해당하는 '地道'를 따르며 '右轉'한다. 이는 '相剋'의 원리이다. 우리 몸에 邪氣가 들어왔을 때 右手를 主로 해서 淨化하는 원리를 바로 '奇'라고 한다. 비유적으로 말하면 邪氣를 물리치는 일은 곧 전쟁이요, 邪氣를 물리치는 수련을 하는 때가 전쟁시가 되는 것이다. 따라서 전쟁시에는 右를 主로 해서 사용한다고 말하게 된다.

右手(오른손)를 主로 해서 邪氣를 정화시키는 방법 중에 대표적인 것이 手印을 사용하는 것이다. 邪氣의 성질을 알아내서 이와 相剋이 되는 手印을 右手에 만들어 瀉하는 것이 그것이다.[108]

'兵'(군대, 병기)을 쓰는 원리 역시 동일하다.

그래서 이 글 甲[16]의 수련의 이치는 세상을 다스리는 데도 그대로 적용된다. 세상을 다스리는 입장에서 보면, '以正治邦'은 평소에는 '天道'를 따르는 '正'의 相生 이치에 의해 나라를 다스림을 의미하는 것이며, '以奇用兵'은 '兵'(군대, 병기)을 사용해야 하는 비정상적인 상황에서는 '地道'에 속하는 '奇' 즉 '相剋'의 이치에 해당하는 기묘한 방법으로 '兵'을 운용해야 함을 의미하는 것이다. 나아가 '以亡(=無)事取天下'는 궁극적으로 作爲가 없게 되면('無爲') 저절로 天下를 얻는 것이 됨을 말한 것이다.

개인의 수행에 있어서, 평소에는 '正'에 해당하는 相生의 天道를 따라 '無爲'의 법을 행하여 내 몸이라는 하나의 나라(邦)를 다스리지만, 邪氣가 침범하게 되면 '奇'에 해당하는 相剋의 地道라는 용병술(有爲法)을 써서 이를 정화해야 하며, 궁극적으로는 '無爲'의 법에 통달하여야 수행이 완성되어 天下에 비유되는 내 몸 전체를 온전하게 보존할(取) 수 있다.

甲[4]에서의 '兵强' 중의 '兵' 또한 직접 군대를 가리키는 말로 보지 않고, 비유하는 말로 보아 '兵强'을 군대에 비유되는 강제력으로 풀이한 것도 이러한 이치에 의해서였다. 수련과 관련한 글로 보았기 때문이다. '道'는 곧 '氣'(기운)요, 그 기운(=우주의 正氣라고 할 수 있음)을 써서 나의 精神(人主)을 보좌함(도움)에 있어서 내 몸 전체(天下)에 강제력을 사용하고자 하지 않는다고 한 것은 곧 天道를 따르는 相生의 법을 실행함을 뜻하는 것이다.

글 중에 실제 전쟁시의 '以奇用兵'에 해당하는 '用兵'의 사례는 제시되어 있지 않다. 그래서 '兵'은 그냥 '군대(또는 병기)'로, '奇'는 '기묘함'(기이함)으로만 번역해 두었다.

'奇'를 실제 전쟁시의 用兵(군대의 사용)法으로만 여겨 '奇襲'(기습)으로 여기는 등의 풀이가 있어왔다.

맨 앞에 '邦'과 '天下', '聖人'과 '民'을 통치행위의 관점에서 생각해 보자. '無爲'를 행하는 사람이 '治者'의 자리에 있을 수 있을까 하는 의문을 접기로 한다면, 세상을 다스린다는 입장에서의 '聖人'은 '無爲'를 가장 잘 실행할 수 있는 최상의 치자(治者)를 상징하게 될 것이다. '治邦', '用兵', '取天下'와 뒤에 이어지는 '忌諱', '叛', '利器', '邦昏', '奇物', '法物', '盜賊' 그리고 '民' 등을 글자 그대로만 이해할 때 그러하다. 그러나 '無爲'를 행하는 聖人이 다스림을 목적으로 당시 국가의 군왕의 자리에 나아갈 리가 만무하다. 자기 수행의 공덕이 저절로 드러나 보임으로써 일정 영역에서나마 감화에 의해 세상이 좀 더 낫게 다스려지는 효과를 보게 될 것이며, 이러한 사람들이 많아지면 저절로 바르게 다스려지는 영역도 더욱 넓어지게 될 따름이다.

---

104 治(치) : 楚簡本과 帛書本은 '之'로 썼는데, 王弼본부터는 '治'로 바꾸었다. '之'를 '治'의 假借로 본다. '다스리다'를 뜻한다.

105 天下(천하) : 원문의 '天'字 다음에 '下'字가 누락된 듯하다. 後代 본에 의거하여 보충하였다.

106 彌(미) : '두루, 널리'의 뜻으로 풀이하였다. '많다'는 뜻으로 풀이하기도 한다.

107 章(장) : '彰'(창)으로 본다. '드러나다', '드러내다'를 뜻한다.

108 手印으로 邪氣를 제거하는 방법의 구체적인 내용은 여기에서 설명하지 않기로 한다. 원리와 기본적인 手印은 『관음음양오행 조절법』(慧一 저, 서울, 해드림출판사, 2015)에 밝혀져 있으니 참고하기 바란다.

【 17 】

수행의 德이 두터우면 삿된 기운이 침범하지 못한다 · 기운을 고르게 해서 유지하면 수명을 더한다

【원문】

> 酓悳之厚者, 比於赤子. 螝蠆蟲它弗蓋, 攫鳥猷獸弗扣, 骨溺菫秫而捉固. 未智牝戊之合然惹, 精之至也. 終日虖而不惪, 和之至也. 和曰県, 智和曰明, 賹生曰羕, 心叓既曰𢏊. 勿壓則老, 是胃不道.

[帛書 老子 제18장]

【考釋文】

含德之厚者, 比於赤子, 蜂蠆虺蛇[109]弗螫, 攫[110]鳥猛獸弗搏[111], 骨弱筋柔而捉固.

未知牝牡[112]之合朘[113]怒, 精之至也. 終日乎[114]而不憂[115], 和之至也, 和曰常, 知和曰明. 益生曰祥[116], 心使氣曰强[117], 物壯則老, 是謂不道.

【譯文】

품은 덕이 두터운 사람은 갓난아이에 비견된다(견줄 수 있다). 벌 · 전갈 · 살모사 · 뱀이 쏘지(물지) 않으며, 움키는 새와 사나운 짐승이 잡지 않으며, 뼈가 약하고(무르고) 근육이 부드러워도 붙잡는 것은(쥐는 힘은) 견고하다(세다).

암컷과 수컷이 합하는(짝짓는) 것을 아직 알지 못해도 그렇게(저절로) 성기가 성내는(발기하는) 것은 精(정기)이 이르러서이다. 종일토록 부르짖어도(소리를 질러도) 목이 잠기지 않는 것은 和(고르게 됨)가 이르러서이다. 和는 '常'(일정함)이라 하고 和를 아는 것은 '明'(밝음)이라 한다. (반대로) (인위적으로) 더하려는 것은 '祥'(=災)이라고 하며, 氣(기운)를 부리는 것은 '强'(억지로 하다)이라고 한다. 사물이 굳어지면 곧 늙는데 이것을 일러 '不道'(도에 맞지 않다, 기운에 부합하지 않는다)라고 한다.

【요지】

닦은 수행(수련)의 功이 두터울 때 도달하게 되는 경지를 비유적으로 설명하고 있다. 밝은 정기를 길러 항상 고르게 유지하는 것이 요체이다. 억지로 수명을 늘리려 하거나 억지로 기운을 부리는 것을 경계해야 한다. 그렇게 해서 굳어지면(단단해지면) 늙는다. 따라서 이것을 일러 '道에 부합되지 않는다'(기운[기운의 운행 또는 기운이 운행하는 이치]에 부합되지 않는다)고 한다.

한 마디로 요약해서 말하면, 수련에 있어서 '有爲'로써 하는 것을 경계한 말이다. 즉, '無爲'에 도달함으로써만이 늙지 않고 長生久視할 수 있다는 뜻이다.

【해설】

바른 수행의 공덕을 설명하고 있다. '和'가 완전하게 이르게 되고 이를 항상성 있게 유지하면 저절로 수명을 늘리게 된다.

우주의 정기를 받는 덕(수련의 공)이 두터우면 그 기운이 몸 안에 고르게 담기게 된다. 그렇게 되면 겉으로는 약해 보이지만 실제로는 어떠한 邪氣도 침범하지 못하는 어린 아이에 비유된다. 필요한 정기도 절로 생기고 많이 써도 고갈되지 않는다.

억지로 기운을 부리려 해서는 안 된다. 그것은 몸을 굳어지게 한다. 이는 바로 늙음을 의미하므로 長生의 道라고 할 수 없다. 즉, 기운(기운의 운행, 기운이 운행하는 이치)에 맞지 않다.

'祥'字는 '상서롭다, 길하다, 상서로움'을 뜻하는 외에 '상서롭지 않다, 흉하다, 재앙'을 가리키기도 하며, 양자를 다 포괄하는 '조짐, 징조'를 나타내기도 한다. 이 글에서 '和曰常, 知和曰明'과 '益生曰祥, 心使氣曰强'은 對句를 이루고 있다. 따라서 여기에서는 '祥'이 '災'를 뜻한다. '益生'은 문맥상 '인위적으로(억지로) 생명을 늘리려 함'을 뜻한다. 이러한 수련 태도나 방식은 '有爲'에 해당하므로 일정한 有爲의 과정이 필요할지라도 궁극적으로는 '無爲'의 법을 행하여야 '返老還童'하여 '不老長生'하는 데 이를 수 있음을 설명하고 있다.

楚簡本『老子』에는 '氣'(기운)라는 말이 이 글 甲[17]에서만 딱 한 번 나온다.

---

109 蜂蠆虺蛇(봉채훼사) : '蜂'에 해당하는 원문의 자형을 '螝(회)'로 추정하기로 한다. 帛書本과 王弼본에 의하면 '螝'는 '蜂(逢)'의 異體字인 것 같다. '螝'를 가지고는 정확히 무슨 독충인지 알 수가 없다. 王弼본의 '蜂'에 의거하여 '벌'로 번역하기로 한다. '蠆'(채)는 전갈이다. 河上公본 등에서는 '蜂蠆'를 '毒蟲'으로 바꾸었다. 뒤의 '虺'(살모사), '蛇'(뱀)와 짝하여 '벌, 전갈, 살모사, 뱀'으로 번역한다. 모두 독이 있다.

110 攫(확) : 後代 본에서는 '玃'(확)으로도 쓴다. '움키다'는 뜻이니 다른 동물을 공격하는 사나운 새를 형용하는 말이다.

111 搏(박) : '잡다'는 뜻이다. 공격한다는 것을 나타낸다.

112 牝牡(빈모) : 암수. 암컷과 수컷. 자웅.

113 朘(전) : 원문의 '然'(연) 字形을 帛書本과 같이 '朘'(전)으로 본다. '음부'(성기)를 뜻한다.

114 乎(호) : 여기에서의 '乎'는 '號'(호)를 뜻한다. 假借 관계이다. '부르다', '부르짖다', '소리치다'를 뜻한다.

115 憂(우) : '嚘'(우)를 뜻한다. '목이 메다(잠기다)'는 뜻이다. 다른 본들은 '嗄'(사)로 썼다. 뜻은 같다.

116 祥(상) : 이 글에서의 '祥'은 문맥상 '災'를 뜻한다.
『說文解字』의 段玉裁 注本에는 "祥 : 福也. 凡統言則災亦謂之祥. 从示羊聲. 一云善."이

라 되어 있다. "凡統言則災亦謂之祥."이 주석 부분으로서, '祥'이 '災'를 뜻하기도 함을 설명하고 있다.

『爾雅』에서는 "[釋詁] 儀, 若, 祥, 淑, 鮮, 省, 臧, 嘉, 類, 綝, 彀, 攻, 穀, 介, 徽, 善也."라고 하여 '善'으로 풀이하였다. 『廣韻』의 풀이는 "祥 : 吉也, 善也."이다. 이들 가운데는 '복되다', '좋다', '길하다'는 의미에 해당하는 풀이만 있고, 甲[17] 중에 쓰인 '祥'字의 뜻은 풀이되어 있지 않다.

그런데 『康熙字典·示部·六』의 '祥'字의 풀이에는 '災'의 뜻으로도 쓰임을 밝혀 놓았다.

『唐韻』似羊切, 『集韻』『韻會』『正韻』徐羊切, 𠀤音詳. 『說文』福也. 一云善也. 『禮·禮運』是謂大祥. 『書·泰誓』襲于休祥. *凡吉凶之兆皆曰祥*. 『徐鉉』曰: 祥也. 天欲降以禍福, 先以吉凶之兆詳審告悟之也. 『前漢·五行志』*妖孽自外來謂之祥*. 『左傳·昭十八年』鄭之未災也, 里析曰: 將有大祥. 『註』祥, 變異之氣. 『疏』者, *善惡之徵. 中庸必有禎祥, 吉祥也. 必有妖孽, 凶祥也. 則祥是善事而析以災爲祥者, 對文言耳*. 書序: 亳有祥桑. 五行傳: *時有靑眚靑祥, 白眚白祥之類, 皆以惡徵爲祥. 是祥有善有惡, 故杜云變異之氣*. 又祭名.

'妖孽自外來謂之祥'은 '災, 凶'을 뜻함을 말하며, '凡吉凶之兆皆曰祥'은 '吉'과 '凶(災)'을 포함하는 '兆(兆朕)'를 뜻함을 말한 것이다. 이하의 설명도 같은 내용이다. '善惡之徵', '變異之氣'가 그것이다. 요컨대 '祥'은 '吉'과 '凶(災)'을 모두 가리킨다. 본문에서 '災'를 뜻하는 '祥'으로 번역하였지만, '祥'을 포괄적으로 '조짐'이라고 번역해도 전체 文意는 같게 된다. 이때는 문맥상 '흉한 조짐'을 뜻한다고 보면 되기 때문이다.

117 强(강) : 『說文解字』에서는 "彊 : 弓有力也. 从弓畺聲."(彊=强)이라 하였다. 『爾雅』에는 "[釋詁] 勞, 來, 强, 事, 謂, 翦, 篲, 勤也.", "[釋言] 强, 暴也."라는 풀이가 있다. 『廣韻』에는 "强 : 健也, 暴也."라 되어 있다.

이 글에서는 『爾雅』와 『廣韻』의 '暴'(사납다)에 가까운 '억지로(강제로) 하다'를 뜻한다고 본다.

【 18 】

만족할 줄 알고 멈출 줄 알면 내 몸이 장구할 수 있다

【원문】

名與身簹新？ 身與貨簹多？ 貣與貢簹疠？ 甚忞必大賫, 厚贙必多貢. 古智足不辱, 智止不怠, 可以長舊.

[帛書 老子 제7장]

【考釋文】

名與身孰親? 身與貨孰多? 得與亡孰病? 甚愛必大費, 厚藏必多亡. 故知足不辱, 知止不殆, 可以長久[118].

【譯文】

이름(명예)은 몸과 (더불어) 비교하면 어느 것이 더 가까운가(→소중한가)? 몸은 재물과 (더불어) 비교하면 어느 것이 더 많은가(많은 것이라고 할 것인가)? 얻는다는 것은 없어짐(잃음)과 (더불어) 비교하면 어느 것이 더 괴로운가? 심하게 아끼면 반드시 소비가 커지고, 두텁게(많이) 간직하면 반드시 없어지는 것이 많게 된다. 까닭에 만족할 줄을 알면 욕되지 아니하고, 멈출 줄을 알면 위태롭지 아니하다. 그렇게 함으로써 길고 오래 갈 수 있다.

【요지】

명예와 내 몸, 내 몸과 재물, 얻음과 잃음 간의 비교를 통하여 가장 귀한 것이 무엇인가를 일깨우고 있다. 내 몸보다 귀한 것이 무엇이 있겠는가? 심하게 아끼거나 너무 많이 간직하는 것이 내 몸에 득이 된다고 할 수 있겠는가? 만족할 줄을 알고(知足), 멈출 데에 이르면 멈출 줄을 아는(知止) 것이 長久(長生久視) 할 수 있는 길이다. 다른 모든 것을 오래 지킬 수 있는 길도 마찬가지이다.

【해설】

수행상의 요체인 '知足'과 '知止'를 다시 강조하고 있다. 내 몸보다 귀한 것이 있겠는가? 귀하디귀한 내 몸을 오래 간수하려면 '知足'과 '知止'가 아니고서는 안 된다. 수행에 있어서 性命을 보존하여 長生久視(不老長生)하는 길이다. 내가 온전하게 존재하여야 나와 관련된 모든 것도 의미를 갖게 되고, 그것들도 따라서 長久하게 되지 않겠는가? 이 역시 완벽하게 수행의 지침에 해당하는 말이다.

118 久(구) : 원문은 '舊'(구)이다. 帛書本부터는 '久'로 썼다. 뜻은 같다. '오래다', '오래가다'는 뜻이다.

【19】

순환이 道(기운)의 운행이며, 약함이 道가 쓰이는 방식이다·有는 無에서 生하고 萬物은 有에서 生한다

【원문】

返也者, 道僮也. 溺也者, 道之甬也. 天下之勿生於又, 生於亡.

[帛書 老子 제4장]

【考釋文】

返也者, 道動也. 弱也者, 道之用也. 天下之物生於有, 有生於亡[119].

【譯文】

되돌아옴(순환)이 道(기운)의 움직임[운행]이요, 약함이 道의 쓰임[쓰여지는 방식]이다. 天下(내 몸)의 (모든) 것은 '有'(有形의 것)에서 생겨났으며, '有'는 '無'(無形의 것)에서 생겨났다.

【요지】

우리 몸을 주재하는 기운(道)이 운행하고 쓰이는 원리를 설명하고 있다. 道(기운)는 無形의 상태에서 시작하여 有形의 것으로 나타난다. 여기에서 다시 내 몸의 모든 것이 생겨난다.

【해설】

되돌아가며 반복 순환하는 것이 道(기운)의 운행 원리이다. 그것은 약하게 작용해서 구현된다. 道(기운)는 '無→有→天下之物(萬物)'의 순서로 발현한다. 기운의 생성은 '無'(無形의 것)에서 시작한다. 이로부터 '有'(有形의 것)가 생겨나고, 이 유형의 것으로부터 모든 것이 생겨난다.[無形無質→無形有質→有形有質]

이 글도 小宇宙인 인간 개체의 내부에 적용해서 이해할 수 있다. '天下'는 하늘(우주)의 기운을 받아들이는 머리(天) 아래의 내 몸 전체를 비유하며, '天下之物'은 곧 '萬物'에 해당하며 내 몸 안의 모든 것을 비유한다. 똑같은 이치로 우리 몸 밖의 모든 것에도 적용된다. 만물이 기운을 받아 생성되는 이치도 같기 때문이다.

119 원문에는 '生於亡' 앞에 '又' 즉 '有'字가 누락되었기에 보충해 넣었다. 앞에 '又'자가 있으니 이 글자 아래에 '重文'부호가 있어야 되는데 빠뜨린 것으로 여겨진다.

【20】

기운을 받았으면 꽉 채우려 해서는 안 된다

【원문】

朿而涅之, 不不若已. 湍而羣之, 不可長保也. 金玉涅室, 莫能獸也. 貴福喬, 自遺咎也. 攻述身退, 天之道也.

[帛書 老子 제53장]

【考釋文】

持而盈[120]之, 不[121]若[122]已. 揣[123]而銳[124]之, 不可長保也. 金玉盈室, 莫能守也. 貴富驕[125], 自遺咎也. 功遂身退, 天之道也.

【譯文】

그것[기운]을 지녔는데도 가득 채우려 하는 것은 그만두는 것만 못하다. 그것을 생각해서(재서) 날카롭게 하면 길게 보존할 수가 없다. 金과 玉이 집을 가득 채우면 지킬 수 있는 사람이 없다. 귀하거나 부유해서 교만해지면 저절로 허물을 남기게 된다. (우주의 기운을 받아들인) 공이 이루어지면 몸이(내가) 물러나는 것이 하늘(머리를 통해서 받는)의 道(기운)이다.

【요지】

수련으로 우주의 기운을 받을 때는 꽉 채우려 해서는 안 된다. 집에 보물이 가득하면 지킬 수 없는 이치와도 같고, 귀해지거나 부유해지면 교만해져서 허물을 남기게 되는 이치와도 같다.

하늘(天, 머리)을 통해서 기운을 받아들이는 공이 이루어지면 가득 채우려 하지 말고 바로 물러날 줄 알아야 한다. 이것이 하늘(머리)을 통해서 받아들이는 道(기운)이다.

【해설】

머리(天, 하늘)를 통하여 우주의 정기를 받아들일 때 가득 채우려 하거나 이리 재고 저리 재서 예리하게 하는 따위는 모두 이 기운을 길게 보존할 수 없게 한다. 이 수련의 공을 이루어 기운을 얻어 가졌으면 바로 물러나야 하는 것이 하늘(머리)을 통해서 받는 기운이 운행하는 원리이다. 바꾸어 말하면 '有爲'의 법에 의해 기운이 운행하기 시작하면 바로 '無爲'의 법을 실행하여야 한다는 뜻이다.

어찌 내 몸 안에 우주의 기운을 받아들일 때만 그러하겠는가? 세상 만물, 만사가 다 그러하리라. 무엇이든 넘치면 온전하게 보존할 수가 없다.

---

120 浧(영) : 帛書本부터는 '盈'(영)으로 적고 있다.

121 不(불) : 원문에는 '不'자가 하나 더 있다. 한 글자는 衍文[연문]이다. 제거하면 된다.

122 若(약) : 王弼본부터는 '如'(여)를 썼다.

123 揣(췌) : 재다. 생각하다. 헤아리다.

124 銳(예) : 원문의 字形으로는 '羣'(군)이다. 帛書本은 '允'(윤)으로, 이하 본은 '銳'(예) 또는 '梲'(예)로 적고 있다.

125 貴富驕(귀부교) : '귀하거나 부유해서 교만해지면'으로 풀이하였다. '귀하거나 부유하거나 교만하면'으로 번역할 수도 있다. 문맥을 어떻게 보느냐의 차이인데, 보통 전자를 취한다.

【제 2 부】

곽점 초간본 『노자』 乙

【01】

아낌으로써 내 몸 안에 하나의 나라를 지닐 수 있고 長生久視할 수 있다

【원문】

紿人事天, 莫若嗇. 夫唯嗇, 是以杲. 杲備是胃〔重積悳. 重積悳則亡〕不克. 〔亡〕不克, 則莫智巿恒. 莫智巿恒, 可以又域. 又域之母, 可以長〔舊. 是胃深樫固柢〕, 長生舊視之道也.

[帛書 老子 제22장]

【考釋文】

治人[1]事天[2], 莫若嗇[3]. 夫唯嗇, 是以早[服][4], 早備[5]是謂[重積德. 重積德則亡][6]不克, [亡]不克則莫知其極. 莫知其極, 可以有國. 有國之母, 可以長[舊[7]. 是謂深根固柢[8]], 長生舊視之道[9]也.

【譯文】

사람[개개의 나, 내 몸]을 다스리고 하늘을(하늘의 기운을) 일로 삼음에는 아끼는 것만 한 것이 없다. 무릇 오직 아낀다. 이로써 (내 몸이) 일찍 다스려진다. 일찍 갖추어지는 이것을 일러 德을 두텁게 쌓는다고 한다. 덕을 두텁게 쌓으면 곧 이겨내지 못할 것이 없다. 이겨내지 못할 것이 없으면 곧 그 끝을 알 일이 없다. 끝을 알 일이 없게 되면 그것을 가지고 [나의 몸 안에 하나의] 나라를 지닐 수가 있다. 나라를 지니게 하는 (이) 모체[아낌]는 그것을 가지고 장구할(오래 살) 수 있게 한다. 이것을 일러 뿌리를 깊고 단단하게 하며 길게 살고 오래 보는(長生久視하는 =장수하는) 길(道)이라고 한다.

【요지】

不老長生(長生久視)하는 수행의 근본은 아끼는 데 있음을 밝히고 있다. 하늘(우주)로부터 받은 기운을 아끼는 것이 중요하다. 이것이 수련의 공덕을 두텁게 쌓는 것이다. 곧 내 몸과 관련한 모든 것을 아끼는 것이다. 이를 해내면 이겨내지 못할 것이 없게 되므로 끝을 생각할 필요도 없게 될 것이다. 내 몸이 굳건한 한 나라가 되게 하는 모체는 '아낌'이다.

【해설】

종래 '治人事天'을 '사람을 다스리고 하늘을 섬긴다'라고 번역하고 이 글을 통치의 방법으로 이해해 온 것 같다. 물론 백성들을 아껴서 덕치를 행하면 나라의 생명을 길게 가져갈 수는 있을 것이다. 그러나 이렇게 보면 문맥상 다소 어색하다. 뒤에 나오는 '長生久視'가 위정자가 정치를 잘 하여 얻은 결과가 되어버리기 때문이다. '길게 살고 오래 보는'(장수하는) 것을 治者가 백성을 아껴 다스린 결과로 보기가 주저된다. 그리고 누구나 나라를 지니는 군왕이 될 수 있는 것도 아니다. '長生久視'를 군왕의 자리가 오래 감을 의미한다고 볼 수도 없다.

종래 이 글을 통치행위선상에서 이해하고자 했던 文字상의 주된 근거는 '治人'과 '國'字인 것 같다. '治人'을 다른 사람(백성)을 다스리는 것으로 여기고, '國'[10]을 우리가 일반적으로 생각하는 '나라' 즉 '國家' 그 자체로만 본 데 있다. '나라'나 '세상, 세계'라는 말은 여러 곳에 비유적으로 쓸 수 있다. 우리의 몸이나 정신을 비롯하여 구체적·추상적 영역을 두루 나타낼 수 있는 말이다. '길'을 뜻하는 '道'字를 빌려 '기운'을 비롯한 여러 가지를 나타나는 데 사용하는 것과 같은 이치이다.

그리고 땅에 접하여 살고 있는 '人'에게 '天'은 바로 머리 위의 모든 것일 수 있고, 가장 가까운 것으로 제한하면 바로 우리 몸의 꼭대기인 머리가 된다. 우리가 흔히 상관하고 느낄 수 있는 '天'(하늘)은 주로 이 머리 위쪽이다. '天'이 우주 전체를 상징할 때는 그에 상응하는 문맥이 있게 된다.

'事天'을 '하늘을 섬기다'는 뜻으로 이해한다면, 하늘을 섬김에 무엇을 아낀다는 말인지 이해하기가 쉽지 않다. 하늘의 뜻도 백성을 아끼는 것이라고 생각해서라고 할까?

이 글을 개개인의 수행에 입각해서 보면, '治人' 중의 '人'은 바로 나 자신이며 '事天' 중의 '事'는 '일로 삼다'로 볼 수 있다. 그렇다면 일로 삼는 '天'(하늘)은 하늘(우주)로부터 들어오는 기운을 상징한다.('道'가 기운을 뜻할 때 '天道'라고 말할 수 있는 것을 '天'이라고만 한 것이다.)

'德'[11]이라는 말이 가리키는 것은 어떤 것이 되었든 잘 되고 좋게 되도록 쌓은 공으로서, '功德'이라고 말할 때의 '德'이다. 그래서 '크다(큰 것)'로 풀이하고 있다.

필자는 이 글을 수행의 길을 설명하는 말로 여긴다. 물론 내 몸 밖의 더 넓은 영역으로 확장하여 이해할 수는 있다. 그러나 내 몸에서 출발하지 않으면 안 되는 문맥이 있다. 언어 그 자체로 볼 때 그러하다.

---

1 人(인) : 여기에서는 다스리는 대상으로서의 객체 즉 다른 사람이 아니라, 각자가 스스로 다스리는 주체 즉 자기 자신을 가리킨다고 본다. '身'(신)이라고 한 경우와 같다.

2 天(천) : '天'(하늘)이 가리키는 내용은 문맥에 따라 다를 수 있다. 비유적으로 또는 상징적으로 사용하면 그러하다. 그래서 머리 위를 '天'이라고 표현할 수도 있고, 우리가 흔히 사용하는 것으로서 머리 위쪽의 공간을 가리킬 수도 있으며, '地'(땅)에 상대되는 개념으로 사용할 수도 있다. 때로는 이것이 상징하는 법칙(이치, 규율)일 수도 있다. 흔히 '天道'라고 말하는 경우가 그것이다. 여기에서는 '하늘의 기운'(내 머리를 통해서 들어오는 기운)을 뜻한다고 본다.
事(사) : '事'는 '일삼다, 일로 삼다'를 뜻할 때도 있고, '섬기다'를 뜻할 때도 있는데, '事天' 중의 '事'를 '섬기다'로 보면 이어지는 글과 연결할 때 전후 말의 관계가 매우 모호하다. 그리고 '治人' 또한 治者가 다른 사람(피치자)을 다스린다고 보면 뒷글과의 연결이 부자연스럽다. 그래서 '人'을 사람 개개인 즉 '자신'을 가리키는 말로 보기로 한다. 동시에 여기에서의 '天'을 '하늘의 기운'을 가리키는 말로 보면, '事'는 '일로 삼다'는 뜻이 어울린다. 그래서 '治人事天'을 '사람(남, 백성)을 다스리고 하늘을 섬긴다'로 보지 않고, '(개개의 사람으로서의) 나(내 몸)를 다스리고 하늘의 기운을 (받아들이는 것을) 일로 삼는다'로 여기기로 한다.

3 嗇(색) : '아끼다'는 뜻이다.

4 원문에 누락되었다고 보는 '服'(복)자를 보충하였다. 보충하지 않고 원문대로 '是以早'만 두어도 된다. '이로써 빨라진다'로 보면 되기 때문이다.

5 備(비) : 후대본에 의해 이 글자를 '服'으로 바꿔 해석하기도 한다. 그대로 두어도 뜻이 통한다. '갖추어지다'를 뜻하므로 '早備'는 결국 앞의 '早[服]'을 가리키는 다른 표현이 된다. '備' 자를 그대로 두면 개개인의 수양에서 시작하여 나라를 다스리는 일에까지 다 통한다. 물론 '服'자로 바꾸더라도 내 몸을 다스리는 일과 관련해서 보면 똑같이 통한다.
뒤의 '國'은 수행을 통하여 잘 갖추어진 내 몸을 비유한 말로 쓰인 것이라고 할 수 있다. 앞에서 우리 몸을 풀무에 비유하고 몸통의 위를 하늘에 아래를 땅에 비유한 것을 생각해 보면 이해가 더 잘 될 것이다. 그래야만이 뒤의 '長生久視'와도 잘 부합된다. '長生久視'가 백성이 잘 따르는 것을 오래 살면서 오래 본다는 뜻은 아니라고 본다.

6 [ ] 안은 원문에서 보이지 않는 문자를 後代 본에 의거하여 보충한 것이다.

7 舊(구) : '久'와 같다. 帛書本부터는 모두 '久'자를 쓴다. '오래다', '오래가다'를 뜻한다. 앞에서 나왔다.

8 柢(저) : '根'과 마찬가지로 '뿌리'를 뜻한다. 後代 본에서는 꼭지를 뜻하는 '蔕'(체)로 바꿔 쓰기도 하였다.

9 道(도) : 여기에서는 순수히 '길'을 뜻한다.

10 國(국) : 『說文解字』에 "國 : 邦也. 从口从或.", "邦 : 國也. 从邑丰聲."이라고 하여 당시의 기본개념인 '나라'로 풀이하고 있다. '國'이 여기에서는 '내 몸'을 비유하고 있다.

11 '德'字의 풀이를 보면 다음과 같다.

- 說文解字
  心部: 悳 : 外得於人, 內得於己也. 从直从心.
  彳部: 德 : 升也. 从彳悳聲.[日部: 昇 : 日上也. 从日升聲. 古只用升.]
- 廣韻
  德 : 德行又惠也, 升也, 福也, 亦州名秦爲齊郡地漢爲平原郡武德初爲德州因安德縣以名之. 多則切, 九.

【02】

人爲를 덜고 덜어서 無爲에 도달하면 하지 못할 것이 없다

【원문】

爲學日益, 爲道者日臱. 臱之或臱, 以至亡爲也. 亡爲而亡不爲.

[帛書 老子 제11장]

【考釋文】

爲[12]學者日益, 爲道者日損. 損之或[13]損, 以至亡爲也, 亡爲而亡不爲.

【譯文】

(人爲[作爲]의 원인이 되는) 배움을 일삼는 사람은 (하지 않아도 되는 것을) 날로 보태고, 道를 일로 삼는 사람은 날로 던다. 그것을 덜고 또 덜면, 그것으로 함(人爲[作爲])이 없음(無爲)에 이르게 된다. 함이 없게 되면 하지 못할 것(되지 않은 것)이 없다.

【요지】

문자 그대로 '無爲而無不爲'이다. 수련을 함에 있어서 '인위(작위)를 하지 않아도 이루어지지 않은 것이 없는' 이치를 간명하게 설명하고 있다. 인위적인 수련행위를 일삼지 않고 '道'(기운)는 그 운행의 이치에 따라 無爲法을 행하여야 온전히 닦을 수가 있다. 有爲法을 계속해서 덜어내면 無爲法을 실행할 수 있는 단계에 도달한다. 그러면 되지 않는 것이 없다. '無爲而無不爲'를 바꾸어 말하면 '無

爲自然'이 된다. "인위가 없으면 저절로 그리 된다."

【해설】

'爲道', 즉 '기운을 일로 삼는다' 함은 결국 '기운을 닦는다'는 뜻이다.

수련에 있어서 어느 단계까지는 有爲(작위)의 과정이 필요할 것이다. 그러나 계속해서 有爲法에 해당하는 것들을 배워서 늘리면 우주의 정기를 받는 수련을 완성할 수 없을 것이다. 어느 단계에 도달하면 불필요한 방편들을 덜어내서 無爲法을 실천할 수 있어야 한다. 이렇게 되면 이루지 못할 것이 없이 수행을 완성할 수 있다.

수련뿐만 아니라 모든 일이 그러할 것이다. 어떤 지식을 습득하고자 하면 할수록 쓸 데 없는 것들이 늘어난다. 그러므로 道(기운)를 닦고자 하는 사람은 이런 불필요한 것들을 덜어내야 한다. 앞에서 '道法自然'이라고 했다. 즉, '道'(기운)는 저절로 그러하게 되는 이치에 따라 우리 몸에 받아들여지고 운행된다.

넓혀 보면 모든 면에서 취할 바른 삶의 길이기도 하다. 앞에서 '無爲'를 일로 삼는다고 한 것과 같다.

---

12 爲(위) : 帛書本부터는 모두 '學' 앞에 '爲'자가 있다. 누락되었다고 본다. 문맥으로 보아서도 보충하는 게 옳다고 여긴다. '爲'字가 없어도 말은 된다.

13 或(혹) : 帛書本은 '有'이고, 그 이하 본은 '又'로 적었다. 세 글자 중 어느 것을 써도 말이 된다. '或損'(혹간에 덜어지다), '有損'(더는 것이 있다), '又損'(또 덜다) 가운데 어느 것을 써도 뒷말과 크게 어그러지지는 않는다. '又損'을 취하여 번역하기로 한다.

【 03 】

배움을 끊으면 근심거리가 없어진다

【원문】

㡭學亡惪, 唯與可, 相去幾可? **𡕒与**亞, 相去可若? 人之所裸, 亦不可以不裸人.

[帛書 老子 제64장]

【考釋文】

絶學亡憂, 唯[14]與訶[15], 相去幾何? 美與惡, 相去[16]何若? 人之所畏, 亦不可以不畏人[17].

【譯文】

배움을 끊으면 근심할 것이 없다. 생각하는 것을 꾸짖는 것과 더불어 비교하면 서로의 거리가 얼마나 되는가? 아름다움을 추함과 더불어 비교하면 서로의 거리가 무엇과 같은가(어떠한가)? 사람이 두려워하는 바는 또 그것을 써서(그것으로) (다른) 사람을 두려워하게 만들지 않을 수가 없는 것이다.

【요지】

바로 앞글 乙[2]에서 '爲學日益'이라고 했다. 배우기를 일삼으면 날로 쓸 데 없는 일이 늘어나므로 이것을 덜고 또 덜어내어 '自然'(저절로 그리되다)의 법도를 따르면 '無爲'에 이른다고 했다. 여기에서는 '爲學'을 경계하는 이유를 보충 설명하고 있다.

일정한 수련 단계에 도달한 뒤의 일이라고 여겨진다. 누구나 처음부터 無爲法을 실행할 수 있다면 이런 말을 할 필요가 없을 것이기 때문이다. 有爲法으로 우주의 기운을 받아들일 수 있게 되면 반드시 無爲法을 실행하여야 수행의 길을 완성할 수 있음을 말하고 있다.

쓸 데 없는 것을 배워서 알게 된 것은 근심의 원천이다. 아는 것이 병이고 생각하는 것이 병이라는 말에 다름 아니다. 배운 것으로 말미암아 두려워하는 것이 있게 되면 또 그것을 가지고 남에게도 두려움을 주게 되어 있다.

그러므로 근심이 없으려면 부질없는 인위적 배움을 끊어버려야 한다. 크게 꾸짖는 것이나 사려(생각)는 근심의 원천이기는 마찬가지이다. 불필요한 心思(唯[惟])도 성내어 꾸짖는 것(訶)과 마찬가지로 해롭지 않겠는가? 아름다움(美)도 근심의 근원이 될 수 있고 추함(惡)도 근심의 근원이 될 수 있다. 크게 보면 같다. 그러므로 이러한 분별이 있다고 배우는 것 자체가 문제이다.

【해 설】

불필요한 배움은 근심의 원천이다. 우리는 나의 생각과 행동이 어디에서 왔는지를 생각해보지 않고 살아가는 것이 보통이다. 배워서 알게 된 그 무엇이 나를 위하는 것이 되지 않고 근심거리가 되어 자신을 해치는 경우가 얼마나 많은가? 이를 벗어나려면 쓸 데 없는 배움을 차단하는 수밖에 없다. 우리의 판단은 또 얼마나 위험한가? 아름다움과 추함(惡, 아름답지 않음)을 대비시켜서 아름다움은 좋은 것이고 추함은 안 좋은 것이라고 여기는 것도 궁극적으로는 잘못 배운 것에 따른 판단이라고 할 수 있다. 우리는 일상에서 대립되어 보이는 두 가지에 상이한 가치 판단을 내리는 것이 얼마나 무의미한가를 어렵지 않게 체험할 수 있다. 아름답다고 여김으로 인해서 피해를 보기도 하고 추하다고 여김으로 인해서 득이 되기도 하는 것은 인간사에 흔한 일이다. 바르게 보면 서로 다르다고 여긴 것이 다른 것도 아니며 하찮은 분별임을 알게 된다. 내가 두려워하는 어떤 것이 남을 위협하는 경우는 또 얼마나 많은가? 이것들이 다 배움의 결과이다. 쓸 데 없는 배움은 해로운 일을 만들어내는 근원이 된다는 사실을 누가 부정할 수 있겠는가? 이러한 사실을 일깨워서 어떻게 해야 하는지를 설명하고 있다.

세상사가 다 그렇다.

甲[1]에서 '絕知棄辯', '絕巧棄利', '絕僞棄慮'라고 한 것과 통한다.

그래서 여기에서는 잘못된 판단의 원천이 배움임을 간파하여 다음과 같이 반문하고 있다.

"무엇을 어떠하다고 생각만 하고 있는 것과 어떤 것이 잘못되었다고 크게 꾸짖는 것이 무슨 차이가 있겠는가? 아름답다고 생각하는 것과 추하다고 생각하는 것 사이의 거리는 또 어떠한가?"

우리가 이롭다거나 해롭다고 여기는 인식들이 쓸 데 없이 배워서(學) 잘못 판단하고 있는 것(知)일 뿐임을 일깨운다.

배움으로 인하여 내가 두렵다고 여기는 것이 있으면, 그것을 이용해서 내가 다른 사람까지 두려움에 떨게 하는 일은 얼마나 많은가? 그러므로 배움의 해독이 크다고 할 수밖에 없다. 꼭 필요한 것만 알면 되지 불필요한 지식을 추구할 필요는 없다. 근심과 두려움의 실체를 통해서 '無爲'가 왜 필요한지를 알게 해 주고 있다. 멀리 넓게 보면 배움이라는 作爲가 얼마나 위험한 것인가 하는 것을 깨닫게 한다.

수련에 있어서도 마찬가지이다. '有爲' 단계에서 많은 가르침이 있지만 소용이 없거나 해로운 것들이 얼마나 많은가? 핵심을 취하려면 모름지기 군더더기에 해당하는 배움을 피해야 할 것이다. 얼마나 많은 잘못된 지식이 바른 수행을 방해하는가에 대해 생각해 볼 일이다. '無爲'의 단계에 이를 때까지 불필요한 '有爲'의 배움을 극력 경계해야 할 것이다.

乙[2]에서는 배움(學)을 덜라고(損) 하였는데, 乙[3]에서는 더욱 강하게 배움을 끊으라(絕)고 하였다.

14 唯(유) : '惟'(유)와 같다.

15 訶(가) : 꾸짖다. 야단하다. 책망하다.

16 去(거) : '(거리가) 떨어지다(얼마이다)'를 뜻한다.

17 人(인) : 원문에는 이 '人'字가 뒷 구절의 '亦'字 앞에 놓여있다. 帛書本 乙은 '畏' 뒤에 붙어 있고, 王弼본부터는 아예 '人'字가 없다. 帛書本에 의거하여 앞으로 옮겼다.

【04】

소중한 내 몸 전체를 수행에 맡길 수 있다

【원문】

𢖻辱若纓, 貴大患若身. 可胃𢖻辱? 𢖻爲下也, 得之若纓, 遂之若纓. 是胃𢖻辱纓. 〔可胃貴大患〕若身? 虗所以又大患者, 爲虗又身. 𨑒虗亡身, 或可〔患, 古貴爲身於〕爲天下, 若可以厇天下矣. 㤅以身爲天下, 若可以迲天下矣.

[帛書 老子 제57장]

【考釋文】

寵[18]辱若驚, 貴大患若身. 何謂寵辱? 寵爲下也. 得之若驚, 失之若驚, 是謂寵辱若[19]驚. [何爲貴大患]若身? 吾所以有大患者, 爲吾有身. 及吾亡身, 或[20]何[患? 故貴以[21]身於[22]]爲天下, 若可以託天下矣. 愛以身爲天下, 若可以寄[23]天下矣.

【譯文】

총애건 모욕이건 (받으면) 놀라는 것같이 하고, (이러한) 큰 걱정거리(걱정거리로 여겨야 할 것들)를 귀하게 여기기를 내 몸과 같이 한다(→ 내 몸을 귀하게 여기는 것과 똑같이 소중하게 생각한다). 무엇을 총애와 모욕이라 이르는가? 총애도 아래(하급의 것) 것이다. 그것을 얻어도 놀라는 것같이 하고 그것을 잃어도 놀라는 것같이 해야 한다. 이에(그래서) 총애건 모욕이건 놀라는 것같이 한다고 말하는 것이다.

무엇 때문에 (총애나 모욕 같은) 큰 걱정거리를 귀하게 여기기를 내 몸과 같이 해야 하는가? 나에게 (이러한) 큰 걱정거리가 있는 까닭은 나에게 몸이 있어서이다(내가 소중한 몸을 가지고 있다는 데 있다). 나에게 몸이 없음에 이르면(나에게 몸이 없다면) 무슨 걱정거리가 있겠는가? 까닭에 내 몸을 써서[내 몸을 닦는 수련을 가지고] (머리 아래의) 내 몸의 모든 것(천하)을 위하는 일을 소중하게 여긴다는 것도 내 몸의 모든 것을 (수련에) 맡길 수 있다는 것과 같으며, 내 몸을 써서 내 몸의 모든 것을 위하는 일을 좋아한다는 것도 내 몸 전체를 맡길 수 있다는 것과 같다.

【요지】

총애건 모욕(수모)이건 다 나에게 해로운 걱정거리이다. 둘 다 좋을 것이 없다. 그런데 이런 것에 부딪쳐야 하는 이유는 내 몸이(내가) 있어서가 아니겠는가? 이런 것들이 왜 생기는가를 생각할 때 내 몸의 소중함을 알 수 있다. 그만큼 내 몸은 소중하다. 내 몸을 다치지 않도록 지키기 위해서는 이런 걱정거리를 만나면 놀라듯이 경계해야 한다.

내가 몸을 닦는 수련을 통해서만 이런 것들을 하찮게 여겨 흔들림 없이 내 몸 구석구석(천하)이 모두 편안함을 유지하게 할 수 있다. 내가 내 몸을 쓴다는 것은 내 몸으로 수련함을 의미한다. 내 몸을 닦는 수련에 의해서 내 몸의 모든 것을 위하고자 한다는 것은 곧 수련에 내 몸을 맡긴다는 것과 같다.

【해설】

이 글의 취지를 정하기가 어려운 주된 이유는 '貴大患' 중의 '大患'와 '吾亡身'을 무엇을 배경으로 사용했는지가 명확하게 밝혀져 있지 않은 데 있는 것 같다. 세상사에 참여할 때의 태도라는 측면과 철저하게 개인 수행에 임하는 태도라는 측면으로 나누어 생각해 볼 수 있다. 그런데 어느 쪽으로 보더라도 전후 말들이 매끄럽게 이어지지는 않는다.

위의 역문과 요지 항에서는 후자의 경우를 배경 삼아 설해한 것이다.

그러나 글의 내용이 다소 모호하므로 하는 수 없이 두 가지 방면에서 모두 생각해 보기로 한다. 필자는 楚簡本『老子』에는 聖人을 비롯한 수행자의 세상 참여 내지는 정치 참여에 대해 말한 곳이 없다는 사실에 유의한다. 丙[1]의 경우만이 그 글 자체만을 가지고 보면 통치행위를 배경으로 상정하여 '上'(상위자)을 治者로 여겨볼 수 있음직 하지만, 楚簡本『老子』 전체 글의 맥락에서 볼 때 현실 정치에서 군왕이나 그 아래의 治者를 특정하여 말한 것이라고 단언할 수는 없다.

후대의 帛書本에는 楚簡本『老子』 원작의 내용을 전혀 훼손하지 않았다고 볼 수 없는 글들이 있다. 계통을 달리하는 글이라고 볼 수 있는 여지도 있다. 이에 대해서는 비슷한 시기 판본들이 계속 발굴 또는 발견된다면 어느 정도 해결될 수 있으리라 기대한다. 일단 帛書本이 원작을 계승한 같은 계통의 것임을 전제하고 보면, 내용상 상당 부분이 통치 행위 또는 聖人의 사회 참여와 관계된다고 말할 수 있다. 그렇다면 楚簡本『老子』는 원작에서 대체로 수행(수련)과 관련된 글만을 가려 뽑은 것이 되는데, 丙[1]은 전적으로 수행과 관련되었다고만 보기 어려운 성격을 띠며, 수행 태도나 방법을 직접적이거나 구체적으로 말하지 않은 글도 더러 있다. 그래서 이 글 乙[4]는 양쪽에서 생각해 볼 필요가 있는 글이라고 판단된다.

먼저 세상사에 참여할 때의 태도라는 측면에서 보기로 한다. '天下'를 일반적으로 말하는 세상으로 보는 경우이다.

楚簡本『老子』에는 어느 곳에도 '無爲'의 수행을 완성한 사람인 聖人이나 이에 버금가는 사람이 세상일에 나아가 '無爲'의 행을 실천하라고 말한 곳은 없다. 글 중에 '無爲'를 세상사에 적극 간여하는 방편으로 여길 수 있는 구석은 전혀 없지만, 부득이하게 '無爲'의 공덕에 의해 세상을 다스리거나 참여할 수밖에 없다는 견지에서 이 글을 접해 보는 것이다. 내 몸이 있는 한(吾有身) 세상과의 관계는 끊을 수 없는 것이니 어떻든 세상사에 관여하게 되어 있다는 맥락으로 여기는 경우이다.

즉, 개인의 수행에 그치지 않고 닦인 내 몸(=나, 身)을 써서 세상(天下) 위하기를['세상을 위해 무엇인가를 하다' 또는 '세상을 다스리다'로 번역할 수도 있음] 소중하게 여기고(貴) 좋아하는(愛) 것은 나에게 천하가 맡겨질 수 있다는(=내가 천하를 맡을 수 있다는) 것에 다름 아니라는 뜻으로 보는 것이다. 이렇게 보면, 治者의 위치에 있을 때의 마음가짐이 총애건 모욕이건 모두 하찮게 여길 수 있어야 하며(寵辱若驚), 오직 크게 걱정해야 할 일(大患)인 백성들을 평안하게 하는 일을 소중하게 여기는 것은(貴) 내 몸을 아끼듯이(若身) 해야 한다는 취지로 이해할 수 있다.

은연중에 위정자의 자리에 나아가라는 것이 되어 '無爲'의 본의와 모순되어 보이지만 방편으로서의 無爲라면 이렇게 밖에는 해석할 수가 없을 것 같다.

다음으로 철저하게 개인 수행에 임하는 태도라는 측면에서 접근해 보기로 한다.

나에게 몸이 없다면(及吾有身) 걱정할 일이 없지 않겠는가(何患)? 그렇다면 총애니 모욕이니 하는 것들은(寵辱) 놀라듯이 떨쳐내야 한다. 사람들이 크다고 여기는 이런 걱정거리들을 소중하게 여긴다는 것은(貴大患) 내 몸이 없는 경우를(吾亡身) 생각할 때 내 몸이 소중하다는 것을 가르쳐 주기 때문이다. 그래서 이것들을 소중하게 여기기를 내 몸을 소중하게 여기는 것과 같이 해야 한다(若身). 이것들로부터 자유로울 수 있도록 하는 길은 내 몸을 닦는 것이다. '以身爲天下'는 결국 내 몸을 써서(以身) '머리 아래'(天下)로 표현할 수 있는 내 몸 안의 모든 것을 닦아 보전한다는 뜻이다. 수행(또는 수련)은 누구도 대신해 주지 못한다. 바로 내 몸을 써서 한다. 이를 소중하게 여기고 좋아한다는 것은(貴以身爲天下, 愛以身爲天下) 곧 수행에 내 몸 전체의 바른 운행을 맡길 수 있다는 것과(可以托天下, 可以寄天下) 같다.

결국 관건은 '天下'가 무엇을 뜻하느냐에 있다. 원문의 표현이 다소 불친절

한 것을 탓할 수는 없기에 이상의 두 가지 관점에서 생각해 보았다. 양쪽 모두 억지스러운 데가 있지만 楚簡本『老子』의 전체 흐름에 비추어 후자를 선택하였다. 그토록 '無爲'를 강조한 老子가 세상의 일에 적극 참여하라고 말할 리도 없고, 몸을 천하를 위해 쓰라고 말할 리도 없으며, '無爲'의 행을 닦는 개인의 수행 목적이 통치자의 자리에 나아가는 것이라는 뜻으로 말했을 리도 없다고 생각해서이다.

'或何[患? 故貴以身於]爲天下' 중의 '[患? 故貴以身於]'가 楚簡本에는 빠져 있어서 이 부분의 僞作 때문인가도 생각해 보았으나, 뒤에 '愛以身爲天下, 若可以寄天下矣'가 있기 때문에 보충해 넣은 부분이 원문과 다를지라도 큰 문제는 없어 보인다. 일단 後代본에 의해 보충하고 번역하였다.

요컨대 '天下'를 '머리 아래의 몸 전체'로 보아 이해하였다. '천하를 위한다' 함은 우주의 정기를 받아 지니는 수련에 의해 몸을 지킨다는 것을 뜻한다고 보았다. 그것은 곧 수련에 몸 전체를 맡기는 것이라고도 말할 수 있다고 여긴다.

---

18 寵(총) : 총애하다(괴다, 사랑하다).

19 若(약) : '驚'字 앞에 이 '若'字가 누락된 것으로 본다.

20 或(혹) : 帛書本도 '或'자를 쓰고 있는데, 王弼본부터는 '有'로 쓰고 있으며 그 앞에 '吾'字를 추가하였다. 楚簡本에서 '有'를 주로 '又'로 적고 있는데 이처럼 '或'을 쓴 경우도 있다. '有'로 보아 풀이한다.

21 以(이) : '或何[患? 故貴以身於]爲天下' 중의 '[患? 故貴以身於]'은 楚簡本에 누락되어 있어서 원문은 帛書本에 따라 보충해 두었다. 그런데 帛書本은 '貴'字 뒤에서는 '爲'字를 쓰고 '愛'字 뒤에서는 '以'字를 썼다. 後代 본은 모두 '以'로 썼다. 考釋文에서는 '以'로 정하고 번역하였다.

22 於(어) :
- 다들 '於'를 비교를 나타내는 介詞로 여기고 있는데 아니라고 본다. 강조를 나타내는 助

詞이다. '於'가 없어도 비교의 뜻을 나타낼 수 있다. 여기에서는 '於'가 있건 없건 비교를 나타내는 문장도 아니다.

'愛以身爲天下' 중의 '爲天下' 앞에는 '於'를 쓰지 않았다. '貴以身爲天下'만 번역하면 된다. '以'는 '爲'의 뜻을 갖는 것이 아니다. '쓰다, 사용하다, 가지다'를 뜻한다. '爲天下' 중의 '爲'는 '위하다'는 뜻이다. 따라서 '貴以身於爲天下'는 '내 몸을 써서 천하를 위하는 것을 귀하게 여기다'는 뜻이고, '愛以身爲天下'는 '내 몸을 써서 천하를 위하는 것을 좋아하다(아끼다)'는 뜻이다.

23 寄(기) : '맡기다(의탁하다, 붙이다)'를 뜻한다. 帛書本은 '寄'字를 사용하고, 이후 본은 '託'(탁) 또는 '寄'字를 사용하였다. 뜻은 같다.

【05】

道(기운)에 대한 이해는 사람에 따라 다르다·
그것은 위대하지만 이름이 없다·
시작도 완성도 잘 하게 해 준다

【원문】

上士昏道, 堇能行於亓中. 中士昏道, 若昏若亡. 下士昏道, 大芺之. 弗大芺, 不足以爲**道**矣. 是以建言又之 : 明道女孛, 遲道〔女類, 進〕道若退. 上悳女浴, 大白女辱, 㞷悳女不足, 建悳女〔揄, 質〕貞女愉, 大方亡禺, 大器曼成, 大音**祗**聖. 天象亡坓, 道〔褒亡名. 夫唯**道**, 善始且成〕.

[帛書 老子 제3장]

【考釋文】

上士[24]聞道, 勤能行於其中. 中士聞道, 若聞[25]若亡. 下士聞道, 大笑之. 弗大笑, 不足以爲道矣. 是以建言[26]有之 : 明道如昧[27], 夷道[如類[28], 進][29]道若退. 上德如谷, 大白如辱, 廣德如不足, 建德如偷[30], 質眞如渝[31]. 大方亡隅, 大器曼[32]成, 大音[33]希[34]聲[35], 天象亡形, 道[褒[36]亡名. 夫唯道善始且成][37].

【譯文】

上等의 장부가 道(기운)를 들으면 그 안에서 잘 하고자 부지런히 힘쓰고, 中等

의 장부가 道를 들으면 들은 것 같이 하기도 하고 (들은 일이) 없는 것 같이 하기도 하며, 下等의 장부가 道를 들으면 크게 그것을 비웃는다. (하등의 장부가) 크게 비웃지 않는다면 그것을 道라고 하기에 부족할 것이다. 그래서 세운 말[→이를 위해 한 말]에 이런 것[다음과 같은 말]이 있다.

밝은 道는 어두운 것 같고, 평탄한 道는 우둘투둘한 것 같으며, 나아가는 道는 뒤로 물러나는 것 같다. 윗(上等의) 德은 (텅 빈) 골짜기와 같고, 크게 흰 색은 오염된 것 같고, 넓은 德은 부족한 것 같으며, 건실한 德은 구차한 것 같고, 바탕이 참되면 풀어진 것 같다. 큰 모는 모퉁이(구석)가 없고, 큰 그릇은 늦게 이루어지며, 큰 音에서 (이것을 구성하는) 개별의 소리는 희미하고, 하늘의 象은 형체가 없으며, 道(기운)는 크지만(위대하지만) 이름이 없다. 무릇 오직 道(기운)만이 시작하고 또 이루기를 잘하게 한다.

【요 지】

道(기운)가 어떤 양상으로 인식되는지를 설명함으로써 그것이 어떤 것인지를 표현해 내고자 하였다.

道(기운)는 각자의 수준에 따라 달리 받아들여진다. 그것의 성질이 반대로 느껴질 수 있다. 道(기운)는 이름 붙일 수는 없지만 큰(大, 위대한) 것이다. 그러므로 수행에 입문하였거나 어떠한 인연으로 이것을 좀 알고 있는 사람만이 그 이치를 이해할 수 있다. 甲[11]에서 '混成'의 '狀'이라고 말한 道(기운)는 시작하기도 좋고 유종의 미를 거두게 한다.

【해 설】

구체적인 일을 예시하여 말하지 않았기 때문에 어디에 적용시켜야 할 말인지를 이해하기가 쉽지는 않다. 그렇다고 해서 막연히 '道'라고만 하면 이 '道'가 무엇인지를 알 수가 없다. 그래서 甲[11]의 道에 대한 정의를 중시할 수밖에 없다.

甲[11]에서 이 '道'(기운)는 이름 지을 수 없는 것이지만, 말로 설명해보기 위하여 '길'을 뜻하는 '道'字를 빌려 이름 붙였다고 하였으며, '混成'한 '狀'이라고 정의했다. 이것을 '큰 것(크다)'(大)이라고 했다. 그래서 '大道'라고 말할 수 있는 것이다. 이 道는 딱 꼬집어서 모두에게 똑같이 이해시킬 수 있는 것은 아니지만, 미치지 않는 영역이 없다.

통치행위 등에 결부시켜 이 글의 용도를 설명할 근거는 없다.

첫머리에서 사람의 수준에 따라 道에 대한 인식 수준이 다르다고 한 것과 끝에서 "道만이 시작하고 또 이루기를 잘하게 한다."를 열쇠로 삼을 수 있을 것 같다. 개개인의 그 무엇이기도 하려니와 모든 사람의 그 무엇인 이것을 막연히 자연의 이치라는 식으로 말하면 무언가 부족하고 구름 잡는 말이 되고 만다.

그래서 이 글도 수행과 관련된 말로 여겨 이해하고자 한다. 이 道(기운)라는 것이 사람에 따라 달리 보인다는 것은 수행의 수준에 따라 다르다는 말로 이해된다. 내 몸 안에 바른 기운이 운행되게 하는 수련 과정에서 여러 가지 조건과 단계에 따라 상이한 느낌들이 있게 될 것이다. 반대로도 보이고, 그런 듯 안 그런 듯하게 보이는 것은 수행의 단계와 수준 차이로 인한 것이 아니겠는가? 그러나 행하고자 하면 시작하기도 쉽고 유종의 미를 거둘 수 있는 것이라고 하였다.

---

24 士(사) : 이곳의 '士' 또한 甲[5] "古之善爲士者, 必微妙玄達, 深不可識." 중의 '士'와 마찬가지로 '장부'(丈夫)를 뜻하는 말로 본다. '上士, 中士, 下士'로 나누어 말하고 있어서 '士'가 관직을 가리키고 '上中下'는 이 계급의 위계를 가리키는 것으로 보기가 쉽다. 그러나 여기에서는 굳이 그렇게 볼 필요가 없어 보인다.

25 聞(문) : 帛書本부터는 '存'으로 썼다.

26 建言(건언) : '세운 말'을 뜻하니 어떤 견해로 내놓은 말이라고 보면 된다. '立言'(입언)과 비슷한 말이다.

27 昧(매) : 원문의 字形은 '孛'(발)이다. '어둡다'는 뜻으로 본다. 帛書本은 '費'(비)로 썼으며, 王弼본부터는 '昧'로 썼다.

28 類(류) : 帛書本은 '類'로 쓰고, 王弼본은 '纇'(뢰)로 썼다. '類'를 '纇'의 假借로 본다. '纇'는

본디 '실마디'(명주실의 마디)를 뜻한다. 여기에서는 실에 마디가 있듯이 우둘투둘함(울퉁불퉁함)을 형용하는 데 쓴 것 같다.

29 [ ] 안에 든 것은 원문에서 파손된 부분이다. 後代 본에 의거하여 보충하였다.

30 偸(투) : '구차하다'로 풀이한다.

31 渝(유) : 帛書本의 이 字形을 따라 '풀어지다, 풀리다'로 풀이한다. 원문의 '愉'(투) 그대로 보아 '게으르다'로 풀이하기도 한다.

32 曼(만) : 帛書本에서는 '免'으로 썼다. '晩'과 같다. '늦다'는 뜻이다. 王弼본부터는 '晩'으로 썼다.

33 音(음) : 여기에서는 음악과 같이 여러 소리가 합쳐진 것을 가리킨다.

34 希(희) : '稀'와 같다. '드물다, 성기다'를 뜻한다. '希(稀)聲'은 '소리가 희미하다(잘 들리지 않는다)'로 번역할 수 있다.

35 聲(성) : 여기에서는 개별의 소리를 가리킨다.

36 褒(포) : 帛書本을 따랐다. '褒'는 '褎'로도 쓴다. '넓다, 크다'를 뜻한다. 王弼본부터는 '隱'으로 썼다. 이때는 '숨어 있다, 감추어져 있다'가 된다.

37 [ ] 안의 파손된 부분은 帛書本을 따랐다.

【 06 】

여닫는 몸의 문과 열려 있는 몸의 구멍을 막고 수련해야 공을 이룬다

【원문】

閟亓門, 賽亓兑, 終身不孟. 啓亓兑, 賽亓事, 終身不坴.

[帛書 老子 제15장]

【考釋文】

閉其門, 塞[38]其兑[39], 終身不堇[40]. 啓其兑, 濟[41]其事, 終身不救[42].

【譯文】

그 (여닫는) 문을 닫고 (열려 있는) 구멍을 막으면 몸을 마치도록(죽을 때까지) 힘쓰지 않아도 된다. 그 구멍을 열고 그 일을 이루고자 하면 몸을 마치도록 다하지(이루지) 못한다.

【요지】

역시 수행의 글이다. 우리 몸에서 항상 열려 있는 구멍(귀, 코)과 열고 닫는 문(눈, 입, 요도, 항문)을 닫아서 막고 長生久視의 수행을 하면 평생 힘쓰지 않아도 되나, 이것들을 열어 두고 수행을 하면 평생 이루지 못한다는 사실을 설명하고 있다.

【해설】

글을 보는 이의 관점에 따라 여러 가지로 해석할 수 있는 여지가 없지는 않다.

무엇을 위해 문과 구멍을 닫는지에 대한 언급이 없기 때문이다. 그러나 '門'과 '兌'가 가리키는 것은 분명하다. 우리 몸의 구멍은 항상 열려 있는 귀와 코이며, 문은 필요에 따라 여닫는 눈 · 입 · 요도 · 항문이다. 수련할 때 이것들을 잘 막아두고 해야 한다.

바로 앞글에서 말한 '道'와도 연관 지어볼 수 있다. 시작을 잘할 수 있고 이루어지는 것도 있는(잘 시작하게 하고 잘 이루어지게도 하는) 그 道(기운)를 닦는 수련은 인체의 열려 있거나 닫혀 있는 기관을 막아놓고 해야 공을 이룰 수가 있고 열어둔 채로 하면 평생 해도 이룰 수 없다는 것을 말하고 있다.

甲[15]에서 '閉其兌, 塞其門'이라고 한 것을 이 글 乙[6]에서는 '閉其門, 塞其兌'로 바꾸어 썼다. 甲[15]에서 "閉其兌, 塞其門, 和其光, 同其塵, 挫其銳, 解其忿, 是謂玄同."이라고 하여, 이러한 상태에서 시작한 수련이 잘 이루어진 것을 '玄同'이라 한다고 했다.

38 '塞'(색) : 원문의 字形은 '賽'(새)이다. 이곳에서는 '塞'(색)의 假借로 본다. 帛書本부터는 '塞'자를 썼다. '막다'는 뜻이다.

39 앞에서 "閉其兌, 塞其門, 和其光, 同其塵, 挫其銳, 解其忿, 是謂玄同."(甲[15])이라는 말이 나왔었다. 여기에서는 '閉其門, 塞其兌'로 바꿔 썼다. 수행에 관한 글로 이해된다.

40 堇(근) : 帛書本은 이 글자를, 王弼본부터는 '勤'(근)을 썼다. '힘쓰다, 부지런하다'를 뜻한다. 이에 따라 번역하였다.
'堇'은 '瘽'(앓다, 피로하다)와도 통하므로 이에 따라 '피로하다'로 풀이하기도 한다. 이렇게 하면 '不瘽'은 '피로하지(고달프지) 않다'가 되는데 비슷하게 문맥은 닿는다.

41 濟(제) : 원문의 字形은 '賽'(새)이다. 이곳에서는 '濟'(제)의 假借로 본다. 帛書本부터 '濟'자를 썼다. '구제하다, 이루다'는 뜻이다. 앞의 '賽'자로 인한 誤記일 수도 있다.

42 救(구) : 帛書本의 字形은 '棘'(극)이지만 王弼본부터 '救'로 쓰고 있다. '逑'(구)의 假借로 본다. 최남규(『郭店楚墓竹簡 역주』)의 고증에 따르면 '棘', '救', '來' 세 글자의 의미가 같다. '다하다, 끝나다'를 뜻한다.

07

맑고 고요함을 유지하면 몸 전체가 안정된다

【원문】

大成若夬, 丌用不幣. 大浧若中, 丌用不穿. 大攷若僱, 大成若詘, 大植若屈. **喿勝**蒼, 青**勝**然, 淸淸爲天下定.

[帛書 老子 제8장]

【考釋文】

大成若缺, 其用不敝[43]. 大盈若盅[44], 其用不窮. 大巧若拙, 大成[45]若詘[46], 大直若屈. 喿[47]勝滄[48], 靜[49]勝熱, 淸靜[50]爲天下定[51].

【譯文】

크게 이루어지면 모자라는 것 같지만 그 쓰임은 닳지 않는다. 크게 차면 비어있는 것 같지만 그 쓰임은 다하지 않는다. 크게 교묘한 것은 서투른 것 같고, 크게 언변이 좋으면 어눌한 것 같으며, 크게 곧으면 굽은 것 같다. 움직이면 추위를 이기고, 고요하게 있으면 더위를 이긴다. 맑고 고요하면 천하(몸 전체)가 안정되게 된다.

【요지】

최상의 것은 반대로도 보이지만 그렇지 않다.

맑고 고요한 상태를 유지하면 머리 위에서부터 그 아래의 모든 것이 안정된다. 甲[13]에서는 '淸靜' 대신 '至虛'라고 표현하였다. 이것은 수행의 기본이자 바른 태도이다. 이러한 상태를 오래 유지하는 것이 수행상의 핵심이다. 다 이루면 모든 큰 공이 드러나 보이지 않게 된다.

【해설】

이 글도 수행의 지침이라 여겨진다.

'天下'라는 말만 나오면 사람들은 이 세상을 뜻한다고 생각하고 주로 治者의 통치행위와 관련지어 해석하려 한다. 治者가 지녀야할 덕목으로서 겸손할 것을 가르친 글이라고도 여긴다. 그래서 추상적이고 모호하게 설명한다.

'清靜爲天下定' 중의 '清靜'을 이러한 관점에서 보게 되면 '喿(趮)勝滄, 靜勝熱'과 연결이 잘 되지 않는다. '움직이면 추위를 이기고, 고요하게 있으면 더위를 이긴다' 함은 수행상 靜功과 動功의 공효를 말한 것으로 여겨진다. 陰陽의 조화가 깨져 있을 때는 부족한 기운 즉 상반되는 기운을 넣어주면 중화되는 이치이기도 하다. 그렇다면 그 다음에 오는 말은 이 가운데서도 '清靜'한 '靜'의 상태를 강조하고 있다고 할 수 있다. '靜'한 상태를 유지해야 '天下' 즉 '머리 아래의 온 몸'이 안정된 상태에 들게 됨을 말한 것이다. '天'은 머리 위를 비유하고 '下'는 그 아래 몸 전체를 비유한다.

帛書本에서부터 '定'字를 '正'으로 바꿔 쓴 것은 아마도 '天下'라는 단어의 일반적인 의미에 제약을 받았기 때문이라 여겨진다. '맑고 고요해지면 천하가 바르게 된다'거나, '맑음과 고요는 천하의 올바름(기준)이 된다'고 보는 것은 억지인 것 같다. 무엇이 맑고 고요해진다는 말인가? 위정자의 통치 태도를 가리키는 말이라고 생각해서일까? 아니면 통치 결과로서 맑고 고요해진 상태를 가리킨다고 생각해서일까? 통치행위상의 治者의 덕목을 설명하는 말로 보면 매우 모호하고 논리적으로도 앞뒤의 말이 잘 연결되지 않는다.

'靜'은 수행자가 반드시 도달해야 할 관문이다. 이를 돌파해야 공을 이룰 수 있다. 앞글에서 말한 바와 연결해서 보면 '靜'은 곧 큰 道(기운)가 내 몸 안에 온전히 갖추어지고 운행되게 하기 위해서 반드시 도달해야 할 요건임을 알 수 있다.

43 敝(폐) : '弊'(폐)와 같다. '닳다', '해지다', '다하다' 등으로 번역할 수 있다.

44 盅(충) : '비다'는 뜻이다. '沖'으로도 쓴다.

45 成(성) : 帛書本 甲은 '贏'(영)으로, 帛書本 乙과 王弼본부터는 '辯'으로 썼다. 원문의 '贏'은 '呈'의 가차이며, '呈'과 '成'이 同音으로서 서로 통용된다. 후대본을 따라 '贏'을 '辯'으로 해석하기로 한다. '말을 잘하다(언변이 좋다)'를 뜻한다.
『說文解字』에서는 '贏'을 "贏 : 有餘、賈利也. 从貝㬳聲."이라 풀이하였다.

46 詘(굴) : '訥'(눌)의 뜻이다. '어눌하다', '말을 더듬다'로 번역한다.

47 喿(조) : 帛書本은 '趮'(조), 王弼본부터는 '躁'(조)로 쓴다. '움직이다'를 뜻한다. '靜'과 상대되는 개념인 '動'의 다른 표현이라고 여긴다.
'喿'를 '燥'(조)字로 고증하고 楚나라 방언에서 '화롯불'을 뜻한다고 보는 견해도 있다. 그러나 문맥상 적절치 않다.

48 滄(창) : 帛書本부터는 '寒'(한)으로 쓴다. '차다, 춥다'는 뜻이다.

49 静(정) : 원문의 '青'(청)을 후대 본들은 '靚'(정), '靜'(정), '靖'(정) 등으로 쓴다.

50 清静(청정) : 원문의 '清清'을 후대 본들에 의거하여 '清靜'으로 정한다.

51 定(정) : 원문의 자형은 이 '定'(정)이다. 후대 본들이 모두 '正'으로 쓰고 있다. 문맥상 '定'으로 두는 것이 낫다고 본다. 물론 이치상으로는 안정되는 것이 곧 바르게 되는 것이기도 하다.

【 08 】

닦은 기운이 뽑히지 않고 벗어나지 않도록 잘 지키면 그 공덕이 오래 가고 널리 미친다

【원문】

善建者不拔, 善保者不兑. 子孫以丌祭祀不屮. 攸之身, 丌悳乃貞. 攸之豙, 丌悳乃舍. 攸之向, 丌悳乃長. 攸之邦, 丌悳乃奉. 攸之天〔下, 丌 悳乃愽. 以豙觀〕豙, 以向觀向, 以邦觀邦, 以天下觀天下. 虐可以智天〔下之然? 以此.〕

[帛書 老子 제17장]

【考釋文】

善建者不拔, 善抱[52]者不脫, 子孫以其祭祀不絶[53]. 修之身, 其德乃眞. 修之家, 其德有餘. 修之鄉, 其德乃長. 修之邦, 其德乃豐. 修之天[下, 其德乃博[54]. (以身觀身,) 以家觀][55] 家, 以鄕觀鄕, 以邦觀邦, 以天下觀天下. 吾何以知天[下之然? 以此][56].

【譯文】

(기운을) 잘 세우면 뽑을 수가 없고, 잘 끌어안으면 벗어나지 못한다. 자손들은 이것으로 그 제사가 끊어지지 않는다.

내 몸에서 그것을 닦으면 그 덕(공덕)이 곧 참되고, 집에서 그것을 닦으면 그 덕이 곧 남고, 마을에서 그것을 닦으면 그 덕이 곧 길어지며, 나라에서 그것을 닦으면 그 덕이 곧 풍성해지며, 그것을 천하(온 세상)에서 닦으면 그 덕이 곧 두루 미친다.

몸을 가지고 몸을 보고(알고), 집(가정)을 가지고 집(가정)을 보고, 마을을 가지고 마을을 보고, 나라를 가지고 나라를 보며, 천하를 가지고 천하를 본다. 내가 무엇을 가지고 천하가 그러하다는 것을 알겠는가? [앞에서 말한] 이것을 가지고서이다.

【요지】

道(기운)를 닦아서 굳건하게 세우고[잘 세우기(善建)] 단단하게 끌어안으면[잘 끌어안기(善抱)] 오래 가고 널리 미친다. 이러한 이치는 내 몸, 가정, 마을, 나라, 천하에서 공히 살펴 알 수 있다.

【해설】

수련에 관한 앞의 글들을 그대로 이어받는다.

앞글을 통하여 언급한 수행법을 실행하여 기운(道, 우주의 정기)을 굳게 지켰을 때의 공효를 말하고 있다. 이 수련은 내 몸에 그치지 않고 온 세상(天下)으로 넓혀 갈 수 있다.

이 글만을 가지고서는 '무엇'을 잘 세우고 잘 끌어안을 것인가에 대한 생각이 독자에 따라 다를 수도 있다. 이 '무엇'을 구체적으로 적시하지 않았기 때문이다. 앞의 여러 글에서도 구체적이지 않거나 비유적인 표현이 많아서 이와 유사한 견해의 차이가 발생할 수 있었다. 수행 밖의 다른 일에는 끌어다 붙이지 않기로 한다.

바른 수행의 방법에 의해 기운을 잘 닦아서 그 뿌리가 뽑히지 않고 내 몸을 벗어나지(흩어지지) 않게 하면 자신이 長生久視하고, 이에 따라 자손들이 끊이지 않을 것이다. 이를 내 몸에 그치지 않고 가정, 마을, 나라, 천하에 널리 행하게 할 수 있다면 얼마나 좋겠는가?

자손이 끊어지지 않게 하는 방법이 무엇이겠는가? 우주의 바른 기운이며, 그것을 道라고 하였다. 그러므로 내 몸에 이것을 닦으면 長生久視하여 건강한 자식을 낳게 될 것이며 대대로 이어지게 될 것이다.

---

52 抱(포) : 원문의 자형은 '保'(보)字를 간략하게 쓴 형태인 것 같다. 王弼본부터 대부분 '抱'(포)字를 썼으며 '褒'(포)字를 쓴 경우도 있다. 원문에서는 이것들과 음이 비슷한 '保'字를 쓴 것으로 여겨진다. '안다, 품다'를 뜻한다.

53 絶(절) : 『郭店楚墓竹簡』에서는 원문의 자형을 '屯'(둔)으로 정하였지만 '屮'(철)인 것 같다. 帛書本은 '絶'(절)로 쓰고 王弼본부터는 '輟'(철)로 썼다. 문맥으로 보아 '끊다, 끊어지다'는 뜻인 것 같다. '屮', '絶', '輟'의 음이 유사하여 이런 표기들이 있는 것으로 본다.

54 博(박) : [ ] 안의 것들은 원문에서 파손된 부분이다. 帛書本 乙을 따라 '博'으로 정했다. 王弼본부터는 대부분 '普'(보)로 쓴다. 어느 것이든 '넓다, 두루 미치다'를 뜻한다.

55 下, 其德乃博. (以身觀身,) 以家觀 : 楚簡本의 파손된 부분만을 가지고 보면 '下其德乃博. 以家觀'만 보충할 수 있는데, 帛書本부터는 사이에 '以身觀身'이 더 들어 있다. 추가하여도 무방하므로 넣어서 번역한다.

56 下之然 以此 : [ ] 안의 파손된 부분을 帛書本 甲에 의거해서 보충한 것이다.

【제 3 부】

곽점 초간본 『노자』 丙

【 01 】

최고의 윗사람은 백성들이 그가 존재한다는 사실만 안다

모든 일을 자기들이 스스로 이루었다고 한다

【원문】

大上, 下智又之. 丌即, 新譽之, 丌即𧞷之, 丌即𢇛之. 信不足, 安又不信. 猷虐丌貴言也. 成事述𥘵而百眚曰我自肰也.

[帛書 老子 제61장]

【考釋文】

大[1]上, 下知有之. 其次, 親譽之. 其次, 畏之. 其次[2], 侮之. 信不足, 安[3]有不信. 猶[4]乎[5], 其貴言也. 成事遂功[6]而百姓曰我自然也.

【譯文】

큰 위(상위자)는 아래(하위자)에 그가 있다는 것만 안다. 그 다음(그 다음의 상위자)은 가까이 여기고 기린다(칭찬한다). 그 다음은 그를 두려워한다. 그 다음은 그를 모욕한다. (수행에 대한) 믿음이 부족하면 곧 믿지 않음이 있게 된다. 그럴듯하도다! 그 귀한 말씀이. 일을 이루고 공이 따르면 백성들이 나는 저절로 그리 되었다고 말한다.

【요지】

최고의 수행을 달성한 가장 훌륭한 上位者는 백성들이 그가 존재한다는 사실만 아는 사람이다. 제대로 수행된 사람은 일반인들이 도대체 그가 수행이 잘 되어 있는지 그렇지 않은지를 알 수가 없다. 그러나 그보다 수행이 덜 된 사람 가운데는 대단하다고 생각되는 사람에서 엉터리라고 여겨지는 사람까지 있게 된다. 수행에 대한 신뢰는 사람에 따라 다르다. 백성들이 믿음을 가지고 수련을 해서 공덕이 지어지면 저절로 그리되었다고 여긴다.

【해설】

옛 글에서 '上'은 군왕(임금, 왕, 군주)을 가리키는 데 자주 쓰였다. 그래서 '上'을 임금을 지칭한 말로 보면 네 가지 등급의 임금의 유형을 말한 것이 된다. 그렇게 보아도 말은 통한다.

이 글의 끝에서 윗사람이 일을 이루었음에도 백성들이 그가 이루게 해 준 것을 모르고 자신들이 스스로 이루었다고 말한다고 한 부분에 집착하면 임금과 백성의 관계로만 보기가 쉽다. '無爲'를 행하는 사람이 治者와 被治者의 관계에 있을지라도 그 직위야 어떠하든 모든 상하 관계에 적용된다. 세상을 안정되게 하는 것은 감화에 의해서이다. 이를 흔히 '無爲'에 의한 教化라고 한다. 그가 반드시 군왕의 자리에 있어야 할 이유가 없다. 수행자가 도달한 등급으로 이해할 수 있다. 철저하게 개인 수행이라는 관점에서 이해하는 것이다. 이 수행에 대한 믿음은 사람에 따라 다르다. 그러나 일단 행하면 그 공덕이 생기게 된다. 그리고 특별히(억지로) 한 것도 없이 저절로 그렇게 되었다고 생각하게 될 것이다. 이러한 관점에서 번역하였다.

---

1 大(대) : 王弼본부터는 모두 '太'로 썼다. '大'와 '太'는 서로 통한다.

2 次(차) : 帛書本은 이곳의 '次'를 '下'로 바꾸어 썼다. 뜻은 마찬가지이다.

3 安(안) : 이곳의 '安'은 '焉'(언)과 같다. '乃'(내), '則'(즉)과 같이 '곧, 이에(그래서)'를 뜻한다. 句의 끝에 붙이면 語氣助詞가 된다.

帛書本에서는 '案', '安'으로 썼다. 王弼본부터는 '焉'으로 씀과 동시에 앞 句의 끝에 붙여서 읽고 있다. '信不足焉, 有不信'(미더움이 부족하면 믿지 않음이 있게 된다)이 되어 전체 문의는 달라지지 않는다. 이 경우는 '焉'을 語氣助詞로 쓴 것이다.

4 猶(유) : '猷'와 같은 글자이다. 여러 해석이 있지만, '그럴 듯하다'(맞다, 옳다)로 풀이하였다. '其貴言'이 문장의 主語인데 감탄문으로서 述語가 앞으로 간 도치 형식이다.

5 乎(호) : 앞에서 몇 번 나왔다. 帛書本은 '呵'로 쓰고 王弼본부터는 '兮'로 썼다. 모두 感歎助詞로 여긴다.

6 成事遂功(성사수공) : 帛書本을 비롯한 후대 본은 대부분 '成功事遂'로 바뀌 썼다. 뜻은 크게 달라지지 않는다.

【 02 】

大道가 지켜지면 仁義와 慈孝 그리고 正臣이 있다

【원문】

古大道發, 安有悬義. 六新不和, 安有孝拏. 邦豙緍〔㝃, 安〕又正臣.

[帛書 老子 제62장]

【考釋文】

故大道廢, 安有仁義.[7] 六親[8]不和, 安有孝慈. 邦家[9]昏[亂, 安]有正臣[10].

【譯文】

까닭에 큰 道가 버려지면 곧 仁義가 있게 되고(→ 仁義를 찾게 되고), 육친이 조화를 이루지(화목하지) 못하면 곧 효도와 자애가 있게 되며(→ 효도와 자애를 찾게 되며), 나라와 가문이 혼란스러워지면 곧 바른 신하가 있게 된다(→ 바른 신하를 찾게 된다).

【요지】

'大道'가 버려지면 '仁義'가 사라지고, 이에 따라 가정에서는 육친이 불화하는 일이 생겨서 '孝慈'가 없어지고, 나라와 가문이 혼란스러워지는 일이 생겨서 '正臣'이 없게 된다는 뜻이다. 바른 기운을 지키지 못하는 사람이 많아지면 이러한 덕목이 강조될 것이다.

'道'는 역시 '기운'에서 출발한다. 甲[11]에서 이 '道'는 '大'하다고 하였다. 그래서 여기에서는 '大道'라고 한 것이다.

우주의 정기를 사람마다 기르도록 하면 '仁義'와 '孝慈'와 '正臣'이 살아나게 되어 있다. 이 '道'(기운)를 닦아서 사람들을 교화할 수 있는 정점에 있는 사람이 앞에서 말한 '聖人'이다.

【해 설】

이 글은 帛書本이나 후대 본에서도 앞의 丙[1]에 바로 이어져 있다.

이곳의 '大道'를 보통 그저 '正道'(바른 길)로 이해하고 각자의 생각에 맞추어서 번역해 온 것 같다. 이곳의 '道' 역시 '기운'(氣)으로 보면 된다. 聖人 또는 이에 가까운 사람의 '無爲'는 곧 자기 수행의 덕이 널리 감화를 입힐 때에만 세상에 빛이 되는 것이다. 그들이 어떠한 방식으로 '無爲'를 행하든 자기 수행의 완성이 선행되어야 한다. 이 '大道' 즉 우주의 바른 기운을 내 몸 안에 운행되도록 지키는 수행이 없이는 자기 존재의 사회적 기능을 발휘할 수가 없기 때문이다. 그래서 '無爲'에 의해 가만두어도 '自然'함(저절로 그리됨)을 강조하였다. 이 '큰 기운'의 운행에 부합하는 세상살이가 바로 '큰 도리(이치)'이다.

甲[11]에서 '道'는 바뀌지 않고 독립해 있는 '狀'이며 '大'라고 하였으며, 다른 글에서 '無名'·'無爲' 등으로 설명한 것에 따라 문맥을 이해하면 된다. 사람들이 '기운'을 바르게 닦아야 정서도 충일하여 내 몸은 물론이고 가정이나 국가에도 바른 사람들이 있게 됨을 말한 것이라고 여긴다.

한 가지 논의할 사항이 있다.

종래 이 글을 '大道'가 폐해짐으로 인하여 '쓸 데 없이' 仁義니 孝慈니 正臣이니 하는 것이 생겨났음을 말한 것이라고 여겨왔다. 필자는 결코 그렇지 않다고 생각한다. 오히려 大道는 곧 仁義나 孝慈와 正臣이 있게 하기 위한 길이므로 전혀 배치되는 개념이 아니다. 老子가 仁義가 필요 없는 것이라고 생각했을 리가 만무하다. 이렇게 말하는 사람들은 老子가 말한 '大道'의 내용에 대해서 시원스럽게 설명하지 못한다. 통치와 연결시키려고 하므로 老子가 말한 '無爲'와 잘 연결되지 않는 것이다.

또한 누구나 '大道'를 닦을 수 있다면 이 말 자체도 필요가 없지 않겠는가? '大道'는 모두가 다 지닐 수 있는 것은 아니다. '大道'가 무엇을 뜻하든, 보통 사람이 '大道'를 지니려면 노력이 필요할 것이다. 그리고 몇 사람이 또는 통치자가 이 '大道'를 닦았다고 해서 이러한 개념이 없어질 수 있는 것도 아니다.

老子가 '仁'과 '不仁', '義'와 '不義'의 분별을 사람들이 억지로 만들어낸 것이라고 생각했을까? 이들 개념은 인간의 현실 생활에서 누구나 감지할 수 있는 것들이다. 따라서 만약에 '仁義'를 부정하였다면, 그것은 이러한 관념 자체를 부정한 것이 아니라 이러한 분별을 지나치게 강조하거나 악용하는 것을 경계하는 뜻이었으리라 생각된다. '聖人'이라고 해서 '仁義'라는 개념 자체가 없을 수 있겠는가? 먼 옛날 이러한 개념이 필요 없었던 시대가 있었을지라도 그 시대로 돌아갈 수 없다는 것을 알고 있지 않았겠는가?

『莊子』에는 '仁義'를 배척하는 듯한 글들이 있다. 그러나 이와 함께 그 개념이나 인식 자체를 부정하고 있지 않음을 알게 해 주는 글들이 있다. 만약 배척하였다면 바르지 않은 목적을 달성하기 위한 명분으로 '仁義'를 주장하거나 이를 통치에 이용하는 것을 배척하는 것이지 다른 뜻이 있다고 볼 수 없다. 그러므로 '大道가 폐해지자 仁義라는 개념이 생겨났다'는 식의 말은 성립할 수 없다.

종래의 이 같은 해석은 老子에 대한 後代의 인식상의 오류 내지는 老子를 배척하려는 의도가 작용한 것이라고 생각된다.

楚簡本 『老子』에서는 '正'이라는 단어를 사용했으며, 이를 부정적인 개념으로 쓴 일이 없다는 사실에 유의할 필요가 있다. '仁義' 자체가 '正'이 아니라는 논리를 펼 수는 없다고 여긴다. 그들은 이미 이러한 분별이 없는 세상으로 돌아갈 수 없는 시대에 살고 있었기 때문이다. 『莊子』의 '仁義'에 대한 인식은 뒤의 '핵심어와 문맥을 중심으로 한 楚簡本 『老子』의 내용 정리' 부분에서

부연하기로 한다.

7 安有仁義(안유인의) : '安'은 앞글 丙[1]에서와 같이 '곧' · '이에'를 뜻한다. 後代 본에서는 '焉'으로도 쓰고 '案'으로도 썼다.

'大道廢, 安有仁義'는 '대도가 버려지면 곧(이에) 仁義가 있게 된다'로 번역할 수 있으며, 문맥상 '~ 곧 仁義을 찾게 된다'는 뜻이다. '大道'가 지켜지면 대부분 '仁'하고 '義'하므로 '仁'과 '義'를 찾지 않아도 되는데, 버려지면 찾게 된다는 문맥으로 이해하면 될 것이다.

그런데 종래 "故大道廢, 安有仁義. 六親不和, 安有孝慈. 邦家昏亂, 安有正臣."을 "까닭에 대도가 부서져서 (그래서) 仁義가 있게 되었고, 육친이 조화를 이루지 못해서 (그래서) 효도와 자애가 있게 되었으며, 나라가 혼란스러워져서 (그래서) 바른 신하가 있게 되었다."이라 번역하고, 본시 '仁義' · '孝慈' · '正臣'이라는 개념 자체가 없었다는 취지로 해설해 왔다. 이는 老子의 道家 사상을 儒家와 대립되는 사상이라고 여기는 선입견으로 인하여 곡해한 것이라고 할 수 있다. 즉, 道家가 仁義를 부정한다고 단정하고 글을 이해하기 때문에 이런 해석이 나오는 것이다. 楚簡本『老子』에 '仁義', '孝慈', '正'을 부정한 곳은 한 군데도 없다. 老子의 사상이 儒家 사상과 배치된다고 보는 것 자체가 모순이다. 이상한 선입견과 다른 의도가 지금까지『老子』를 곡해하게 했다고 여기게 하는 대표적인 사례이다.

帛書本부터는 느닷없이 '(安)有仁義' 뒤에 '知慧出(慧智出), (安)有大僞'를 끼워넣었다. "지혜가 나오자 (그래서) 큰 거짓이 있게 되었다."로 이해되게끔 짜 맞춘 것이다. 필자는 帛書本에서부터 이미 원본『老子』를 잘 못 이해하였거나, 漢代에 이미『老子』를 배척하려는 의도가 있었기 때문에 교묘하게 개작한 것이라고 여긴다. 王弼본부터는 슬그머니 '焉'(安)字를 빼버렸다. 후대 본에 점차 늘어나는 僞作과 같은 성격의 것이라고 본다.

8 六親(육친) : 부모·형제·처자를 총칭하는 말이다.

9 邦家(방가) : 帛書本 乙부터 '邦'을 '國'으로 바꾸었다. '邦家'가 오늘날의 '國家'라는 개념처럼 한 單語로 쓰였다고 보지 않는다. '나라와 가문'의 개념이다. 초기에 '國'도 큰 가문의 개념에 가깝고, '家' 역시 가정보다 큰 '가문'(작은 나라)의 개념으로 쓰였다고 여긴다. 따라서 이 글의 '邦家'를 바꿔 쓴 '國家' 또한 한 單語로 발전하기 전으로 보아 '나라와 가문'으로 이해한다.

10 正臣(정신) : '正臣'(바른 신하)은 군왕을 보좌하는 바른 治者를 가리킨다.

03

道(기운)를 잘 유지하고 있으면 몸이 잘 돌아간다

道는 잘 보이지도 잘 들리지도 않지만 다함이 없는 것이다

【원문】

埶大象, 天下往. 往而不害, 安坪大. 樂與餌, 怣客止. 古道〔之出言〕, 淡可, 丌無味也. 視之不足見. 聖之不足𦖞而不可既也.

[帛書 老子 제79장]

【考釋文】

執[11]大象[12], 天下[13]往. 往而不害, 安平大[14]. 樂與餌, 過客止. 故道[之出言[15]], 淡呵[16], 其無味也. 視之不足見, 聽之不足聞[17]而不可既[18]也.

【譯文】

큰 象(道, 기운)을 잡고(유지하고) 있으면 天下(몸 전체)가 돌아간다(운행한다). 돌아가면서 해치지 않으니 평안함이 크다. 음악이 먹을 것과 더불어 있으면 지나가는 나그네가 멈춘다(멈추는 것에 비유된다). 까닭에 道가 말로 나오게 되면(도를 말로 표현하게 되면) 덤덤하여 (아 거) 맛이 없다. 그것(道)을 보려 해도 충분히(잘) 보이지 않고 그것을 들으려 해도 충분히(잘) 들리지 않지만, 다할(다 쓸) 수가 없다.

【요지】

다함이 없이 운행하는 것이 道(기운)이지만 볼 수는 없다. 보이지 않는 이 큰

道의 形象(象)을 유지하면 천하(몸 전체)가 평안하게 돌아간다.

【해설】

갑자기 나온 '象'이라는 말을 이해하기가 쉽지 않다. 그래서 저마다 이해 방식이 다르다.

이 '象'이라는 말은 甲[11]에서 정의한 道(기운)의 다른 표현이라고 할 수 있다. '有狀混成' 중의 '狀'의 이미지를 '象'이라고 한 것이다. 그러므로 '大象'은 곧 '大道'를 가리킨다. 이것을 잡고 있다 함은 계속 보존하고 있음을 의미한다. '天下'는 우리 몸 전체를 가리킨다. 앞에서도 이렇게 쓰인 경우가 몇 번 있다. 기운을 잘 유지하고 있으면 우리 몸이 잘 돌아간다. 편안하게 해 준다.

道는 잘 보이지도 잘 들리지도 않은 것이라고 했다. 그러나 존재하는 것이고 다함이 없는 것이다. 그렇다면 이 경우 '道'가 '無爲'나 '自然'이라는 이치 자체를 가리킨다고 볼 수는 없다. 그래서 수련과 관련한 말이라고 여긴다.

甲[11]에서 '自然'(스스로 그러함)을 법 삼는 것이 道라고 했다. '道'의 본체는 기운 그 자체이지만 스스로 그러함에 의해 작용하는 거대한 이치(법칙) 또는 그 형상이라고 말할 수도 있을 것이다. 그래서 이것을 드러난 형상으로 인식하여 '象'이라 이름을 붙였는지 모르겠다. 이 때 '天下'는 이 '道'가 구체적으로 돌아가게(운행하게) 하는 有形 · 無形의 세계를 뜻할 수 있다. 그런데 이 글에서 "道之出言, 淡呵, 其無味也. 視之不足見, 聽之不足聞而不可旣也."라고 하였으므로 이렇게까지 확장하여 이해할 수는 없다.

요컨대 이 글도 수련에 관한 설명으로 여겨 '天下'를 앞에서와 같이 우리 몸 전체를 비유하는 말로 보았다. 그래서 '큰 象(=큰 道)을 잡고 있으면 우리 몸이 잘 돌아간다'는 뜻으로 이해한다.

'음악이 음식과 더불어 있으면 지나가는 나그네가 멈춘다'는 것은 무엇을 비유하는 말일까? 음악은 잘 돌아가는 몸 상태를, 음식은 이를 돕는 기운을, 나그네가 멈춰 쉬어간다는 것은 내 몸에 우주의 正氣를 받아들임으로써 평안함이 더해지는 것을 비유하고 있는 것 같다.

---

11 執(집) : 이 글자의 뜻에 대해서도 말이 많지만 '잡다, 지니다, 붙들다'는 뜻으로 번역하였다.

12 象(상) : 『韓非子』 解老편에 다음과 같은 말이 있다.
人希見生象也而 得死象之骨, 按其圖以想其生也, 故諸人之所以意想者皆謂之象也.
(사람들은 살아있는 코끼리를 보는 경우가 드물어서 죽은 코끼리의 뼈를 얻어 그 그림을 그리고 그것으로 그것이 살아있을 때를 생각하였다. 까닭에 모든 사람들이 마음으로 생각한 바는 다 그것을 '象'한다고 일렀다.)
韓非는 여기에서 '象'이 '그리다, 본뜨다, 형상화하다, 상상하다'는 뜻을 갖게 된 연유를 말하고 있다. '사람들이 마음으로 생각한 바'를 '象'한다고 한 풀이는 이 글을 이해하는 데 좋은 참고가 된다. '象'이 '형상화, 형상'을 뜻하기 때문이다.
이 글에서의 '象'은 '道의 形象'으로 이해하면 될 것 같다. '大象'은 결국 '大道'를 가리킨다. 문제는 이 글에서의 '道'가 무엇을 가리키느냐에 있다. 甲[11]에서 정의한 바에 따라 '기운'으로 본다.
『說文解字』에 이와 관련된 뜻은 밝혀져 있지 않다.("象 : 長鼻牙, 南越大獸, 三季一乳, 象耳牙四足之形. 凡象之屬皆从象.")

13 天下(천하) : 이 글 중에서도 '몸 전체'를 비유하는 말로 쓰였다고 본다.

14 安平大(안평대) : 이 구절에 대해서도 말이 많다. '安平'은 '平安'과 같은 뜻으로 보고, '大'는 문자 그대로 '크다'로 보기로 한다.

15 帛書本에는 '言'字 뒤에 '也'를 넣었다. 王弼본은 '出言'을 '出口'로 썼다.

16 呵(가) : 앞에서 '乎'로도 썼던 감탄조사이다. 원문 字形은 '可'이다. 帛書本은 '呵'로 썼다. 後代 본에서는 '兮'로 썼다.

17 帛書本부터는 '而'字 앞에 '用之'가 있다. 보충하지 않아도 말이 통한다. 넣어서 보아도 뜻이 달라지지 않는다.

18 旣(기) : 『說文解字』에는 "旣 : 小食也. 从皀旡聲. 論語曰 : 不使勝食旣."라고만 되어 있다. 『廣韻』에서는 "旣 : 巳也, 盡也, 又姓吳王夫旣之後. 居豖切, 七."라고 하였다. '그치다, 다하다'로 풀이할 수 있다. 원문 중의 '旣'는 곧 이 뜻에 해당한다.

【04】

평상시에는 왼쪽을 귀하게 여기고 邪氣를 물리칠 때는 오른쪽을 귀하게 여긴다

【원문】

君子居則貴左, 用兵則貴右. 古曰, 兵者, 〔不祥之器也, 不〕得已而用之, 銛襲爲上, 弗敚也. 敚之, 是樂殺人. 夫樂〔殺人, 不可〕以得志於天下. 古吉事上左, 喪事上右. 是以便將軍居左, 上將軍居右. 言以喪豊居之也. 古〔殺人衆〕, 則以依悲位之. 戰勝, 則以喪豊居之.

[帛書 老子 제75장]

【考釋文】

君子居則貴左, 用兵則貴右. 故曰 : 兵者, [不祥之器也, 不]得已而用之. 銛襲[19]爲上, 弗美也. 美之, 是樂殺人. 夫樂[殺人, 不可]以得志於天下. 故吉事上左, 喪事上右. 是以偏將軍[20]居左, 上將軍居右, 言以喪禮居之也. 故殺人衆, 則以哀悲莅[21]之, 戰勝, 則以喪禮居之.

【譯文】

군자가 (평소에) 자리함(거처함, 머물러 있음)에는 왼쪽을 귀하게 여기고, 병기를 사용함에는 곧 오른쪽을 귀하게 여긴다. 까닭에 병기라는 것은 상서롭지 못한 기물이고 마지못해서(부득이할 때) 그것을 사용한다고 말하는 것이다. 날카롭게 쳐들어가는 것이 위(최상)이지만 곱지 못하다. 그것을 곱게 여기는 것, 이것은 사람 죽이기를 즐기는(좋아하는) 것이다. 무릇 사람 죽이기를 즐긴다면 천하(세상)에서 뜻을 얻을 수가 없다. 까닭에 길한(좋은, 복되는) 일에서는 왼쪽을 上으로 치고(높이고) 목숨을 잃는 일은 오른쪽을 上으로 친다. 이에 (낮은 지위에 있는) 偏將軍[편장군]이 왼쪽에 자리하고 上將軍[상장군]이 오른쪽에 자리한다는 것은 喪禮를 써서(오른쪽을 높이는 喪事의 禮에 따라서) 거기(상장군이 오른쪽, 편장군이 왼쪽)에 자리함을 말하는 것이다. 까닭에 사람의 무리를 죽이게 되면 곧 슬퍼하고 불쌍히 여기는 마음을 가지고서 그 자리에 임하며, 싸워서 이기면 喪禮를 써서 거기(해당하는 쪽)에 자리한다.

【요지】

이 글도 수련에 관한 글이다. 앞에 '兵'이 나오고 후반에 '將軍'과 '喪禮'라는 말이 나오니 실제 전쟁에 관해서 말하고 있는 것 같지만 사실 그렇지가 않다. 수련의 이치를 알면 바로 비유적인 표현이라는 것을 알 수 있다.

'병기를 사용함에는 오른쪽을 귀하게 여긴다' 함은 우리 몸의 邪氣를 제거할 때 '右'를 主로 하여 치는 이치를 말한다. 평소에는 '左'를 主로 해서 수련을 하지만, 전쟁을 부득이할 때 하듯이 침범한 邪氣를 제거하는 것도 부득이 전쟁을 해야 하는 것과 다름이 없으므로 이때는 '右'를 主로 해서 할 수밖에 없음을 비유한 것이다. 가능한 한 이 방법을 쓰지 않을 수 있도록 하면 좋다는 것을 비유적으로 표현하고 있다.

甲[16]에서 '正'과 '奇', '邦'과 '兵'을 설명할 때 그 이치를 말한 바 있지만, 이 글 丙[4]에서는 구체적으로 '左'와 '右'의 의미를 말하고 있으므로 해설 항에서 다시 한 번 설명해 두기로 한다.

【해설】

수련에서는 天道와 地道의 이치를 따른다. 甲[16]에서 언급하였듯이, 天道는 '左旋'하는데 河圖(相生)의 이치가 그것이며, 地道는 '左轉'하는데 洛書(相剋)의 이치가 그것이다. 左手(왼손)는 '補'해주며(相生) 평시에는 이 '左'를 귀하게 여기고, 右手(오른손)은 '瀉'해주며(相剋) 전쟁시(邪氣가 침범하였을 때)에는 이 '右'를 主로 해서 사용한다. 右手를 主로 삼아서 邪氣를 몰아냄은, 비유하자면 전쟁과 같다. 평상시에는 상생기운, 사기가 침범했을 때(전쟁시)에는 相剋기운이 동하므로 天道와 地道의 운행 이치에 따라 좌우를 달리해서 主를 삼는 것이다.

이어서 군대의 사용으로 인한 살생과 이에 따르는 예법을 설명하여 마치 실제 전쟁을 설명하기 위한 것처럼 보인다. 그러나 이 글의 主旨는 "君子居則貴左, 用兵則貴右."에 있다. 평상시에는 무엇을 어떻게 한다는 말일까? 개인 수련이다. 수련을 이렇게 하는 것이다. 즉, 병기를 사용한 殺生을 예로 든 것은, 전쟁시에 비유되는 邪氣가 침범했을 때는 '奇'法인 右手를 主로 하는 地道의 相剋 원리로 물리치지만, 가능한 한 이 방법을 쓸 일이 없도록 관리하는 것이 중요하다. '正'法인 左手를 主로 하는 天道의 相生 원리에 의해 수행할 수 있도록 항상성을 유지하면 최상이다.

帛書本에는 [74]에 "以道佐人主, 不以兵强於天下, 其事好還. 師之所居, 楚棘生之. 善者果而已矣, 毋以取强焉. 果而毋驕, 果而毋矜, 果而毋伐. 果而毋得已居, 是謂果而不强. 物壯而老, 是謂之不道, 不道早已."가 있다. 맨 앞의 '以道佐人主, 不以兵强於天下'는 楚簡本 甲[4]의 맨 앞부분과 똑같고, 甲[4]의 나머지 부분인 "善者果而已, 不以取强. 果而弗伐, 果而弗驕, 果而弗矜, 是謂果而不强. 其事好長."과 비교하면, 글자의 사용과 순서가 약간 다르며, 사이에 "其事好還. 師之所居, 楚棘生之."와 "果而毋伐. 果而毋得已居."가 추가되어 있고 "其事好長"은 빠져 있다. 끝의 "物壯而老, 是謂之不道"는 甲[17]의 끝부분에 해당하며, 그 뒤의 '不道早已'는 楚簡本에 없다. 甲[4]와 甲[17]만 각각 보아

도 수련과 관련된 글임을 알 수가 있는데, 帛書本처럼 합쳐 놓으면 수련에 관한 글이라는 사실이 더욱 명확해 진다.

이 글 丙[4]는 이를 더욱 뒷받침해 준다. 모두 수련에 관한 글이다. 帛書本에서 [74]에 이어, 약간 다른 부분이 있기는 하지만 楚簡本의 이 글 丙[4]에 해당하는 [75]"夫兵者, 不祥之器也. 勿或惡之, 故有欲者弗居. 君子居則貴左, 用兵則貴右, 故兵者非君子之器也. 兵者不祥之器也, 不得已而用之, 銛襲爲上, 勿美也. 若美之, 是樂殺人也. 夫樂殺人, 不可以得志於天下矣. 是以吉事上左, 喪事上右. 是以偏將軍居左, 上將軍居右, 言以喪禮居之也. 殺人衆, 以悲哀莅之. 戰勝, 以喪禮處之."가 나온다. 이처럼 이어져 있으니 수련에 관한 글임이 더욱 분명해 진다.

그 뒤에는 다음 [76]"道恒無名, 樸雖小而天下弗敢臣, 侯王若守之, 萬物將自賓. 天地相合, 以俞甘露, 民莫之令而自均焉. 始制有名, 名亦既有, 夫亦將知止, 知止所以不殆. 俾道之在天下也, 猶小浴之與江海也."가 또 이어진다. 종래 '天下'·'臣'·'侯王' 등을 문자 그대로의 통상적인 뜻으로만 이해하여 통치행위와 관련된 말로 풀이해 왔지만, 배경을 알고 보면 비유적으로 쓰였음을 알 수가 있는 것이다. 이 역시 丙[4]가 수련에 관한 글임을 뒷받침해 준다.(甲[10]의 해설 참조)

---

19 銛襲(섬습) : '銛'은 '예민하다', '가래'(삽) 등의 뜻으로 쓰인다. '襲'은 '불시에 쳐들어가다', '잇다'(계승하다) 등의 뜻으로 쓰인다. 帛書本은 이 글자에 가깝게 쓰고 있고, 後代 본에서는 '恬淡(憺)'(념담)[두 글자 모두 '편안하다'는 뜻임]으로 쓰고 있는데 그 까닭을 알 수가 없다.

20 偏將軍(편장군) : 뒤의 '上將軍'(상장군)은 글자 그대로 上位의 장군이다. '上將'이라고도 한다. 즉 '大將'이다. 이에 대하여 '偏將軍'은 上將軍을 보좌하는 옆의 장수를 뜻한다. 上將軍의 아래 장수이다. '副將'(부장)과 같은 뜻이다.
죽음 같은 흉한 일에는 오른쪽을 높이 여긴다. 그래서 전쟁으로 인명을 살상하였다면 상위에 있는 上將軍이 높은 쪽인 오른쪽에 위치한다는 예법을 설명하고 있다.

21 莅(리) : '임하다', '이르다', '담당하다' 등으로 번역할 수 있다.

【 05 】

인위와 집착이 없으면 그르칠 일이 없다·성인은 이렇게 해서 저절로 이루어지게 한다

【원문】

爲之者敗之, 執之者達之. 聖人無爲, 古無敗也 ; 無執, 古〔無達也〕. 新終若詒, 則無敗事喜. 人之敗也, 恒於丌虘成也敗之. 是以〔聖〕人欲不欲, 不貴戁得之貨 ; 學不學, 復眾之所過. 是以能補萬勿之自肰而弗敢爲.

[帛書 老子 제27장]

【考釋文】

爲之者敗之, 執之者失之. 聖人無爲, 故無敗也 ; 無執, 故[無失也]. 愼終若始, 則無敗事矣. 人之敗也, 恒於其且成也敗之. 是以[聖]人欲不欲, 不貴難得之貨 ; 學不學, 復衆之所過. 是以能輔萬物之自然而弗敢爲.

【譯文】

그것을(무엇을) 인위적으로 하면(作爲하면) 그것을 그르치고, 그것을 잡으려 하면 그것을 잃는다. 聖人은 일삼음이 없다(無爲한다). 까닭에 그르치는 것이 없다. 잡으려 함이 없다. 까닭에 잃는 것이 없다. 끝마침을 삼가기를 시작과 같이(시작을 삼가듯이) 하면 곧 그르치는 일이 없게 된다. 사람이 그르침에는 항상 그것이 장차 이루어지려 하는데(곧 이루어지려 할 때) 그것을 그르친다. 그래서 聖人은 하고자 하지 않기를 하고자 하고, 얻기 어려운 재물을 귀하게 여기지 않으며, 배우지 않기를 배워서, 무리(뭇 사람들, 대중)가 지나치는 바(잘못하는 바)를 되돌린다(바로잡는다). 그래서 만물이 스스로(저절로) 그러하게 됨을 도울 수 있으면서도 감히 인위적으로 하지는 않는다.

【요지】

人爲(作爲)와 집착은 실패의 원인이다. 그러므로 언제나 애써 내버려 두면 실패할 일이 없다. 聖人은 이를 실천하여 과오를 되돌린다. 無爲에 의해 모든 것이 저절로 되게 한다.

【해설】

'無爲'하면 '無敗'하고 '無執'하면 '無失'한다고 하였다. 힘들여 어렵게 하고자 하는 일은 득이 되지 않음을 일깨우는 말이다. 저절로 그렇게 되려는 찰나에 욕심을 부려서 일을 그르치는 것도 경계한다. 끝까지 시작할 때처럼 조심한다. 인위적인 것을 하고자 하지 않을 것과 배우려고 하지 말 것을 강조한다. 앞에서 몇 차례 말하였다. 쓸데없는 배움은 일을 그르치는 원인이 되므로 배우지 않도록 힘쓰라 하였다. 성인은 이를 실천하여 저절로 이루어지게 할 수 있는 사람이다.

기본적으로 모든 사람에게 적용되는 수행상의 주의점을 말하고, 이어서 이러한 수행을 완성한 聖人의 '無爲'와 그 功效를 예로 들었다.

【제 4 부】

곽점 초간본 『노자』 읽기의 핵심

【 01 】

핵심어와 문맥을 중심으로 본 초간본 『노자』

먼저 楚簡本 『老子』의 내용을 이해하는 필자의 태도를 정리해 두기로 한다. 누가 읽더라도 자기가 알고 있는 것과 주관을 벗어나기란 쉽지 않기 때문이다.

『老子』 楚簡本을 본래 면목 그대로 읽어나감에 있어 가장 장애가 되는 것은 아마도 후대의 여러 『老子』 판본과 해석의 영향일 것이다. 다음으로는 글 가운데 언어 환경이 명확하게 나타나 있지 않은 부분들이 적지 않다는 사실이다. 그래서 후대의 판본과 해석들에 더 많이 의존하게 된다. 상당 부분은 후대의 판본이나 해석 및 학술적 연구 결과에 영향을 받지 않더라도 자의적인 해석이 나올 수 있게 되어 있다. 주된 원인은 언어 환경이 명확하게 제시되어 있지 않고 설명이 구체적이지 못한 점이다.

그래서 먼저 최대한 언어 그대로 읽어나가기 위한 모종의 전제가 필요하다. 글의 배경과 문맥 및 비유를 함께 고려하면서이다.

첫째, 글을 어렵게 읽으려 할 필요가 없다. 등장하는 단어의 개념들을 까닭 없이 추상적으로 인식함으로써 표현은 같아 보이지만 실제로 서로가 공감하고 있지 않다면 취할 것이 못된다. 이는 楚簡本 『老子』를 언어 그 자체로 읽기 위한 가장 중요한 태도이다. '道' · '聖人'이라는 단어가 대표적인 대상이다. 똑같은 말을 사용하였지만 諸子百家들마다 이 말에 실어 전하고자 하는 내용은 똑같지 않았다는 사실을 인정하고 들어가야 한다.

둘째, 명확하지 않은 말에 억지 해석을 붙일 필요가 없다. 모호함을 인정하자는 것이다. 다만, 다각도로 가능성은 생각해 본다.

셋째, 글의 배경과 문맥을 잘 살필 필요가 있다. 모든 경우에 적용될 수 있는 말이라 할지라도 그 출발점이 있는데, 보통 사람들의 일상적인 언어 환경에 사용되는 개념으로 보고 출발하면 그 뜻이 명확하게 드러나지 않는 수가 있다.

'聖人 · 王 · 人主 · 侯王 · 士' 등의 단어가 등장한다. 이를 일상적인 언어 환경 속에서 이해하면 문맥이 닿지 않는 경우가 있다. 이들 단어는 일반적으로 사용되는 의미에 국한되지 않고 쓰이기 때문이다. '國 · 天下', '治邦' · '用兵' 등도 그러하다. 本意는 하나이지만 배경 즉 언어 환경이나 문맥이 다르면 지시하는 실제 내용이 달라진다. 이 말들이 비유하는 바가 있을 때 특히 그러하다. 우리는 때때로 간단한 비유도 놓치기 쉽다. 지나치게 추상적으로 이해하는 것은 피해야 하겠지만, 治者와 被治者의 관계 또는 통치행위 중심으로만 이해하는 것은 옳지 않아 보인다. 당시의 시대 배경은 인정하되 治世에 치우쳐서 楚簡本『老子』를 이해할 이유가 없다고 여긴다.

넷째, 종래 治世 방면의 글이라 여겨온 글 중에 다른 각도에서 보아야 할 것들이 있다는 사실에 유의하여야 한다. 道家는 수행을 중시하였고 여러 가지 수행 방법이 있어 왔다. 楚簡本『老子』는 바로 그 원형과 관련이 있는 글들이다. 모든 사람의 건강한 삶을 위한 수행 내지 수련이라는 관점에서 보아야 할 글들이다. 비유로 든 사례는 치자나 피치자를 가리키는 단어를 사용한 경우들이 있지만, 직접적인 통치행위 자체를 말한 것으로 보자면 지극히 추상적이고 모호하거나 앞뒤 맥락이 닿지 않는다. 닦인 '道'가 실현되는 장을 가정과 국가로 넓혀 가면 자연스럽게 양쪽에 다 걸치는 것으로 볼 수 있는 부분도 있다.

다섯째, 미리 무슨 '道家'니 '哲學'이니 하는 관점을 가지고 읽지 말아야 한다. 이런 관념들은 楚簡本『老子』보다 더 많은 내용이 서술된 후대의 여러 판본들에 의거하여 거창하게 확장된 생각들의 산물이기 때문이다. 더구나 이들 관념 속에는 숨겨진 어떤 의도 하에 『老子』의 본래 면목을 비틀어 놓은 부분이나 여러 가지 부정적인 생각들의 영향이 다분히 반영되어 있을 수 있다. 특히나 '儒家'와 전적으로 다르다거나 대립된다고 여기는 관념의 영향을 받은 채로 읽을 때는 더 많은 착오를 범할 수 있을 것이다.

이제 상술한 태도를 견지하고 핵심어를 찾아가면서 각 글들이 의미하는 바를 한 번 더 정리해 보기로 한다. 아울러 경우에 따라 『莊子』의 내용을 인증으로 삼기로 한다.

◐ 甲

甲【01】 본바탕을 지키고 욕심을 줄인다.

핵심어 : {保樸, 寡欲} ⇐ [絶知棄辯, 絶巧棄利, 絶僞棄慮, 百姓, 視素, 保樸. 少私, 寡欲]

※ '知'의 楚簡本 『老子』의 字形은 모두 '智'로 되어 있다. 그러나 후대에 '知'와 '智'를 뜻이 다른 두 개의 단어를 구별하여 사용한 경우와는 달리 '知'와 '智'를 동일한 글자의 異體로 본다. 『莊子』에서는 모두 '知'로 썼다. 어느 글자를 사용하든 '앎'과 '지혜'를 모두 포괄한다.

- 모든 사람에게 해당되는 말이다. 수행의 원리가 그렇다.

사람의 본바탕을 벗어난 것들을 끊어버리면 이롭다. 지략·언변·교묘함·이익 추구·거짓·과도한 생각 등은 사사로운 욕심 때문에 생기는 것들이다. 이것들은 모두 필요 이상의 人爲(作爲)에 해당된다. 그리고 부자연스러운 것이다. 꾸밈이 없는(질박한) 본바탕을 지켜서 사사로운 욕심을 버리면 이로움은 이로움대로 있으면서 사람들이 천진무구한 상태로 돌아간다.

'民'(백성)이라는 말이 나오므로 통치행위를 연상하기가 쉬우나 누구에게나 해당되므로 '人'(사람)과 같은 말로 생각하고 이해하면 된다. 개개의 모든 사람으로 보면 된다. 같은 단어라 할지라도 출현하는 문맥과 배경(언어 환경)에 따라 구체적인 의미가 다를 수 있다. 비유적으로 쓰인 경우 특히 그러하다.

개개인의 내부에서뿐만 아니라, 사람 사이에 이르기까지 해가 되는 것들[知(智), 辯, 利, 僞, 慮]을 들어서 그것을 차단할 것을 가르치고 있다. 신분의 고하에 관계없이 해당되는 말이다.

○ 楚簡本『老子』의 '絶智棄辯'과 『莊子』의 '絶聖棄知' 에 대하여 부연 설명해야 할 것이 있다.

『莊子』에 '絶聖棄知'라는 말이 나온다. 外篇의 在宥에 있다.

~~ 昔者皇帝始以仁義攖人之心, 堯舜於是乎股無胈脛無毛, 以養天下之形, 愁其五藏以爲仁義, 矜其血氣以規法度. 然猶有不勝也. 堯於是放讙兜於崇山, 投三苗於三峗, 流共工於幽都, 此不勝天下也. 夫施及三王而天下大駭矣. 下有桀跖, 上有曾史而儒墨畢起. 於是乎 ~~. 天下脊脊大亂, 罪在攖人心. 故賢者伏處大山嵁巖之下萬乘之君憂慄乎廟堂之上. ~~

噫, 甚矣哉! 其無愧而不知耻也甚矣! 吾未知聖知之不爲桁陽接槢也, 仁義之不爲桎梏鑿枘也, 焉知曾史之不爲桀跖嚆矢也? 故曰: 絶聖棄知而天下大治.

… 옛날에 皇帝가 仁義를 가지고 사람의 마음을 옭아매기 시작했고, 堯와 舜은 그래서 넓적다리에 잔털이 없어지고 정강이에 털이 없어지도록 천하(천하 사람들)의 모양(외형)을 기르고, 자기의 오장을 근심스럽게 해서 仁義라 여기고, 자기의 혈기를 자랑하면서 법도를 정하였다. 그러하였으나 오히려 이겨내지 못한 것이 있었다. 讙兜(환두)를 崇山(숭산)으로 내쫓고 三苗(삼묘)를 三峗山(삼위산)에 내던지고, 共工(공공)을 幽都(유도)로 유배시켰으니, 이는 천하를 이겨내지 못한 것이다. 대저 (이런 것이) 행해져서 三王(夏의 禹 · 殷의 湯 · 周의 文王)에 이르자 천하는 크게 어지러워졌다. 아래로는 桀(걸)과 盜跖(도척)이 있고 위로는 曾參(증삼)이나 史魚가 있게 되어 儒家와 墨家 등이 다 일어났다. 그래서 …. 천하가 어수선하게 크게 혼란스러워졌으니 죄는 사람의 마음을 옭아매는 데 있었다. 까닭에 현자는 험준한 바위 아래에서 숨어 살

게 되었고, 만승의 군주(천자)가 묘당(사당) 위에서 근심하며 떨어야 했다. …

아! 심하게 되었도다! 그 부끄러움이 없고 수치스러운 줄을 알지 못함이 심하게 되었구나! 나는 아직 聖과 知가 차꼬와 쐐기가 되고 仁과 義가 질곡(차꼬와 수갑)의 구멍과 장부가 되지 않으리라는 것을 알지 못하겠으며, 어디 曾參이나 史魚가 盜跖의 효시(처음)가 되지 않으리라는 것을 알겠는가? 까닭에 "聖을 끊고 知를 버리면 천하가 크게 다스려진다."고 말하는 것이다.

앞에서 '絶聖棄知'해야 하는 이유를 들고 끝에서 '絶聖棄知而天下大治'라고 결론지었다. 莊子는 정말 '聖·聖人'을 부정하였을까? 內篇 消遙遊의 앞쪽에는 다음과 같은 말이 있다.

~~ 夫列子御風而行, 泠然善也, 旬有五日而後反. 彼於致福者未數數然也. 此雖免乎行, 猶有所待者也. 若夫乘天地之正而御六氣之辯以遊無窮者, 彼且惡乎待哉?!

故曰: 至人無己, 神人無功, 聖人無名.

… 대저 열자는 바람을 부려(타고) 다니면서 시원하게 좋았다(잘 지냈다). 열흘 하고도 닷새가 더 있고 그런 뒤에야 돌아왔다. 그는 복에 도달한 사람 중에서 아직 몇 안 된다. 이는 비록 걸어 다니는 것은 면했지만 아직 기다릴(의지해야할) 바(바람)가 있다. 저 天地의 正(바른 기운, 正氣)을 타고 六氣의 변화를 부려서 다함이 없음에 노닐 것 같으면, 그런 사람은 또 어디에서 기다리겠는가?!

까닭에 "至人은 자기가 없고(無己=無我[勿我], 자기를 의식하지 않고), 神人은 功이 없고(공을 의식하지 않고) 聖人은 이름이 없다(명예를 의식하지 않는다)."고 말한다.

이 글에서는 닦은 바가 높은 사람들을 일컫는 至人, 神人, 聖人을 차례로 말하였다. 그리고 內篇 應帝王의 끝부분에서는 다음과 같이 말한다.

無爲名尸, 無爲謀府, 無爲事任, 無爲知主. 體盡無窮而, 遊無朕. 盡其所受乎天而, 無見得, 亦虛而已. 至人之用心若鏡, 不將不迎, 應而不藏, 故能勝物而不傷.

이름의 시체가 될 것도 없고, 꾀의 곳간이 될 것도 없고, 일을 맡은 사람이 될 것도 없고, 앎(지혜)의 주인이 될 것도 없다. 몸은 無窮에서 다하면서 내가 없는 데(無我)에서 노닌다. 그 하늘에서 받은 바를 다 하면서 얻을 것을 보려 함이 없이, 역시 비우고 그 뿐이다. 至人이 마음 씀은 거울과 같아서 나아가지도 않고 맞이하지도 않으며 응하면서 감추지 않는다. 까닭에 외물을 이겨내면서도 다치지 않는다.

윗글에서 '聖人'과 등급에 차등을 두었던 '至人'만을 들어 위와 같이 말했다. 모두 수행이 높은 단계에 도달한 사람들의 경지를 말하고 있다. 또 外篇 齊物論에는 이런 말이 있다.

勞神明爲一而, 不知其同也, 謂之朝三. 何謂朝三? 狙公賦芧曰朝三而暮四, 衆狙皆怒. 曰然則朝四而暮三, 衆狙皆悅. 名實未虧而喜怒爲用, 亦因是也. 是以聖人和之以是非而休乎天鈞, 是之謂兩行.

神明을 수고롭게 하여 하나를 만들려 하고 그것이 같음을 알지 못하는 것을 일러 朝三이라고 한다. 무엇을 朝三이라 이르는가? 원숭이를 기르는 사람이 상수리를 주면서 아침은 셋이고 저녁은 넷이다고 하자 뭇 원숭이들이 다 성을 냈다. 그러면 곧 아침은 넷이고 저녁이 셋이다고 하자 뭇 원숭이들이 다 기뻐하였다. 이름과 실질이 어긋나지 않지만 좋아하게도 하고 성을 내게도 한 것이 用이 된다. 역시 이 때문이다(주관적 분별을 따랐기 때문이다). 이에 聖人은 그것을 조화시킴에 是非를 쓰되 天鈞(하늘의 낚시법, 均齊)에서 그친다. 이것을 일러 兩行이라 한다.

莊子는 결코 '聖人'을 부정하지 않았음을 알 수 있다. 그렇다면 왜 '絶聖棄知而天下大治'라는 상반되는 말이 있는 것일까? 이는 틀림없이 누군가가 불순한 의도로 위작을 끼워 넣었다는 증거이다. 老子의 생각을 계승하였다면 莊子가 聖

人을 부정했을 까닭이 있겠는가? 楚簡本『老子』에서는 '絶智棄辯'이라 하였지 '絶聖棄知'라고 하지 않았다. '絶智(智=知)'라 하였지 '絶聖'이라고 하지 않았을 뿐만 아니라, 도처에서 '聖人'은 '無爲'하여 '自然'하게 할 수 있는 사람이라고 하였다.

『莊子』에는 전후 모순되어 보이는 이런 글들이 적지 않다. 그런데 경우에 따라서는 '聖' 또는 '聖人'을 부정한 듯한 글 중의 '聖'과 '聖人'을 莊子가 생각하는 수행과 수행자를 가리키는 말로 보지 않고, 儒家를 비롯하여 그가 비판하고자 하는 부류들이 일컫는 '聖'과 '聖人'을 지칭하는 말로 제한하여 보면, 모순이 없다고 할 수 있다. 다시 말하면 저들이 '聖人'이라 여기는 사람들을 부정하는 것이지 老子나 莊子 자신이 뜻하는 聖人을 부정하는 것이 아니라고 보면 된다. '仁義'에 대해 비판한 글도 '聖'과 유사한 방식으로 이해할 수 있다. '仁'과 '義'라는 말에 대한 인식은 뒤의 丙[2]에서 논하기로 한다.

여기에서 한 가지 밝혀 둘 것이 있다. '知'字와 '智'字의 사용에 대해서이다. 고대에 두 글자를 구별하여 쓰지 않았다. 주로 '知'자를 많이 썼다. 그래서 후대 사람들은 문맥에 따라 자의적으로 판단하여 때로는 '知(알다, 앎)'라 여기고 때로는 '智(지혜롭다, 지혜)'라 여겼다. 그런데 楚簡本『老子』의 원문을 보면 字形이 모두 '智'이다. 거의 예외 없이 '지혜'라고 번역하고 있는 것 같다. 그러나 자세히 보면 원래 '앎'과 '지혜'를 구별하지 않았다고 할 수 있다. 바꿔 말하면, '知'와 '智'라는 漢字 字形의 차이가 본시 두 가지 뜻을 분별하기 위한 것이 아니라 서로 통용되는 異體字로 쓰였던 것이다. 『莊子』에서 모두 '知'로 쓴 것은 이를 말해준다.

우리가 사용하는 '지혜'라는 개념도 '앎'의 산물이며, 넓은 의미에서 '앎'은 '지혜'에 포함된다. 그러므로 '앎'이라고 번역해도 무방하다고 여긴다. '絶智'의 '智'도 마찬가지이다. '지혜'라고 말하건, '앎'이라고 말하건 잘못 사용되는 것을 경계하였지 절대로 필요 없는 것이라는 말이 결코 아니다. '聖人'은 무엇에 의

해서 '無爲'를 행할 수 있는가? 자연의 이치를 꿰뚫어 아는 '大 지혜'가 아니겠는가?

현실에서 喜와 怒, 善과 不善, 美와 惡, 聖과 愚를 분별하지 않을 수 있는가? 누가 가르쳐서인가? 저절로 분별하게 되는 것이라면 무엇으로 분별하는가? 이것도 필요한 앎이 아닌가? 둘의 구분이 궁극적으로 무의미함을 깨달아 '中'을 잡을 수 있게 하는 것도 앎 곧 지혜가 아니겠는가? 가장 '聖'한 사람은 더 잘할 수 있고 따라서 그는 누구보다도 판단이 분명한 지혜로운 사람이 아니겠는가? 똑같이 '聖'이라는 말을 사용하지만, 儒家나 墨家를 비롯한 다른 諸子百家들이 생각하는 이것의 내용이나 성격이 다를 수 있다. '道'라는 말도 마찬가지이다. 같은 말이지만 쓰는 사람의 생각과 말의 배경에 따라 내포된 뜻이 다르다. 모두들 자기 것이 진정한 '道'라고 주장하지만 다 다르지 않은가? 그러므로 '聖'이나 '道'라는 이름으로 포장되었으나 배척 내지 경계해야 할 것도 있는 것이다.

사람은 모두 태어나면서부터 우열이 있다. 그래서 저절로 聖과 愚가 있게 되는 것이다. '愚'만 두고 '聖'은 끊으라는 말도 성립할 수 없으며, '愚'와 '聖'을 구별하지 않고 '無爲'만 행하면 죄다 '聖'으로 여기라는 말도 성립할 수 없다. '愚'하고 '聖'한 차이에도 불구하고 서로를 인정하고 공존하면 되는 것이지 '聖'은 결코 부정할 수 있는 개념은 아니다. 老子는 이러한 차등을 극복할 수 있는 사람으로 '聖人'을 내세우지 않았는가? 楚簡本 『老子』의 '絶智棄辯'(=絶知棄辯)이 맞다.

楚簡本 『老子』에서 聖人은 '無爲'에 의하여 '道'를 얻을 수 있는 최상급의 인간이다. '有爲'(人爲[作爲]가 있음)에 의하지 않음으로써 저절로 되게(自然) 하는 사람이 聖人임을 반복해서 말했다.

만약에 굳이 『莊子』 중의 이 글의 '絶聖'을 고집해야 한다면, 이 경우의 聖人은 老子나 莊子가 뜻하는 聖人이 아니고, 莊子가 비판하고자 하는 다른 무리들이 일컫는 聖人이어야 한다. 명칭은 같지만 내용이 다른 것이다. 즉, 老子나 莊子가 뜻하는 聖人과는 사고와 행위 양식이 다른 사람인 것이다.

甲【02】 낮추라.

핵심어 : {以身後之[=民], 以言下之[=民]} ⇐ [聖人, 江, 海, 百谷, 王, 以身後之, 以言下之]

- 강과 바다가 모든 계곡의 아래에 있기에 왕에 비유되는 지위에 있는 것처럼, 聖人은 백성들에게 자기 몸을 뒤로 하고 말을 낮춘다. 그래서 백성들이 그를 불편하게 생각하지 않는다. 다투지 않으므로 온 天下 사람들이 그를 밀어주고 따른다.

聖人을 예로 들어 말했지만 이 역시 누구에게나 적용되는 수양의 지침으로 삼아야 할 공통 덕목이다. 그래서 군주가 이러한 聖人과 같이 해야 됨을 말한 통치 행위 관련 글로 보지 않는다. 수행의 지침의 하나이다.

甲【03】 만족할 줄 알라.

핵심어 : {知足} ⇐ [罪-甚欲, 咎-欲得, 禍-不知足]

- 모든 죄와 허물과 재앙은 만족할 줄을 모르는 데서 온다. 죄 가운데는 심한 욕심이 가장 무겁고, 허물 가운데는 얻기를 바라는 것이 가장 참담하며, 화 가운데는 만족할 줄 모르는 것이 가장 크다. 만족할 줄을 아는 것이 곧 항상 지속될 수 있는 진정한 만족이다. 수행의 과정도 그러하다. 욕심을 부리면 수행을 그르칠 수 있다.

甲[1]의 연장선상에서 이해하면 될 것이다.

甲【04】 수행은 억지로 하지 않는다.

핵심어 : {道, 不以取强} ⇐ [以道佐人主, 不以取强, 其事好長]

- '道'(기운)로써 '人主'(내 몸의 주인)인 정신(神)을 보좌함에는 억지로 하지 않아야 수련의 공을 이룬다.

楚簡本 『老子』에는 비유적으로 쓰인 말들이 많다. 여기에서는 '人主'·'兵'·'天下'를 수련상 개인의 몸과 관련하여 비유적으로 사용하였다. 甲[2]에서는 '天下'가 문자 그대로 세상을 가리킨다. 그런데 甲[4]를 개인의 수행에 관한 글로 보면, '人主'는 우리 몸을 주재하는 精神을, '天下'는 우리 몸 전체를 비유하게 된

다. '兵'도 억지나 강제를 비유한다.

필자는 뒤의 甲[11]에서 정의한 '道'를 '기운'으로 보았다. 이에 맞추어 '人主'는 정신(神)을, '天下'는 우리 몸 전체를 비유하는 말로 보았다. 억지로 하지 않는 '無爲'의 법을 실천할 수 있어야 쉽게 수행의 목표에 이를 수 있음을 설명한 말이라고 여긴다.

'人主'를 문자 그대로 군주로 보고 '兵'도 군대로 보며 '天下'도 세상으로 보면 신하된 사람이 군주를 보좌할 때 군대 같은 강제력을 사용하려 하지 않는다는 말로 해석할 수도 있을 것이다. 그러나 굳이 治者의 덕목을 설명한 말이라고 보아야 할 이유가 없다. 전후 문맥상 뒤에 오는 말들과 연결시켜 보아도 그렇다. 명백하게 수행과 관련된 말임을 알 수 있는 뒤의 글들과 연관 지어 당시에 유행하였을 수행법을 비유적으로 설명한 것이라고 보았다.

甲【05】 수행이 잘된 사람이 도달한 경지는 깊이를 헤아릴 수가 없다.

핵심어 : {微妙玄達, 不欲盈} ⇐ [微妙玄達, 濁: 靜→淸, 安: 動→生, 不欲盈]

- 수행의 도를 이룬 사람은 탁한 기운(邪氣)을 고요함에 의해 맑힌 다음 다시 바른 기운을 생동하게 할 수 있다. 가득 채우기를 바라지는 않는다.

이 글은 통치행위와 연관 지을 만한 구석이 전혀 없다. '士'는 장부(丈夫)를 가리킨다. 수행을 잘한 장부가 도달한 경지를 설명하고 있다. 결국 이런 사람은 탁한 기운을 虛靜에 의해 정화하고 맑은 기운을 생동하게 할 수 있게 된다. 그는 가득 채우려 하지 않는다.

甲[11]에서 말한 '道'를 '기운'으로 보면, '道'를 추상적으로 구름 잡듯이 번역함으로써 막연하게 통치행위 등에 끌어다 붙이는 것을 피할 수 있다.

甲【06】 聖人은 人爲(作爲)가 없다(無爲).

핵심어 : {聖人, 亡爲[=無爲]・亡執[=無執], 自然} ⇐ [聖人, 亡爲[=無爲]・亡執[=無執],

愼終如是, 不敎・不欲, 自然]

- 聖人은 인위가 없고 집착이 없이 시종일관 신중하므로 그르치는 일이 없다. 바라지도 않고 가르치려 하지도 않으며 매사를 저절로 그리되게 한다.

聖人 단계에 이른 사람의 수행은 '無爲'의 법을 실행하므로 작위와 집착이 없고, 일에 임할 때 끝까지 처음처럼 조심한다. 그래서 모든 것이 저절로 되게 할 수 있다.

'萬物'이라는 말을 꼭 일상에서 쓰는 '萬物, 萬事'로 이해할 필요가 없어 보인다. '不欲'(하고자 하지 않음, 바라지 않음), '不敎'(가르치지 않음) 또한 통치행위 등에 끌어다 붙여 이해할 필요가 없다. 聖人은 무슨 일을 하는 사람이건 수행의 완성자를 가리킨다. 그래서 '萬物'은 수행을 통해서 갖추어야 할 내 몸의 모든 것을 비유한다고 보았다.

聖人 한 사람 또는 몇 사람이 이러한 도리를 행한다고 해서 만물(세상만사)이 저절로 잘 되어 제자리를 찾기란 어렵지 않겠는가?

그런데 많은 사람들이 聖人이 治者의 위치에 있는 관점에서 '無爲'를 이해해 온 것 같다. 한 사람 또는 다수의 聖人이 존재한다고 할지라고 그들의 敎化가 미치는 범위에는 제한이 있을 것이다. 그리고 엄밀한 의미에서 보면, '無爲'를 행하는 聖人이 군왕이나 그를 보좌하는 치자의 자리에 있다는 것도 이치에 맞지 않다. 그래서 여기에서 잠시 '無爲'를 어떠한 입장에서 이해해야 할 것인가에 대해 생각해 보기로 한다.

국가는 본시 불량한 순수하지 못한 집단이다. 有爲의 극치이고 그 집단의 정점에 天子(황제)·侯·王·君·人主 등으로 일컫는 통치자가 있다. 그런데 그들이 無爲를 실천하면 나라가 저절로 다스려진다는 것은 논리적으로 말이 되지 않는다. 국가가 해체되어야 하기 때문이다. 따라서 無爲를 군왕을 비롯한 지배계층의 통치행위와 연계시켜 이해하고자 하면 도처에서 모순이 발생한다. 실제로 황당한 번역들이 나와 있다. 군왕이 無爲를 행하게 된다면 국가는 없어지게 되는 것이고, 다스린다는 말도 필요 없게 된다. 국가라는 것을 만든다는 것 자체가 有爲

(人爲, 作爲)의 정점이니 有爲에 의한 집단의 정점에 있는 사람이 '無爲'를 행한다는 것이 가능한 일이겠는가? 나라를 다스림에 있어서 거의 아무 것도 하지 않고, 즉 어떠한 통제를 가하지 않는 것을 無爲라고 한다면 다스림 자체가 없어지는 것이고, 그것은 곧 국가가 없어짐을 의미한다. 나라를 다스리는 일을 그만두지 않는 한 無爲라고 할 수 없기 때문이다.

그러므로 無爲는 개인 수행의 지침으로 보아야 한다. 모든 사람이 다 다르게 태어난다. 그런데 이 다름을 좇아서 어떤 배움에 의해 시비를 따지며 선악과 미추를 구분하여 차등을 부여하게 되면 곧 혼란이 생기는 것이다. 혼란을 없애려면 타고난 자연 그대로의 차이를 인정하고 동등한 대우를 하며, 어떤 것을 규범으로 삼아 그 규범 밖의 사람을 제약하는 일을 하지 않으면 되는 것이다. 그것은 사회적인 無爲가 될 것이다. 사실 이러한 상태는 국가가 필요치 않은 상태이다. 따라서 無爲가 통치의 방법이 될 수는 없다. 無爲 자체가 백성을 위하고 나라를 다스리는 일인데, 그것을 통치자가 감당해야 한다면 어떻게 할 수가 있단 말인가? 無爲가 통치의 방법이라면 적어도 어디까지가 無爲이고 어디까지가 有爲인가 하는 경계가 제시되어야 할 것이 아닌가?

내 안에서 無爲를 행하면 자기 내부에 하나의 온전한 나라(세계, 천하)를 지닐 수 있으므로 남이야 어떠하든 상관할 일이 없고 세상의 모든 하찮은 분별이 무의미하게 될 것이다. 老子는 이러한 경지의 극에 도달한 사람을 '聖人'이라 일렀다. 만약 그들에 의해 일반 사람들(백성)이 감화된다면 그것으로 세상은 태평스러워질 것이다. 이것을 가지고 다스려진다고 한다면 말이 된다. 그러나 수행을 이룬 사람이 존재함만으로 백성들이 감화되기란 쉽지 않을 것이다. 모두 감화된다는 것은 더욱 불가능하지 않겠는가? 만약에 이러한 聖人이 국가라는 틀에서 왕의 자리에 나아간다면 그가 진정한 聖人이겠는가? 성인이 군주가 되어야 한다는 것도 아니고, 현실은 국가가 존재한다. 국가가 존재하는 한 군주나 이에 준하는 사람이 있게 된다. 그가 만약 개인 수행상의 無爲의 도리를 체득한다면, 被治者인 일반 백성들에게도 파급되어 전혀 다른 방식의 통치가 이루어질 수는 있을 것이다. 최소한의 법과 통제로 다스릴 수 있을 법하다. 그러므로 개인적인 無爲와 사회적인 無爲를 구분하여 생각해 보아야 한다. 통치행위자를 향하여 無爲하라고 하는 것은 결국 분별과 통제를 최소화 하라는 것밖에 되지 않는다.

앞에서 언급했던 '知'와 '無爲'의 관계에 대해서 생각해 보기로 한다.

앞에서 말한 대로 '知'를 흔히 '智'라고 풀이한다. 그러나 知와 智를 꼭 분별할 필요는 없다. 知를 智로 이해하게 된 것은 후대인의 관념에 의해서이다. 우리가 현재 인지하는 智(지혜)도 넓게는 知(앎) 속에 든다. '지혜'가 해로우니 끊으라는 것이 아니라 쓸데없는 앎을 털어버리라는 뜻이다. 다만, 문맥에 따라서는 '智'로 놔두어도 무방하다. 우리에게 둘을 구별하는 인식이 있는 한 그러하다. 사실 부정적인 것은 이미 智라고 할 수 없다. 지혜라는 것도 앎에서 오는 것이며 불필요한 배움을 버려 바른 앎을 취하는 것이 곧 지혜이다. 지혜가 아닌 지혜를 버리는 길이기도 하다. 이를 실천하게 하는 지혜는 진정한 지혜이고, 이것은 곧 無爲를 실천하게 하는 지혜이니 무작정 지혜를 끊으라는 말은 후대인이 잘못 생각한 것이다. 그래서 楚簡本『老子』중의 '智'를 '앎'으로 풀이하였다. 세상사의 분별을 무엇으로 하는가? 그것은 앎이다. 그 가운데서 하찮은 것을 분별할 수 있게 해주는 앎이 곧 지혜이다. 그러므로 '絶知'의 '知'를 '지혜'로 풀이하게 되면 전체 문장의 뜻이 제대로 전달되지 않을 수 있다. 쓸데없는 앎을 끊으라는 것이지 지혜를 끊으라는 것이 아니라고 본다. 앎의 주된 근원은 배움이다. 그 배움이 맞는 것인가를 살펴 아는 것은 진정한 지혜이고 그러한 지혜야말로 無爲로 이끌 수 있다.

無爲는 개인 수행에 있어서 우주의 기운(氣)을 가리키는 말로 쓰인 道가 내 몸 안에 온전히 운행되게 하는 방법이다. 즉, 無爲는 개인의 몸과 마음을 수련하는 데서 시작된다. 타인의 無爲는 누구도 속박할 수 없고 책임질 수도 없다. 강제로 無爲하게 할 수 없다. 스스로 깨달아서 해야 한다. 이 道를 몸에 갖추면 모든 세상사도 그것이 내 몸 안에서 운행되는 이치에 따라 돌아가는 것을 알 수 있게 될 것이다. 나아가 그에 따라 처신하게 될 것이다. 사회와 국가에 無爲를 접목하고자 한다면 현실을 생각해야 될 것이다. 현실 세계에는 有爲(작위가 있음)에 의해 발생한 국가와 역시 有爲의 산물인 군왕과 그를 보좌하는 治者들이 있다. 통치행위에 無爲를 도입하여 말한다면, 군왕도 이 道, 즉 우주의 정기와 그것이 운행되는 이치를 자기 몸에 닦아야 비로소 현실의 세상에 운용할 수 있다고 할 것이다.

지금 세상은 '有爲'로 가득 차 있다. 老子나 莊子의 시대에도 비슷하였다고 할 수 있다. 『莊子』에 나오는 많은 이야기는 이를 반증한다. 그 이전 시대도 국가와 제왕이 있는 한 크게 다를 바가 없었을 것이다. 그래서 그리 많지 않은 사람들만이 깨달음을 가질 수 있었고, 자유자재한 삶을 위해 우주 자연의 법칙을 배워야 했으며, 그래서 발견하고 터득한 것이 우주대자연의 근본 에너지인 '道' 즉 '氣'(기운)를 받아들여 내 몸에 운행시키는 것이었다. 그것은 궁극적으로 '無爲'에 의해서만이 온전하게 도달할 수 있는 것임도 알았다. 자기 내부에서 이 道를 얻으면 외부의 모든 것에 대해서도 無爲하기가 쉬워질 것은 당연하다. 이것을 가정·마을·각 나라·온 세상(천하)으로 넓혀 가면 이상세계가 될 것이라는 가정과 기대는 할 만하다.

그러나 현실 세계는 결국 이러한 유토피아가 존재하기 어렵다는 것을 보여준다. 비록 온 세상에 두루 뻗어나가게 하여 모두가 행복하게 살 수 있도록 해 주지는 못하지만 '無爲'는 여전히 자신을 지키고 세상의 속박으로부터 자유로워짐으로써 長生久視하는 길이 될 것이다. 수많은 전생의 업을 가지고 태어난 사람들이 현생에서 모두 無爲를 행할 수도 없을 것이며, 많은 사람들이 無爲를 행한다고 하더라도 그 밖의 모든 사람을 다스릴 수도 없고, 행복하게 해 줄 수도 없다.

그러므로 '無爲'는 근본적으로 자기 수행의 지침이지, 세상을 다스리는 방법은 아니라고 할 수 있다. 인간의 사회적 관계에서 보면 無爲의 방법을 쓰게 한다는 것 자체가 '有爲'(人爲[作爲]가 있음)가 되어버릴 수도 있다. 또 사람들에게 無爲의 삶을 보여준다고 해서 모두가 그를 따를 수 있겠는가? 그러나 無爲는 여전히 개인을 행복하게 살게 하는 최고의 수행 지침이다. 無爲의 법으로 광명한 道(기운,

氣, 一點光明, 神光)를 몸 안에 닦으면 세상이 달리 보일 것이다. 자기의 생각으로 남을 속박하지 않게 될 것이니, 이런 사람들이 많아진다면 세상은 지금보다 훨씬 행복해 질 것이다. 老子나 莊子의 無爲의 道를 허황되게 이해하지만 않으면 그 쓸모는 무한할 것이다.

甲【7】 道(기운)는 항상 無爲이다(人爲가 없다).

핵심어 : {道, 亡爲[無爲]} ⇐ [道, 亡爲[無爲], 樸, 知足, 靜, 定]

- 道(기운)는 언제나 無爲에 의해 닦여진다. 모든 수행자에게 공통된다. 이를 제대로 실행하지 못하였음이 발견되면 즉시 본바탕으로 돌아가 知足해야 한다. 그렇게 하면 안정에 이른다.

'侯王'이라는 말이 처음 등장하는데, 문자 그대로 군왕으로 보고 통치행위와 관련지어 이해하자면 뒷글이 추상적이고 모호해 진다. '道'라는 말을 직접적이고 구체적으로 통치행위와 관련지어 설명한 곳이 楚簡本『老子』의 어디에도 없기 때문이다. 이 '道'라는 것이 무엇에 관한(어떤 방면의) '道'인가에 대한 설명이 이 글 중에 없는 점이 아쉽다. '道'에 대한 정의는 甲[11]의 글뿐이다. 그런데 이 글에 의하면 '道는 無爲이다'라고 정의할 수가 없다.

그래서 甲[4]에서 '人主'를 사람의 정신(神)에 비유한 것과 마찬가지로 이번에는 '侯 · 王'으로 비유했다고 볼 수 있다. '侯 · 王'이 '守之'(守道) 한다 함은 곧 우리의 정신이 이 기운(道)을 지킨다는 것을 의미하는 것으로 보아서이다. 甲[5]에서 '保此道'라 할 때의 '保道' 또한 같은 맥락에서 이해된다. 이렇게 보면 다른 수행의 글과 자연스럽게 연결된다. '萬物'은 역시 우리 몸의 모든 것을 비유한다. 상위의 수행 과정에서 作爲가 발생하면 기운의 본바탕을 이용해서 진정시켜야 한다. '知足'을 벗어나면 그렇게 된다. 그러므로 만족할 줄을 알아야 고요해질 수 있고 본바탕을 찾아 저절로 안정되게 할 수 있다.

甲【8】 聖人은 無爲를 실천한다

핵심어 : {無爲} ⇐ [聖人, 無爲, 無事, 無味, 難之]

- 聖人은 인위가 없고, 일을 작다고 여기지도 않고 쉽다고 여기지도 않는다. 즉, 매사에 신중하다. 그래서 결국 어려움이 없다.

수행의 입장에서 보면, 기운을 운용함에 無爲를 실천하며 모든 것을 어렵게 여겨 신중하면 결국 어려움이 없다는 이치를 설명한 것이 된다. 人爲가 없고 일 삼음이 없고 맛보려 하지 않음이 수행의 태도이기 때문이다. 작게 여기거나 쉽게 여기지 않는다. 그렇게 하는 것이 聖人의 길이다.

甲【9】 만사가 상보(相輔)적인 관계에 있다.

핵심어 : {美, 惡, 相生, 居無爲之事, 行不言之敎} ⇐ [美, 惡, 相生, 聖人, 居無爲之事, 行不言之敎]

- 有·無가 相生의 관계인 것처럼 難-易, 長-短, 高-下, 音-聲, 先-後 등 대립되어 보이는 모든 것들이 상보(相輔)적인 관계에 있다. 성인은 이것을 알기에 無爲를 일로 삼고 不言의 가르침을 행한다. 그래서 공이 떠나지 않는다.

이 또한 수행의 이치로 보면, "萬物作而弗始, 爲而弗恃, 成而弗居. 夫唯弗居也, 是以弗去也." 중의 '萬物'은 역시 내 몸의 모든 것을 가리킨다.

이 글을 통치행위에 끌어다 붙여도 되는 것일까? 聖人이 곧 통치자가 되어야 한다는 말인가? 통치자가 이 같은 聖人을 본받아야 한다는 것인가? 聖人은 '無爲'를 일로 삼고 '不言'의 가르침을 행하는 사람인데 통치자의 자리에 임하는 것이 전제될 수 있을까? 아무래도 '帝王之學' 즉 통치행위에 관한 글로 보아서는 안될 것 같다. 모든 인간의 수행의 지침이다. 수행의 최고점을 기준으로 말한 것일 뿐이다.

甲【10】 道는 이름 지을 수 없는 것이다. 부릴 수 있는 것이 아니다. '自在'하는 것이다.

핵심어 : {道, 亡名(無名), 天地相合, 知止} ⇐ [道, 亡名(無名), 萬物自賓, 天地相合, 有名, 知止, 不殆]

- 기운은 이름 지을 수 없는 본바탕 그 자체이며 정신이 이를 잘 지킬 수 있으면 우리 몸의 모든 것이 저절로 따른다. 만약에 人爲가 생겼다면 즉시 멈추어서 위태롭지 않게 해야 한다.

甲[7]에서도 '守之'라 하였다. 甲[7]에서는 '道恒無爲'라 하여 기운을 운행시키는 원리가 無爲임을 말하였고, 여기에서는 '道恒無名'이라 하여 다음 글 甲[11]에서 정의한 '道'(기운)의 성격을 말하였다.

'無爲'라야 하는데 만약에 잘못하여 人爲가 발생하였다면 바로 멈출 줄 알아야 위태롭지 않게 된다. 甲[7]에서 이미 '以無名之樸'이라고 말했다. 인위가 있게 되면 無名의 '樸'을 써서 진정시키고 知足해야 한다고 했는데, 甲[10]에서는 '無名'과 '樸'을 강조하였으며, 人爲가 생긴 경우에 대해서는 '知足'해야 한다고 한 것을 '知止 · 不殆'로 바꾸어 표현하였을 뿐이다.

'侯王'은 여기에서도 정신(神), '天地'는 우리 몸의 맨 위와 맨 아래를 비유한다. '臣'도 비유적으로 쓰였음을 알 수 있다. 기운은 自在하는 것이므로 신하를 부리듯이 부릴 수 있는 것이 아니다. '天下'도 머리로부터 그 아래의 전부인 내 몸 전체를 비유한다. '天地相合'은 머리(百會 중심)로 들어오는 기운과 하부(會陰 중심)로 들어오는 기운이 합쳐짐을 이른다.

甲【11】 '道'는 뒤섞여 이루어진 기운이며, 이의 운행에는 일정한 법칙이 있다.

핵심어 : {道, 天下母, 大, 四大, 道法自然} ⇐ [混成, 道, 天下母, 大, 四大, 天, 地, 道, 王, 道法自然]

- '道'라는 개념에 대한 정의가 비로소 나온다. 종래 여러 가지 해석이 있었다. 이 책에서는 수행(수련)과 관련된 글이라는 데 초점을 맞추어 풀이하였다. '道'는 陰陽이나 五行으로 나뉘어 있지 않은 기운의 상태, 즉 太極 상태의 기운이라고 말할 수 있다. 그러므로 우리 몸의 모체가 된다. 天文과 地理와 人事를 꿰뚫어

진리를 깨달은 사람을 '王'이라 칭한다. 누구나 수행을 잘하면 이를 수 있다. 앞에 나왔던 聖人은 바로 이런 사람이다.

우리 몸의 상하는 각각 天과 地에 비유된다. 사람은 땅에 비유되는 하부의 이치를 본받고, 하부는 하늘에 비유되는 상부의 이치를 본받는다. 상부는 기운인 '道'를 본받는다. 하나로 꿰어지지만 나누어 선후 관계를 설명하면 人→ 地 → 天 → 道가 된다. '道'는 '自然'을 본받는다고 하였다. '저절로 그리됨'을 뜻하는 '自然'은 우주의 기운을 명명한 '道'가 운행하는 이치이다.

甲【12】 풀무처럼 기운을 호흡한다

핵심어 : {天地之間, 橐籥} ⇐ [天地之間, 橐籥, 虛而不屈]

- 우리 몸이 우주의 기운을 호흡하는 것은 풀무의 작동 원리와 비슷하다. 비어 있는 것 같지만 항상 기운이 차 있다. 天 · 地는 인체의 상 · 하를 비유하는 말이다.

甲【13】 비우고 그 상태를 유지하면 안정되고, 기운이 우리 몸의 요처로 운행함을 볼 수 있다.

핵심어 : {虛, 中, 天道, 復其根} ⇐ [虛, 恒, 中, 篤, 萬物, 天道, 復其根]

- 모든 생각을 비워서 虛靜한 상태에 이르는 것이 수행의 출발점이다. 이러한 상태를 계속 지키고 있으면 내 몸에 필요한 모든 것이 만들어지고, 정수리를 통해서 들어온 우주의 기운이 운행하여 근원이 되는 자리로 돌아가는 것을 볼 수가 있다. 여기에서 '天道'는 하늘의 기운을 가리킨다.

기운(氣=道)을 닦는 수행의 방법을 염두에 두고 한 말은 아니지만, 莊子가 仲尼(孔子)와 顔回의 대화를 인용하여 '虛'에 대해 말한 대목이 있다. 內篇 人間世에 다음과 같은 말이 있다.

回曰: "敢問心齋." 仲尼曰: "一若志, 無聽之以耳而聽之以心, 無聽之以心而聽之以氣. 聽止於耳, 心止於符. 氣也者虛而待物者也. 唯道集虛.虛者, 心齋也." 顏回曰: "回之未始得使, 實自回也; 得使之也, 未始有回也. 可謂虛乎?"

顏回가 말했다. "감히 마음의 재계에 대해 여쭙겠습니다." 仲尼가 말했다. "너의 뜻을 하나로 하거라. 듣는 데 귀를 쓰는 일이 없으면 듣는 데 마음을 쓰게 되며, 듣는 데 마음을 쓰는 일이 없으면 듣는 데 氣를 쓰게 된다. (그렇게 하면) 듣는 것은 귀에서 그치고, 마음은 부합하는 데서 그친다. 氣라는 것은 비어있는 채로 외물을 기다린다. 오직 道는 비어있는 데서 모이니, 비우는 것이 마음의 재계인 것이다." 顏回가 말했다. "제가 처음에 가르침(시키심)을 얻지 못했을 때는 실로 스스로 저 顏回였으나, 가르침을 얻고서는 처음부터 저 顏回가 있지 않았사온데 비웠다고 이를 수 있겠는지요?"

莊子가 孔子와 顏回의 대화를 빌어 자기의 견해를 전달한 것도 재미있지만, 여기에서 말한 道가 곧 氣(기운)를 가리킨다는 사실도 알 수 있다. 이 기운은 비움(虛)에 의해 온전하게 지닐 수 있음을 그들도 알고 있었던 것이다. 이 글이 위작이 아니라면 그러하다.

甲【14】 수련은 안정을 취하고 적시에 하는 것이 중요하다.

핵심어 : {安, 未兆易謀, 治之未亂} ⇐ [安, 未兆易謀, 脆, 微, 爲之亡有(無有), 治之未亂]

안정된 상태에서 어떠한 조짐이 없을 때 수련을 하는 것이 최상이다. 만약에 사기(邪氣 = 모든 병증)가 발생했을 때는 아직 미미했을 때 즉각 다스려야 한다. 커지면 다스리기가 어렵기 때문이다.

帛書本에서는 丙[5]가 이글에 바로 이어져 있다.[27장]

甲【15】 수련의 요체는 우리 몸의 여닫는 기관을 닫고서 광명한 기운을 고르게 하는 것이다.

핵심어 : {和其光, 玄同, 天下貴} ⇐ [閉兌, 塞門, 和其光, 玄同, 天下貴]

- '光'은 광명한 기운인 우주의 正氣를 가리켜 한 말이다. 이것은 말로 설명할 수 있는 것이 아니다. 오직 수련을 통해서 체험함으로써만 알 수 있는 것이다.

수행 방법의 핵심을 설명함과 동시에 이를 잘 실천하면 어느 쪽에도 치우치지 않게 하므로 그 조화된 기운이 내 몸에서 가장 고귀한 것임을 역설하였다.

시작은 신체의 열고 닫는 곳들을 모두 닫은 채로 고요히 정신을 통일하는 것이다. 正氣를 고르게 해서 모든 삿된 기운을 정화하여 한 기운으로 만들어야 한다.

이 글에서도 기운을 뜻하는 '氣'字는 안 나온다. '氣'字는 甲[17]의 끝부분 "益生曰祥, 心使氣曰强, 物壯則老, 是謂不道." 중에 나온다. 楚簡本『老子』에서 단 한 번뿐이다.

甲【16】 내 몸은 '正'에 해당하는 天道로 다스리되, 邪氣가 침범하였을 때는 '奇'에 해당하는 地道로 물리친다.

핵심어 : {正, 奇, 亡事(無事), 聖人, 無爲} ⇐ [正, 奇, 用兵, 亡事(無事), 天下, 民, 忌諱, 利器, 多知, 法物, 亡爲(無爲), 好靜, 不欲]

- 이 글도 수련의 관점에서 읽으면 전후 글의 맥락이 닿는다.

내 몸은 한 나라(邦)에 비유된다. 내 몸을 '正'에 해당하는 天道를 따라 다스린다. 邪氣가 침범하게 되면 내 몸은 전쟁 상태가 된다. 이때는 '奇'에 해당하는 地道에 따라 물리쳐야 한다. '無事'에 의해 天下를 취한다 함은 궁극적으로 無爲를 기본으로 해야 내 몸 전체가 온전해짐을 뜻한다.

이러한 이치는 세상을 다스림에도 그대로 적용된다. 역으로 세상을 바르게 다스리는 이치로 내 몸을 다스려야 한다고 말 할 수도 있다. 無事·無爲를 강조하면서 백성들이 저절로 부유해지고 순화되고 바르게 되며 질박해 지는 것에 비유하였다.

세상의 '번다한 금기 사항, 많은 예리한 기물, 많이 아는 것, 법규 같은 것이 드러나는 것' 등을 내 몸 안에서 일어나는 현상에 비유하자면 邪氣를 발생시키는 원인들이다.

'以正治邦, 以奇用兵'은 평시에는 '左旋'하는 '天道' 즉 '正'(相生)에 의해 수련하며, 邪氣가 침범한 戰時에는 '右轉'하는 '地道' 즉 '奇'(相剋)에 의해 수련하는 이치를 설명한다. 우리 몸에 邪氣가 들어왔을 때는 右手를 主로 해서 淨化하는데 이를 '奇'라고 한다.

'正'字는 甲[16]의 앞과 끝 그리고 丙[2] 중에 나온다. 즉, "以正治邦, 以奇用兵, 以亡事取天下.", "我好靜而民自正. 我欲不欲而民自樸."과 丙[2] 중의 "邦家昏[亂, 安]有正臣?"이 그것이다.

甲【17】 수행한 덕이 두터우면 사기가 침범하지 못한다. 和를 유지하면 수명을 더한다.

핵심어 : {含德厚, 和, 益生} ⇐ [含德厚, 精, 和, 常, 氣, 益生, 物壯, 不道]

- 수행한 덕이 두터우면 어린아이처럼 어떠한 사기도 침범하지 못한다. 완전한 和에 도달하면 생명을 더하게 된다.

甲[17]에 '精'과 '氣'라는 말이 처음이자 단 한 번 나온다. '和' · '常'과 함께 쓰였다.

'德'이라는 말이 나오는 횟수는 다음과 같다.

甲[17](1번) 含德之厚者, 比於赤子, 蜂蠆虺蛇弗螫, 攫鳥猛獸弗搏, 骨弱筋柔而捉固.

乙[1](2번) 夫唯嗇, 是以早服, 早服是謂[重積德. 重積德則亡不克, 亡不克則莫知其極.

乙[5](3번) 上德如谷, 大白如辱, 廣德如不足, 建德如偸, 質眞如渝. 大方亡隅, 大器曼成, 大音希聲, 天象亡形, 道[褒亡名. 夫唯道善始且成].

乙[8](5번) 修之身, 其德乃眞. 修之家, 其德有餘. 修之鄕, 其德乃長. 修之邦,

其德乃豐. 修之天[下, 其德乃博.

甲【18】 知足하고 知止하면 오래 살 수 있다.

핵심어 : {身, 知足, 知止, 長久} ⇐ [身, 甚愛-大費, 厚藏-多亡, 知足, 知止, 長久]

- 명예나 재화보다도 더 귀한 것이 내 몸이며, 얻음과 잃음의 고통이 같다. 너무 아끼게 되면 허비하는 것도 커지고, 너무 많이 가지고 있으면 잃는 것도 많다. 그러니 만족할 줄 알고, 멈추어야 할 때 멈출 줄을 알아야 한다. 그러면 長生久視할 수 있다. 수행에 있어서 욕심을 부려서는 안 된다. 그 밖의 모든 것도 마찬가지이다.

甲【19】 기운(道)은 순환하며 약하게 작동한다.

핵심어 : {返, 道動, 弱, 道用, 天下之物, 有, 無} ⇐ [返, 道動, 弱, 道用, 天下之物, 有, 亡(無), 生]

- 기운은 無形(無)의 상태에서 動하여 有形의 것(有)이 생겨나게 하고 이로부터 다시 모든 것(天下之物)이 생겨나게 한다. 이는 하늘(우주)로부터 받은 기운이 내 몸 안에 들어와서 작용하는 순서일 뿐만 아니라, 내 몸 밖의 모든 것들이 만들어지는 순서이기도 하다.

甲【20】 머리를 통하여 우주의 기운을 받아 지녔으면 바로 멈추어 無爲의 법을 실행하여야 한다.

핵심어 : {盈, 銳, 功遂身退, 天之道} ⇐ [盈, 銳, 不可長保, 遺咎, 功遂身退, 天之道]

- 수련에 있어서 有爲法에 의해 기운을 받았으면 바로 無爲法을 실행하여야 한다. 기운이 들어왔는데도 계속해서 有爲를 행하여 가득 채우려 하거나 날카롭게 하려 하면 오래 보존할 수가 없게 되기 때문이다.

◐ 乙

乙【01】 아끼면 내 몸이 일찍 다스려진다. 이것이 곧 德을 두텁게 쌓는 것이며, 長生久視하는 길이다.

핵심어 : {嗇, 早服, 長生久視} ⇐ [治人事天, 嗇, 早服, 積德, 長生久視]

- 수행상 내 몸을 다스리는 요체의 하나는 아끼는 것이다. 하늘로부터 들여오는 기운도 아껴야 한다. 그렇게 하면 빨리 다스려지는 공덕이 쌓이고, 이로 인해 모든 것을 극복할 수 있으며, 결국 내 몸 안에 하나의 나라를 세울 수가 있다. 그러므로 아낌은 長生久視(不老長生)하는 길이다.

乙【02】 有爲(人爲【作爲】가 있음)를 덜고 덜어서 無爲에 이르는 것이 수련을 완성하는 길이다.

핵심어 : {爲道, 至無爲, 無不爲} ⇐ [爲學, 益, 爲道, 損, 至無爲, 無不爲]

- '道', 즉 기운을 닦음에 있어서 有爲法에 머물러 있으면 안 됨을 말하고 있다. 어느 단계에 이르면 無爲法을 행하여야 바른 수행을 이룰 수가 있다.

楚簡本『老子』에서는 같은 뜻의 '無'字와 '亡'字를 섞어 쓰고 있다. 그래서 '無爲'로도 적고 '亡爲'로도 적었다. 합쳐서 모두 6번 나온다. 다음이 그 예이다.

[無爲]

丙[5] "聖人無爲, 故無敗也 ; 無執, 故[無失也]."

[亡爲]

甲[6] "是以聖人亡爲, 故亡敗, 亡執,故亡失."

甲[7] "道恒亡爲也, 侯王能守之而萬物將自化."

甲[8] "爲亡爲, 事亡事, 味亡味."

甲[9] "是以聖人居亡爲之事, 行不言之教."

乙[2] "損之或損, 以至亡爲也, 亡爲而亡不爲."

['聖人無爲'(1번), '聖人亡爲'(1번), '道恒亡爲'(1번), '爲亡爲'(1번), '聖人居亡爲之事'(1번), '至亡爲'(1번)]

乙【03】 불필요한 배움을 끊으면 근심이 없어진다.

핵심어 : {絶學, 亡(無)憂} ⇐ [絶學, 亡(無)憂, 美, 醜, 所畏, 畏人]

- 배움이 근심의 원천이다. 우리가 옳다고 믿는 것이 과연 옳은가? 잘못된 배움으로 인한 그릇된 판단이 많다. 그래서 다른 사람까지 해치게 된다. '美'와 '醜'에 대한 우리의 인식 상태를 살펴보면 알 수가 있다. 아름다워서 피해를 보기도 하고 추해서 득이 되기도 하는 것은 인간사에 흔한 일이다. 자세히 보면 等價(등가)이다. 제대로 보면 서로 다르다고 여겨온 것이 하찮은 분별임을 알게 된다.

그래서 둘 다 근심의 근원이 된다. 이러한 분별에 따른 가치 판단은 쓸 데 없는(잘못된) 배움 탓이니 이것을 차단하는 수밖에 없다.

수련에서 필요 이상의 배움을 좇는다면 뜻하는 대로 되지 않음으로 인하여 근심에 빠지게 될 것이다. 수련에 있어서만 그러한 것이 아니라 세상만사가 다 그렇다.

乙[2]에서는 배움을 계속해서 덜어내야(損) 한다고 말했는데, 乙[3]에서는 더욱 강도 높게 끊으라고(絶) 말하고 있다.

乙【04】 총애·모욕 같은 근심거리가 왜 생기는가를 알면 내 몸과 수련의 중요성을 알 수 있다.

핵심어 : {貴大患若身, 吾亡(=無)身, 以身爲天下} ⇐ [寵, 辱, 貴大患若身, 亡(=無)身, 以身爲天下]

- 제대로 따져보면 총애 받는 것이건 모욕을 당하는 것이건 다 하찮은 것이다. 그럼에도 총애를 얻으려 한다면 큰 근심거리가 아니겠는가? 내 몸이 없다면 이런 일도 없을 것이다. 그러므로 그런 것을 귀하게 여겼던 만큼 나의 존재의 소중함

을 알아야 한다. 이런 것들에 휘둘리지 않아야 하지 않겠는가? 이 귀한 내 몸은 바로 내 몸으로 수행함으로써 지킬 수 있다. 몸을 써서 수련하면 머리 아래의 모든 것, 즉 내 몸 전체를 온전하게 보전할 수 있다. 우주의 정기를 닦는 이 수련은 내 몸 전체를 맡길 수 있는 것이다.

乙【05】 道(기운)는 바르게 알기가 어려운 것이면서 위대하고 이름이 없다. 시작과 이룸을 잘 하게 한다.

핵심어 : {道, 亡形(無形), 亡名(無名), 善始且成} ⇐ [道, 天象亡形, 道褒亡名, 善始且成]

- 道(기운)는 각자의 수준에 따라 이해의 정도가 다르다. 그러나 앞의 甲[5]에서 이것을 잘 닦은 장부의 면면을 통해서 말했듯이 기운을 닦는 것은 유종의 미를 거둘 수 있는 것이다. 道는 형체가 없으며 위대하다. 그래서 이름 붙일 수 없는 존재이다. 이름 붙일 수 없음(無名)은 반복해서 한 말이다. 해 봐야 알 수 있다.

乙【06】 수련을 할 때는 우리 몸의 모든 구멍을 닫고 해야 한다. 그렇게 하면 평생 힘쓰지 않아도 이루지만, 열어두고 하면 평생해도 이루지 못한다.

핵심어 : {閉門, 塞兌, 不勤} ⇐[閉門, 塞兌, 終身, 不勤, 啓, 不救]

- 앞에서도 말했었다. 우주의 광명한 기운을 내 몸 안에서 고르게 하려면 반드시 그렇게 해야 한다. 귀, 코, 눈, 입, 항문, 요도는 닫고 수련해야 한다. 그래야 內行呼吸에 이를 수 있고, 머리를 통해서 받은 우주의 기운을 몸 안에서 온전하게 운행시킬 수 있다.

乙【07】 맑혀서 고요(선정)에 들면 온 몸이 안정된다.

핵심어 : {大成, 大盈, 淸靜, 天下定} ⇐ [大成, 大盈, 大巧, 大直, 淸靜爲天下定]

- 크게 이루어진 것은 부족한 듯이 보이지만 그 쓰임은 끝이 없다. 乙[5]에도 비슷한 말이 있다. 기운을 잘 닦으면 그렇게 된다. '淸靜', 즉 '虛靜'한 상태에 이

르면 우리 몸은 안정된다.

乙【08】 기운을 탄탄하게 세워 흩어지지 않게 하면 대대로 長生久視한다. 온 세상이 이 덕을 닦을 수 있다.

핵심어 : {善建, 善抱, 祭祀不絶, 德} ⇐ [善建, 善抱, 祭祀不絶, 修之, 德]

- 기운을 내 몸에서 닦으면 자손이 번창하고, 가정, 마을, 나라, 천하로 넓혀 가면 그 공이 그만큼 커진다. '德'을 '쌓은 공'으로 이해하면 될 것 같다. 楚簡本 『老子』에서 이 글자가 쓰인 예는 甲[17]에서 정리한 바와 같다.

◐ 丙

丙【01】 가장 높은 수준의 수행을 이룬 윗사람은 아랫사람들이 그가 있다는 사실만 안다.

핵심어 : {大上, 知有之, 成事遂功, 百姓曰我自然} ⇐ [大上, 知有之, 親譽, 畏, 侮, 成事遂功, 百姓曰我自然]

- 가장 훌륭한 상위자는 하위자가 그가 존재한다는 사실만 아는 경우이다. 공을 이루어도 백성들은 자기들 스스로 그렇게 되었다고 생각한다. 수행에 대한 믿음이 없으면 그만이지만, 믿고 행하면 공을 이룰 수 있을 뿐만 아니라 이루고 나서 저절로 그리 되었다고 생각한다.

丙【02】 큰 道가 버려지지 않으면 仁義・慈孝・正臣이 살아난다.

핵심어 : {大道廢, 仁義, 孝慈, 正臣} ⇐ [大道廢, 仁義, 不和, 孝慈, 正臣]

- 이곳의 '大道'(큰 道)는 곧 '큰(위대한) 기운'을 뜻한다. '道'를 수련상의 기운이라고 보고, 장을 넓혀 가면서 이해해도 그 함의는 변함이 없다. 가능한 한 많은

사람들이 이 바른 기운을 닦으면 좋다. 治者가 닦는다면 크게 도움이 될 것이다.

○ 老子나 莊子의 '仁義'관에 대한 오해가 있어온 듯하다. 여기에서는 『莊子』를 통하여 그의 '仁義'에 대한 인식을 살펴보기로 한다.

楚簡本 『老子』에는 '仁義'라는 말이 이곳에 단 한 번 밖에 나오지 않는다. 그래서 『莊子』에 '仁義'가 출현하는 양상을 살펴보았다. 현전하는 『莊子』에는 극단적으로 '仁義'를 배척하는 듯한 글과 그렇지 않은 글이 다 있다. 그래서 어느 것이 莊子의 眞意인지를 생각해 보아야 한다. 오늘날 전해오는 『莊子』 중에는 이 외에도 상호 모순되는 글이 많다. 그래서 많은 이들이 후인의 假託 내지는 僞作이 보태진 것이고 생각한다.

『莊子』 중의 '仁義'를 배척하는 듯한 글과 같은 맥락에서 많은 사람들이 '大道廢 安有仁義'를 '大道가 폐해져서 (이에) 仁義가 있게 되었다'고 해석하고 있다. 莊子는 자신의 앞 시대와 동 시대 사람들의 견해를 비판하였지만, '仁義' 자체를 배척하였다고 볼 수 없는 부분들이 발견된다.

仁義는 세상을 바르게 하는 '慈悲'이다. 다만 이 仁義를 명분삼거나 지나치게 강조하여 세상을 어지럽히는 일이 허다하기 때문에 이를 경계할 수는 있다. 또 仁과 不仁, 義와 不義의 구별이 무의미한 경우가 많다. 이는 우리의 잘못된 배움[學]에서 비롯된 앎(또는 지혜)[知] 때문이다. 분별력의 문제이다. 아무것도 하지 않고 가만히 있는 것을 '無爲'라 여긴다면 仁義 자체를 부정해야 한다고 생각할 법하다. 그러나 '無爲'가 아무것도 하지 말라는 것을 의미하는 것이 아니다. 이때의 '爲'는 흔히 말하는 '人爲, 作爲'이다. 자연에 맞는 '爲'를 배척하는 것이 아님에 유의하여야 한다. 이에 대한 인식은 사람마다 다를 수밖에 없을 것이다. 농사 짓고 밥 짓는 것과 같은 행위도 하지 말라는 뜻이 아니지 않는가? 언어는 늘 한계가 있다. 문맥을 잘 살펴야 한다.

'聖人'에게 '仁義'가 없다고 말할 수 있는가? 『莊子』 外篇 知北遊에는 다음과 같은 글이 있다.

黃帝曰：“彼無爲謂眞是也, 狂屈似之, 與汝終不近也. 夫知者不言, 言者不知, 故聖人行不言之教. 道不可致, 德不可至, 仁可爲也, 義可虧也, 禮相僞也. 故曰: ‘失道而後德, 失德而後仁, 失仁而後義, 失義而後禮. 禮者, 道之華而亂之首也.’ 故曰: ‘爲道者日損, 損之又損之, 以至於無爲, 無爲而無不爲也.’ 今已爲物也, 欲復歸根, 不亦難乎? 其易也, 其唯大人乎? 生也死之徒, 死也生之始, 孰知其紀? 人之生, 氣之聚也, 聚則爲生, 散則爲死. 若死生爲徒, 吾又何患? 故萬物一也, 是其所美者爲神奇, 其所惡者爲臭腐; 臭腐復化爲神奇, 神奇復化爲臭腐. 故曰: ‘通天下一氣耳.’ 聖人故貴一.”

黃帝가 다음과 같이 말했다. “저 무위위가 정말 옳고, 광굴은 비슷하고(옳은 것 같기도 하고 그른 것 같기도 하고), 나는 자네와 더불어 끝내 가깝지 못하네. 대저 알면 말하지 않으니, 말을 하면 알지 못하는 것이네.[1] 까닭에 聖人은 말하지 않는 가르침을 행한다네. 道에도 이르지 못하고 德에도 도달하지 못하더라도, 仁은 행할 수가 있고, 義는 이지러질[부합되지 않을] 수 있고, 禮는 서로 거짓 치레하는 것이네. 까닭에 “道를 잃은 뒤에는 德이고[덕을 찾고], 德을 잃은 뒤에는 仁이고, 仁을 잃은 뒤에는 義이고, 義를 잃은 뒤에는 禮인데, 禮는 道의 꽃(말단, 끝)으로서 어지러움의 머리(시초)이다.”[2]라고 했네. 까닭에 “道를 일로 삼는(기운을 닦는) 사람은 (쓸 데 없는 것들을) 날로 던다. 그것을 덜고 또 덜어서 無爲(인위가 없음)에 도달한다. 無爲하므로 하지 못하는 것이 없다.”[3]라고 했네. 이제 이미 物(쓸 데 없는 것)이 만들어져 버리면 다시 뿌리로 돌아가고자 해도 역시 어렵지 않겠는가? 그 쉬운 사람은 오직 大人뿐이겠지? 삶은

1 『老子』 56장. 楚簡本 『老子』 甲[15] 원문에는 “智(=知)之者弗言, 言之者弗智(=知).”라고 되어 있다.

2 『老子』 38장. “故失道而後德, 失德而後仁, 失仁而後義, 失義而後禮. 夫禮者, 忠信之薄而亂之首也, 前識者, 道之華而愚之始也.”

3 『老子』 48장. 楚簡本 『老子』 乙[2]에는 “爲學者日益, 爲道者日損. 損之或損, 以至亡爲也, 亡爲而亡不爲.”라 되어 있다.

죽음과 한 무리(동반자, 짝)이며 죽음은 삶의 시작인데 어느 누가 그 강기(근본 이치, 벼리)를 알겠는가? 사람이 살아있는 것은 氣가 모여서이네. 모이면 곧 살게 되고, 흩어지면 곧 죽게 되네. 죽음과 삶이 한 무리(동반자)일 것 같으면 우리가 또 무엇을 걱정하겠는가? 까닭에 만물(내 몸의 모든 것)은 하나라네. 이에 아름답다고 여기는 바는 '神奇'라 하고, 나쁘다고 여기는 바는 '臭腐'(냄새나게 썩음)라고 하네. 臭腐가 다시 변화하여 神奇가 되고, 神奇가 다시 변화하여 臭腐가 되네. 까닭에 "天下(내 몸 전체)를 관통하는 것은 하나의 기운(一氣) 뿐이다."고 하였네. 聖人은 까닭에 (이) 하나를 귀하게 여기네.

먼저 말해 둘 것이 있다.

莊子가 老子의 뜻을 그대로 이해하고 또 전면 수용하여 '道'를 곧 '氣'라고 생각하였는지에 대해서 단언할 수가 없다. 그러나 莊子는 도처에서 세상일을 뒤로 하고 홀로 無爲하여 自在하는(自然적인) 삶을 강조한다. 전편을 자세히 보면 정신과 육체를 괴롭히지 않음으로써 자신의 성명을 온전히 보전하여 천수를 누리는 것이 궁극적인 바른 삶의 길임을 강조하고 있음을 알 수 있다. 이것이 귀착점이다. 어떠한 다른 설명이 부가되든 핵심은 그러하다. 그렇다면 무슨 이치를 깨닫기 위해서 공부해야 할 그 무엇을 '道'라고 생각하지 않은 것은 분명하다. 이치를 가리키기 위해 '道'라는 말을 사용한 경우라고 할지라도 莊子가 바르다고 여긴, 있는 그대로의 이치 자체일 뿐이다. 그런 의미에서의 道라는 것도 존재하는 것이고 그것이 운행하는 이치가 있으니, 그저 따르기만 하면 될 뿐이다. 그러므로 그 이치는 복잡한 것일 수 없다. 이치를 알아차리기가 어려운 사람도 당연히 있다. 이 '道'를 닦는 수행은 자기 안의 일이다. 남이 이루어 주지도 않으며 남과의 관계 속에서 실천할 수 있는 것도 아니다. 쉽게 말하면 나만 잘하면 된다.

한 걸음 더 나아가서 생각해 보면, 그러한 道는 거창한 그 무엇이 될 수 없음을 알 수 있다. 세상이 시끄러워진 사례들을 너무 많이 들고 있지만, 닦아야 할 道를 지켜서 혼란한 세상사를 풀어갈 수 있는 주체는 개인이고 각자 스스로 해야 할 일이기 때문이다. 누가 대신해 줄 수 없는 것이다. 그래서 莊子가 생각하는 道의 원 개념도 老子가 말한 그것과 출발점이 같았으리라 여긴다. 그런 의미에서 老子가 정의한 '道'를 莊子가 다시 정의할 필요가 없었던 것은 당연하다. 그래서 윗글 중의 '氣'는 전단에서 말한 '道'의 실체를 풀어서 한 말이라고 여긴다. 위의 번역문은 그러한 관점에서 번역한 것이다. 윗글 중에 楚簡本『老子』의 말을 인용한 부분이 두 군데 있는데, '知之者弗言, 言之者弗知' 중의 '之'는 '道'를 가리키며, 이 '道'는 '爲道者日損. 損之或損' 중의 '道'로서 곧 '기운'(氣)[또는 一點光明, 神光, 한 물건]을 뜻한다. 만약에 위 글 중의 '道'와 '氣'가 별 개의 것이라면 '道'에 대한 그의 정의가『莊子』의 어디엔가 있어야 했다. 그런데 없다. 이미 다 알고 있는 무엇인 것을 전제로 하고 그것의 功效를 설명하는 데 치중하였다. 이러한 우주의 정기는 말로 설명할 수 있는 것이 아니다. 오직 無言의 가르침에 의한 수련을 통해서 체득함으로써만 가능한 것이다. 적어도 道와 德은 그러하다.

이제『莊子』에 반영된 '仁義'에 대해서 생각해 보기로 한다.

윗글에는 당시에 사용되었던 '道, 德, 仁, 義, 禮'의 상대 높이가 설명되어 있다.

"失道而後德, 失德而後仁, 失仁而後義, 失義而後禮. 禮者, 道之華而亂之首也."는 다음과 같이 이해된다. 개인의 수행에 의해 받아들여지는 우주의 氣(기운)인 道를 잃게 되면, 그 다음으로 큰 것인 德이라도 지녀야 하며, 이것을 잃으면 仁이라도 지녀야 하고, 그것도 못하면 義라도 지켜야 하며, 이마저 못한다면 禮라는 허울이라도 지켜야 하는데, 禮는 곧 겉치레이므로 우주의 정기를 상실한 최말단이니 이는 곧 혼란의 시작이 되는 것이다. 이 부분은 가치의 상하위 체계를 비교하여 서술한 것이지 결코 '仁義'를 분별하지 말아야 한다든가 배척해야 한다는 것을 뜻하지 않는다. 상대성의 가치 체계를 설명함으로써 최고의 가치를 추구하도록 하는 데 그 뜻이 있다고 여긴다. 이 글에 의하면 최고를 추구할 수 있는 사람이 聖人이고 大人이다. 자기완성에만 전념하는 이들에게 일반 백성들이 스스로 몰려들어 그들의 삶을 본받고 감화된다거나, 수행을 완성한 뒤에 세상에 나와 治者의 자리에 선다는 따위와 굳이 연계시킬 필요가 없다.

'美와 惡', '生과 死'를 관통하는 그 무엇은, 이치라는 각도에서 보면 궁극적으로 '같다'는 것이고 깨달은 자는 이를 알며, 실체라는 각도에서 보면 '기운' 곧 '氣'가 아니겠는가? 그 무엇을 '이치'로 보건 '실체'로 보건 간에 이를 '道'라고 말한 것이다.

이처럼 '道'를 그것이 어떠한 含意를 갖든 이치라고 한다면 일반인의 생각을 초월하여 인식해야 할 그 무엇일 뿐일 것이다.

道가 氣의 다른 표현이라는 것을 알 수 있는 좀 더 명확한 표현은 윗글 중에 없지만 『莊子』 전체를 관통하는 주장에 비추어 볼 때, 내 몸 밖의 것이야 어떠하든 내가 닦음으로써만이 해결 되는 그 무엇이 道이다. 그렇다면 이것은 楚簡本 『老子』를 통해서 알 수 있었듯이 '氣'(기운) 즉 우주의 正氣이다.[이것을 一點光明, 한 물건, 神光(신령스러운 光明) 등으로 표현할 수 있음은 앞에서 말하였다.] 다른 사람에게도 똑같이 적용되므로 결국 세상 모든 사람에게 공통되는 것이다. 그러한 기운의 운행이 비단 사람에게만 그치는 것이 아니라 세상 만물에 적용되리라는 것은 미루어 짐작할 수 있다.

그런데 이런 경지에 도달한 聖人, 至人, 大人 등을 자주 등장시키고 도처에서 세상사와 연결 지어 서술함으로써 '道'를 통치자가 깨달아 실천해야할 그 어떤 오묘한 이치 같은 것으로만 착각하게 만든다. 『莊子』가 말하는 聖人, 至人, 大人 등은 누가 되었든 그가 뜻하는 바의 수행을 이룬 고수들을 지칭할 따름이다.

無爲하면 세상일에 초월하게 되는데, 이렇게 하고만 있으면 바깥세상이 모두 잘 다스려진다고 할 수는 없다. 수행을 완성한 사람의 삶을 목도할 수 있을 때 그들에 의해 일반인들이 감화될 수는 있다. 그러나 한 사람 또는 몇 사람이 이러한 경지에 도달하였다고 해서 세상이 모두 저절로 감화되어 바르게 다스려진다는 말은 성립할 수 없다. 많은 사람이 老子가 말하는 수행하는 삶을 실천할 때만이 가능할 것이다. 통치행위와 관련지어야 한다면, 글 뒤에 숨어있는 宗旨는 곧 타인을 지배하고자 하는 모든 통치 행위를 부정하는 데 있으며, 국가를 세워 온갖 명분과 인위적 수단을 동원하여 지배와 피지배의 관계를 공고하게 하면서 사람의 자연스러운 삶을 해치는 그런 세상을 부정하는 데 있다고 할 수 있다. 표준으로 내세운 앞 시대가 그러한 시대이다. 말하자면 당시와 같은 큰 규모의 국가들을 해체하고 소규모의 부족시대로 돌아가야 한다는 뜻을 복잡하고 어렵게 말하고 있는 것이라고 할 수 있다.

그러나 그렇게 되지 않는다는 것도 알고 있었을 것이다. 그래서 '仁義'를 배척하는 것처럼 보이는 곳이 많고 전후 맥락이 닿지 않는 모순된 양상을 보이는데, 극단적으로 배척하는 假託이나 僞作을 배제하고 보면 가치판단에 있어서 매우 객관적임을 발견할 수가 있다. 일부는 글 밖의 정황을 고려하여 문맥을 맞추어 이해할 수도 있다.

'聖'이니 '仁'이니 '義'니 하는 분별을 강제로 없앤다는 것 자체가 '無爲'가 아니고 '有爲'에 속한다. 그러므로 아마도 '仁義'를 배척하는 듯한 글의 본의는 仁義라는 개념이나 인식 자체를 없애라는 것이 아니라 이것을 명분삼아 행하는 모든 처세를 경계하는 데 있을 것이다.

『莊子』 外篇 天地에는 다음과 같은 말이 있다.

> 技兼於事, 事兼於義, 義兼於德, 德兼於道, 道兼於天. 故曰: "古之畜天下者, 無欲而天下足, 無爲而萬物化, 淵靜而百姓定." 記曰: "通於一而萬事畢, 無心得而鬼神服."
>
> 夫子曰: "夫道, 覆載萬物者也, 洋洋乎大哉! 君子不可以不刳心焉." 無爲爲之之謂天, 無爲言之之謂德, 愛人利物之謂仁, 不同同之之謂大, 行不崖異之謂寬, 有萬不同之謂富. 故執德之謂紀, 德成之謂立, 循於道之謂備, 不以物挫志之謂完. 君子明於此十者, 則韜乎其事心之大也, 沛乎其爲萬物逝也.
>
> 技는 事[일]에 겸하여 들어 있고, 事는 義에 겸하여 들어 있고, 義는 德에 겸하여 들어 있고, 德은 道에 겸하여 들어 있다. 까닭에 "옛날에 천하를 품은 사람은 욕심이

없기에 천하가 넉넉했고, 인위가 없기에 만물이 되어 가고, 연못처럼 고요해서 백성들이 안정되었다."고 하였다. 기록에 이르기를 "하나에 통하면 만사가 다 이루어지고, 마음으로 얻으려 함이 없으면 귀신이 복종한다."고 하였다.

선생님께서 말씀하셨다. "대저 道는 만물에 덮여 실려서, 양양하게 크도다! 군자는 그것으로 마음을 도려내지 않을 수 없다." 無爲로써 그것을 행하는 것을 天이라 하고, 無爲로써 그것을 말하는 것을 德이라 하고, 사람을 아끼고 외물을 이롭게 하는 것을 仁이라 하고, 같지 않은 것을 한 가지로 여기는 것을 大라 하고, 행동이 모나거나 다르지 않은 것을 寬이라 하고, 오만가지 다름이 있는 것을 富라고 한다. 까닭에 德을 잡고 있는 것을 紀라 하고, 德이 이루어진 것을 立이라 하고, 道에 따르는 것을 備라 하고, 외물로 뜻을 꺾지 않는 것을 完이라 한다. 군자가 이 10가지에 밝으면 곧 바르게 그 마음을 일삼음이 커지고, 힘차게 만물을 위해 나아가게 된다.

윗글에서는 '技, 事, 義, 德, 道, 天'의 관계를 설명하는 가운데 '義'를 '兼於德'이라 하였고, '天, 德, 仁, 大, 寬, 富'를 설명하면서 '愛人利物'을 '仁'이라고 하였다. 전혀 '仁'을 배척하지 않고 객관적으로 여러 덕목을 나열하였다.

丙【03】 道(기운)를 잘 보존하고 있으면 내 몸이 잘 돌아가며, 기운은 보고 들을 수 없지만 다함이 없다.

핵심어 : {不足見, 不足聞, 不可旣} ⇐ [執大象, 天下往, 不足見, 不足聞, 不可旣]

- '執大象'은 '큰 象을 잡고 있다'는 뜻인데, '象'은 곧 '道'를 형상화하여 가리키는 말이므로 우주의 바른 '기운'을 보존하고 있음을 뜻한다. 그렇게 하면 내 몸이 잘 돌아간다. 수행의 글로 보기가 용이하다. 이때 '天下'는 머리 아래의 내 몸을 가리킨다.

만약에 '天下'를 글자 그대로 보게 되면 '세상'을 가리키고, 문맥상 '큰 象을 잡은 채로'라고 번역해야 할 것이다. 그러나 뒤의 '視之不足見, 聽之不足聞'과 잘 맞아 떨어지지 않는다.

丙【04】 군자는 평상시에 왼쪽을 主로 삼는 天道를 따라 수행하고, 전쟁시에 비유되는 邪氣가 침범했을 때는 오른쪽을 主로 삼는 地道를 따라 이를 물리친다.

핵심어 : {用兵, 殺人, 吉事上左, 喪事上右} ⇐ [貴左, 貴右, 用兵, 殺人, 吉事上左, 喪事上右]

- 無爲法과 有爲法의 사용에 대한 설명이다. 有爲法은 전쟁과 같이 유사시에만 사용하는 방법임을 알게 해 준다. 그러므로 無爲法을 사용하는 天道를 따라 수행할 수 있는 경지는 높은 경지이다.

작위의 극단으로서 사람을 죽이는 전쟁을 피해야 함을 전제하고, 그럼에도 불구하고 부득이 전쟁을 일으켜 살인을 하였으면 오른쪽을 높이는 喪禮에 따라 슬픔을 다하는 법도를 들어 비유적으로 설명하고 있다. 邪氣를 물리치는 有爲法은 右를 主로 삼는다는 데에 主旨가 있다.

丙【05】 聖人은 無爲하므로 그르치는 것도 잃는 것도 없다. 만물이 스스로 그러하도록 도울 뿐이다.

핵심어 : {無爲, 無執, 愼終, 不欲, 不學, 補萬物之自然} ⇐ [爲之, 敗之, 執之, 失之, 無爲, 無執, 愼終, 欲不欲, 學不學, 補萬物之自然]

- 聖人의 수행 태도이다. 聖人은 作爲가 없고 집착이 없기에 그르치는 것도 잃는 것도 없다. 끝까지 조심한다. 앞에서도 '不欲'과 '不學'을 누누이 강조했다. 이는 '無爲'의 핵심 내용이다. 聖人은 몸의 모든 것이 절로 되게 하도록 돕기만 한다. 즉 無爲法을 행한다. 이러한 공덕이 내 몸 밖의 영역으로 확대되면 다른 사람들에게 감화를 입힌다. 이치는 같기 때문이다. 帛書本에는 이 글이 甲[14]에 바로 이어져 있다.[27장]

◐ 주요 어휘의 출현 횟수

- 亡 (31회)
- 無 (8회)

— 대부분 '亡'자를 쓰고 '無'는 드물게 나옴.

- 亡爲 (6회)
- 無爲 (1회)

— '無爲'는 丙[5]에 한 번 나오고(聖人無爲, 故無敗也; 無執, 故[無失也].) 나머지는 '亡爲'로 썼음.

- 德 (11회)
- 樸 (6회) (甲[7]의 주석난 참조)
- 道 (27회) (甲[4]에 처음 나옴)
- 大道 (1회)
- 天道 (1회) (甲[13])
- 天下(20회)

— [天] 『說文解字』 天: 顚也 至高無上, 从一, 大. / 顚: 頂也.

- 天地 (4회)
- 欲 (12회)
- 聖人 (8회)
- 恒 (5회)
- 王 (6회) 人主(1회) 侯王(2회)

— 侯王 : 甲[7] 道恒亡爲也, 侯王能守之而萬物將自化. 甲[10] 道恒亡名, 樸, 雖微, 天地弗敢臣, 侯王如能守之, 萬物將自賓.

- 士 (4회)
- 君子 (1회) (丙[4] 君子居則貴左, 用兵則貴右.)

- 自然 (4회)
- 象 (2회)
- 知足 (5회)
- 知止 (3회)
- 靜 (5회)
- 虛 (2회) - 甲[12], 甲[13]
- 安 (7회)

— '이에, 그래서'를 뜻하는 예가 4회, '평안'을 뜻하는 예가 3회이다.

甲[5] 孰能安以動者, 將徐生? 保此道者不欲尙盈.

甲[10] 天地相合也, 以輸甘露. 民莫之令而自均安.

丙[1] 信不足, 安有不信. 猶乎, 其貴言也.

丙[2] 故大道廢, 安有仁義. 六親不和, 安有孝慈. 邦家昏[亂, 安]有正臣.

丙[3] 執大象, 天下往. 往而不害, 安平大. 樂與餌, 過客止.

【02】

번역문 모아 읽기

◐ 甲

【01】

앎을 끊고 언변을 버리면 백성의 이로움이 백 배가 된다. 교묘함을 끊고 이롭게 하기를 버리면 도적이 없다. 거짓을 끊고 사려(지나친 생각)를 버리면 백성은 어린아이로 돌아간다. 이 세 마디 말은 글로 삼기에 부족하다. 까닭에 그들로 하여금 다음과 같은 당부할 말을 갖게 해야 할 것 같다. "본바탕을 중시하고 질박함을 보존하며, 사사로움을 적게 하고 욕심을 줄이는 것이다."라고.

【02】

강과 바다가 온갖 계곡의 王이 되는 이유는 그것들이 온갖 계곡의 아래가 될 수 있어서이다. 이로써 온갖 계곡의 왕이 될 수 있는 것이다.

聖人은 백성의 앞에 있으면 자기 몸을 그들의 뒤에 있게 하고, 그가 백성의 위에 있으면 말을 그들 아래로 낮춘다. 그가 백성의 위에 있어도 백성이 [그를] 무겁다 여기지 않으며, 그가 백성의 앞에 있어도 백성은 해롭다 여기지 않는다.

天下가(세상 사람들이) 즐거이 [그를] 나아가게 하면서도(밀어주면서도) 잔소리 하지 않는 것은 그가 다투지 않음을 가지고서이다. 까닭에 천하에 그와 더불어서 다툴 수 있는 사람이 없다.

【03】

죄는 욕심이 지나친 것보다 무거운 것이 없고, 허물은 얻기를 바라는 것보다 참담한 것이 없으며, 화는 만족할 줄을 모르는 것보다 큰 것이 없다. 만족할 줄 아는 것을 만족으로 삼는 것, 이것이 항구적인 만족이 된다.

【04】

'道'(기운)를 써서 사람의 주인(神, 정신)을 보좌함에는 (군대[또는 병기]에 비유되는) 강제력을 사용해서 천하(내 몸에)에 억지로 하기를 바라지 않는다. (이를) 잘하면(잘하는 사람은) [수행의 공을] 이루고야 마는데, 억지(강제력)를 취하는 것으로 하지 않는다. 이루고도 공으로 여기지 아니하며, 이루고도 교만하지 아니하며, 이루고도 자랑스러워하지 않는다. 이것을 일러 이루되 억지로 하지 않는다고 하는 것이다. 그 일하기가(행하기가) 좋고 길게 간다.

【05】

옛날에 장부 노릇을 잘하는 사람은 반드시 미묘함(마음자리, 心地)에 현달했으므로 (그) 깊이를 알 수가 없었다. 이에 그 용모를 그려보고자 한다(형용해 보기로 한다).

주저주저하여 겨울에 냇물을 건너는 것 같이 하고, 조심조심하여 사방의 이웃을 두려워하는 것 같이 하고, 위엄스러워서 손님과 같고, 풀려있어서(온화하고 인자하여) 얼음이 녹아내리려는 것 같고, 도타워서 통나무와 같고, 어두워 보여서 흐린 물과 같다.

어느 누가 흐린 상태 그것을 고요하게 해서 장차 서서히 맑아지게 할 수 있겠는가? 어느 누가 안정된 상태 그것을 가지고 움직이게 해서 장차 서서히 생하게 할 수 있겠는가? 이 道(기운)를 보유한 사람은(보유하게 되면) 오히려 가득 채우기를 바라지 않는다.

【06】

무엇을 인위적으로 하면 그것을 그르치고, 무엇을 잡으려고 하면(집착하면) 그것과 멀어진다. 이에 聖人은 人爲가 없다('無爲'한다). 까닭에 그르치는 일이 없다. 잡으려 하는 것이 없다. 까닭에 잃는 일이 없다. 일에 임하는 벼리(요체)는 끝을 삼가 하여 처음과 같이 하는 것이다. 이것이 일을 그르침이 없게 해주게 된다.

聖人은 바라지(욕망하지) 않기를 바라며, 얻기 어려운 재물을 귀하게 여기지 않고, 가르치지 않음을 가지고 가르쳐서 뭇 사람들이 잘못한 바를 되돌린다. 이런 까닭에 성인은 만물(=내 몸의 모든 것)이 스스로(저절로) 그러함을 돕는 것은 잘해도 인위적으로 하는 것은 잘하지 못한다(作爲 하는 데는 능하지 못하다).

【07】

'道'(기운)는 항상 人爲(作爲)가 없다. 侯王(=精神)이 그것을 잘 지키면 만물(=내 몸의 모든 것)이 장차 저절로 된다. 되었는데도 (무엇을) 짓고자(作爲 하고자) 하였다면, 장차 그것을 누름에(진정시킴에) 이름이 없는 통나무와 같은 것[본바탕, 自性]을 써야 할 것이다.

무릇 또 장차 만족할 줄을 알아야 할 것이다. 만족할 줄을 알아서 그것으로 고요해지면 만물(=내 몸의 모든 것)이 장차 저절로 안정될(제자리를 찾게 될) 것이다.

【08】

함(人爲, 作爲)이 없기(無爲)를 행하고, 일삼음이 없기(無事)를 일삼고, 맛봄이 없기(無味)를 맛본다. 큰데도(큰일인데도) 그것을 작게 여기거나, 쉽게 여김이 많으면 반드시 어려움이 많아진다. 이에 聖人은 오히려 그것을 어렵게 여긴다. 까닭에 결국 어려움이 없다.

【09】

천하(세상) 사람들이 다 아름다움이 아름다움이 된다고 안다면(아름다운 것이 아름다운 것이라고 여긴다면) 나쁘고야(나쁜 것이고야) 말며, 다 좋다고(선하다고) 안다면 이는 (거) 좋지 않고야(좋지 않은 것이고야) 만다. 있음과 없음은 서로 생겨나게 하며, 어려움과 쉬움은 서로 이루어지게 하며, 길과 짧음은 서로 모양을 이루게 하며, 높음과 낮음은 서로 채워주며, 음악의 소리와 개별의 소리는 서로 조화를 이루며, 앞과 뒤는 서로 따른다.

이에 聖人은 함(人爲, 作爲)이 없는 일에 머물고, 말하지 않는(말하지 않아도 되는) 가르침을 행한다. 만물(몸의 모든 것)이 지어져도(만들어져도) 시작으로(시작할 거리로) 삼지 않으며, 되어도 믿지(그것에 기대지) 않으며, 이루어져도 (거기에) 머물지 않는다. 무릇 머물지 않을 것을 생각한다. 이에 (그 기운이) 떠나지 않는 것이다.

【10】

'道'(기운)는 언제나 이름 지을 것이 없다.(이것이다 저것이다 할 수 없는 그 무엇이다.) '樸'(가공되지 않은 통나무와 같은 것)이다. 비록 미미해 보이지만 하늘(몸의 위)과 땅(몸의 아래)이 감히 신하로 삼지(부리지) 못한다. 侯王(=精神)이 그것을 잘 지킬 것 같으면 만물(=몸의 모든 것)이 장차 스스로(저절로) 따르게 된다. 하늘과 땅이[위와 아래의 기운이] 서로 화합하면(合一되면) (그것으로) 단 이슬을 날라 온다. 백성은(사람마다) 그것에 명령하는 일이 없어도 저절로 고루 편안해 진다.

짓기(人爲[作爲]하기) 시작하면 이름 지을 것[→잘못]이 있게 된다. 이름 지을 것이 또 이미 있게 되면 무릇 또 장차 멈출 줄을 알아야 한다. 멈출 줄을 아는 것이 [몸이] 위태롭지 않게 되는 바(길)이다. 비유하자면 '道'(기운)가 天下(=우리 몸 전체)에 있는 것은 작은 계곡들이 강·바다와 더불어 있는 것과 같다.

【11】

[A] 뒤섞여 이루어진 상태가 있다. 천지가 생하기 이전에 있었다(천지보다 먼저 생겼다). (본래 텅 비어) 고요하다. 홀로 서있다(존재한다). (본성이) 바뀌지 않는다. 천하의 어머니라 할 수 있다. 아직 그것의 이름을 알지 못한다. 그것에 글자를 부여해서 '道'라고 말하려다.

나는 억지로 그것을 위해 이름을 지어 크다(위대하다/큰 것)고 말하려다.

크므로 다 간다(이르지 않는 곳이 없다)고 말하게 된다. (어디나) 다 가므로 멀다(멀리 간다)고 말하게 된다. 멀리 가므로 다시 돌아온다고 말하게 된다. 하늘(天)도 크고, 땅(地)도 크고, '道'도 크고, 王 역시 크다. 영역[←나라](=우주, 세계) 안에 네 가지 큰 것이 있는데, 왕이 그 가운데 하나를 차지한다. 사람(=왕)은 땅을 본받고, 땅은 하늘을 본받으며, 하늘은 '道'를 본받으며, '道'는 自然을 본받는다.

[B] 섞여 이루어진 기운(狀)이 있다. 하늘(몸통의 맨 위)과 땅(몸통의 맨 아래)이[=우리 몸이] 생기기 전부터 있었다. 고요하게 홀로 서서(있으면서) 변하지 않는다. 그것을 하늘 아래(우리 몸 전체)의 모체라고 할 수 있다. 아직 그것의 이름을 알지 못하지만, 그것에 '道'라는 글자를 부여해서 명명하기로 한다. 나는 억지로 그것에 '大'(크다[큰 것]→위대하다, 중요하다)라는 이름을 붙인다.

'大'에 대해서는 그것이 '逝'(흘러간다, 운행한다)라고 말하고, '逝'에 대해서는 '遠'(멀다, 멀리 간다)이라고 말하며, '遠'에 대해서는 '返'(반복된다, 순환한다)이라고 말하게 된다.[→ 이 큰 '道'(기운)는 반복해서 멀리 운행한다.]

하늘(몸통의 맨 위, 머리 위)도 위대하고, 땅(몸통의 맨 아래)도 위대하고, (그 사이를 운행하는) 道(기운)도 위대하고, [우리 몸의 하늘(위)과 땅(아래) 사이에 이 기운이 통하게 할 수 있는 사람을 뜻하는] 王 또한 위대하다. [우리 몸이라는] 영역 가운데 이 네 가지 위대한 것이 있는데 王도 그 가운데 하나를 차지한다. 사람은 땅을(기운이 몸의 하부를 통해서 들어오는 이치를) 본보기로 삼고(본받고), 땅은 하늘을(기운이 머리 위를 통해서 들어오는 이치를) 본보기로 삼고, 하늘은(기운이 머리 위를 통해서 들어오는 이치는) 道를(기운 그 자체를) 본보기로 삼으며, 道는(기운은[또는 기운의 운행은]) 저절로(스스로) 그러함('自然' → 저절로 그리 되는 이치)을 본보기로 삼는다.

【12】

(우리 몸의) 하늘과 땅 사이는 풀무와 같으리니!? 비어있으면서 다하지 않으며, 움직일수록 더 나온다(기운이 더 세게 나온다).

【13】

비어있음(비운 상태, 비움)에 이르면(도달하면) 항상성이 유지되며, 가운데(이 안정된 상태, 中)를 지키면 도탑다(굳건하다). 만물(내 몸 안의 모든 것)이 바야흐로 지어지면 (그 가운데) 머물러 있으면서 되돌아가는(순환하는) 것을 돌아본다. 하늘의[머리로 들어오는] 기운이 부단히 운행하여 각기 그 뿌리로 돌아간다.

【14】

그것(기운)이 안정되면 유지하기 쉽다. 그것이 아직 조짐이 없으면 꾀하기(도모하기) 쉽다. 그것이 취약하면 쪼개기(나누기) 쉽다. 그것이 미미하면 흩어버리기 쉽다. (그러므로) 그것이 있는 일이 없을 때에(생기지 않았을 때에) 그것을 하고, 그것이 아직 어지러워지지 않을 때에 그것을 다스리는 것이다. (두 팔을) 합쳐서 품을 만한 나무도 터럭 끝만 한 데서부터 만들어지고, 아홉 겹(층)의 누대(누각)도 쌓은 흙에서부터 만들어지며, 백 길의 높이도 발밑에서 시작된다.

【15】

그것(기운)을 안다면 말을 하지 않는다(못한다). 그것에 대해 말을 한다면 모른다는 것이다. 그 구멍을 닫고 그 문을 막은 상태에서 그 빛(그 광명한 기운, 正氣)을 고르게 한다. (그런 다음) 그 티끌은 한 가지로 하고(하나로 모아 합치고), 그 날카로움은 꺾으며, 그 얽힌 것을 푼다. 이를 '玄同'(현묘하게 하나 되게 함[또는 하나 됨])이라 이른다. 까닭에 (기운은) 얻어서[얻었다고=현묘하게 하나 되게 했다고] 가까이 할 수도 없고, 또 얻어서 멀리할 수도 없다. 얻어서 이로울 수도 없고, 또 얻어서 해로울 수도 없다. 얻어서 귀해질 수도 없고, 또 얻어서 천해질 수도 없다. 까닭에 천하(내 몸)의 귀한 것이 된다.

【16】

올바름(天道)을 써서 나라(내 몸)를 다스리고, 기묘함(기이함, 地道)을 써서 군대(邪

氣 퇴치법)를 운용하며, 일삼음이 없음을 써서 천하(내 몸 전체)를 취한다(지닌다). 내가 무엇을 가지고서 그것이 그러하다는 것을 알겠는가? 무릇 천하에 꺼리고 기피할 것이 많으면 백성들이 두루 배반한다(지키지 못한다). 백성들에게 날카로운 기물이 많으면 나라가 더욱 어두워진다. 사람에게 아는 것이 많으면 기이한 물건이 더욱 일어난다(더 많이 생겨난다). 법 같은 것이 더욱 드러나면 도적이 많이 있게 된다.

이에 聖人은 다음과 같이 말한다. 나에게 일삼음이 없으니 백성들이 스스로 부유해진다. 나에게 人爲가 없으니 백성들이 스스로 순화된다. 내가 고요함을 좋아하니 백성들이 스스로 바르게 된다. 내가 하고자 하지 않음을 하고자 하니 백성들이 저절로 질박해진다.

【17】

품은 덕이 두터운 사람은 갓난아이에 비견된다(견줄 수 있다). 벌 · 전갈 · 살모사 · 뱀이 쏘지(물지) 않으며, 움키는 새와 사나운 짐승이 잡지 않으며, 뼈가 약하고(무르고) 근육이 부드러워도 붙잡는 것은(쥐는 힘은) 견고하다(세다).

암컷과 수컷이 합하는(짝짓는) 것을 아직 알지 못해도 그렇게 성기가 성내는(발기하는) 것은 精(정기)이 이르러서이다. 종일토록 부르짖어도(소리를 질러도) 목이 잠기지 않는 것은 和(고르게 됨)가 이르러서이다. 和는 '常'(일정함)이라 하고 和를 아는 것은 '明'(밝음)이라 한다. (반대로) (인위적으로) 더하려는 것은 '祥'(=災)이라고 하며, 氣(기운)를 부리는 것은 '强'(억지로 하다)이라고 한다. 사물이 굳어지면 곧 늙는데 이것을 일러 '不道'(도에 맞지 않다, 기운에 부합하지 않는다)라고 한다.

【18】

이름(명예)은 몸과 비교하면 어느 것이 더 가까운가(→소중한가)? 몸은 재물과 비교하면 어느 것이 더 많은가(많은 것이라고 할 것인가)? 얻는다는 것은 없어짐(잃음)과 비교하면 어느 것이 더 괴로운가? 심하게 아끼면 반드시 소비가 커지고, 두텁게(많이) 간직하면 반드시 없어지는 것이 많게 된다. 까닭에 만족할 줄을 알면 욕되지 아니하고, 멈출 줄을 알면 위태롭지 아니하다. 그렇게 함으로써 길고 오래 갈 수 있다.

【19】

되돌아옴(순환)이 道(기운)의 움직임[운행]이요, 약함이 道의 쓰임[쓰여지는 방식]이다. 天下(내 몸)의 (모든) 것은 '有'(有形의 것)에서 생겨났으며, '有'는 '無'(無形의 것)에서 생겨났다.

【20】

그것[기운]을 지녔는데도 가득 채우려 하는 것은 그만두는 것만 못하다. 그것을 생각해서(재서) 날카롭게 하면 길게 보존할 수가 없다. 金과 玉이 집을 가득 채우면 지킬 수 있는 사람이 없다. 귀하거나 부유해서 교만해지면 저절로 허물을 남기게 된다. (우주의 기운을 받아들인) 공이 이루어지면 몸이(내가) 물러나는 것이 하늘(머리를 통해서 받는)의 道(기운)이다.

◐ 乙

【01】

내 몸을 다스리고 하늘의 기운을 일로 삼음에는 아끼는 것만 한 것이 없다. 무릇 오직 아낀다. 이로써 (내 몸이) 일찍 다스려진다. 일찍 갖추어지는 이것을 일러 德을 두텁게 쌓는다고 한다. 덕을 두텁게 쌓으면 곧 이겨내지 못할 것이 없다. 이겨내지 못할 것이 없으면 곧 그 끝을 알 일이 없다. 끝을 알 일이 없게 되면 그것을 가지고 [나의 몸 안에 하나의] 나라를 지닐 수가 있다. 나라를 지니게 하는 (이) 모체[아낌]는 그것을 가지고 장구할(오래 살) 수 있게 한다. 이것을 일러 뿌리를 깊고 단단하게 하며 길게 살고 오래 보는(長生久視하는=장수하는) 길

(道)이라고 한다.

【02】

(人爲[作爲]의 원인이 되는) 배움을 일삼는 사람은 (하지 않아도 되는 것을) 날로 보태고, 道를 일로 삼는 사람은 날로 던다. 그것을 덜고 또 덜면, 그것으로 함(人爲[作爲])이 없음(無爲)에 이르게 된다. 함이 없게 되면 하지 못할 것(되지 않은 것)이 없다.

【03】

배움을 끊으면 근심할 것이 없다. 생각하는 것을 꾸짖는 것과 비교하면 서로의 거리가 얼마나 되는가? 아름다움을 추함과 비교하면 서로의 거리가 어떠한가? 사람이 두려워하는 바는 또 그것으로 다른 사람을 두려워하게 만들지 않을 수가 없는 것이다.

【04】

총애건 모욕이건 (받으면) 놀라는 것같이 하고, (이러한) 큰 걱정거리(걱정거리로 여겨야 할 것들)를 귀하게 여기기를 내 몸과 같이 한다(→ 내 몸을 귀하게 여기는 것과 똑같이 소중하게 생각한다). 무엇을 총애와 모욕이라 이르는가? 총애도 아래(하급의 것) 것이다. 그것을 얻어도 놀라는 것같이 하고 그것을 잃어도 놀라는 것같이 해야 한다. 이에(그래서) 총애건 모욕이건 놀라는 것같이 한다고 말하는 것이다.

무엇 때문에 (총애나 모욕 같은) 큰 걱정거리를 귀하게 여기기를 내 몸과 같이 해야 하는가? 나에게 (이러한) 큰 걱정거리가 있는 까닭은 나에게 몸이 있어서이다(내가 소중한 몸을 가지고 있다는 데 있다). 나에게 몸이 없음에 이르면(나에게 몸이 없다면) 무슨 걱정거리가 있겠는가? 까닭에 내 몸을 써서[내 몸을 닦는 수련을 가지고] (머리 아래의) 내 몸의 모든 것(천하)을 위하는 일을 소중하게 여긴다는 것도 내 몸의 모든 것을 (수련에) 맡길 수 있다는 것과 같으며, 내 몸을 써서 내 몸의 모든 것을 위하는 일을 좋아한다는 것도 내 몸 전체를 맡길 수 있다는 것과 같다.

【05】

上等의 장부가 道(기운)에 대해서 들으면 그 안에서 잘 하고자 부지런히 힘쓰고, 中等의 장부가 道에 대해서 들으면 들은 것 같이 하기도 하고 (들은 일이) 없는 것 같이 하기도 하며, 下等의 장부가 道에 대해서 들으면 크게 그것을 비웃는다. (하등의 장부가) 크게 비웃지 않는다면 그것을 道라고 하기에 부족할 것이다. 그래서 세운 말[→이를 위해 한 말]에 다음과 같은 것이 있다.

밝은 道는 어두운 것 같고, 평탄한 道는 우둘투둘한 것 같으며, 나아가는 道는 뒤로 물러나는 것 같다. 上等의 德은 텅 빈 골짜기와 같고, 크게 흰 색은 오염된 것 같고, 넓은 德은 부족한 것 같으며, 건실한 德은 구차한 것 같고, 바탕이 참되면 풀어진 것 같다. 큰 모는 모퉁이가 없고, 큰 그릇은 늦게 이루어지며, 큰 音에서 (이것을 구성하는) 개별의 소리는 희미하고, 하늘의 象은 형체가 없으며, 道는 크지만(위대하지만) 이름이 없다. 무릇 오직 道(기운)만이 시작하고 또 이루기를 잘 하게 한다.

【06】

그 여닫는 문을 닫고 열려 있는 구멍을 막으면 죽을 때까지 힘쓰지 않아도 된다. 그 구멍을 열고 그 일을 이루고자 하면 죽을 때까지 이루지 못한다.

【07】

크게 이루어지면 모자라는 것 같지만 그 쓰임은 닳지 않는다. 크게 차면 비어 있는 것 같지만 그 쓰임은 다하지 않는다. 크게 교묘한 것은 서투른 것 같고, 크게 언변이 좋으면 어눌한 것 같으며, 크게 곧으면 굽은 것 같다. 움직이면 추위를 이기고, 고요하게 있으면 더위를 이긴다. 맑고 고요하면 천하(몸 전체)가 안정되게 된다.

【08】

(기운을) 잘 세우면 뽑을 수가 없고, 잘 끌어안으면 벗어나지 못한다. 자손들은 이것으로 그 제사가 끊어지지 않는다.

내 몸에서 그것을 닦으면 그 덕(공덕)이 곧 참되고, 집에서 그것을 닦으면 그 덕이 곧 남고, 마을에서 그것을 닦으면 그 덕이 곧 길어지며, 나라에서 그것을 닦으면 그 덕이 곧 풍성해지며, 그것을 천하(온 세상)에서 닦으면 그 덕이 곧 두루 미친다.

몸을 가지고 몸을 보고(알고), 가정을 가지고 가정을 보고, 마을을 가지고 마을을 보고, 나라를 가지고 나라를 보며, 천하를 가지고 천하를 본다. 내가 무엇을 가지고 천하가 그러하다는 것을 알겠는가? [앞에서 말한] 이것을 가지고서이다.

◐ 丙

【01】

큰 위(상위자)는 아래(상위자)가 그가 있다는 것만 안다. 그 다음(그 다음의 상위자)은 가까이 여기고 기린다(칭찬한다). 그 다음은 그를 두려워한다. 그 다음은 그를 모욕한다. (위에) 믿음이 부족하면 곧 믿지 않음이 있게 된다. 그럴듯하도다! 그 귀한 말씀이. 일을 이루고 공이 따르면 백성들이 나는 저절로 그리 되었다고 말한다.

【02】

까닭에 큰 道가 버려지면 곧 仁義가 있게 되고(→ 仁義를 찾게 되고), 육친이 조화를 이루지(화목하지) 못하면 곧 효도와 자애가 있게 되며(→ 효도와 자애를 찾게 되며), 나라와 가문이 혼란스러워지면 곧 바른 신하가 있게 된다(→ 바른 신하를 찾게 된다).

【03】

큰 象(道, 기운)을 유지하고 있으면 天下(몸 전체)가 돌아간다(운행한다). 돌아가면서 해치지 않으니 평안함이 크다. 음악이 먹을 것과 더불어 있으면 지나가는 나그네가 멈추는 것에 비유된다. 까닭에 道(기운)를 말로 표현하게 되면 덤덤하여 맛이 없다. 그것을 보려 해도 잘 보이지 않고 그것을 들으려 해도 잘 보이지 않지만, 다할 수가 없다.

【04】

군자가 자리함(거처함)에는 왼쪽을 귀하게 여기고, 군대를 사용함에는 곧 오른쪽을 귀하게 여긴다. 까닭에 병기라는 것은 상서롭지 못한 기물이고 마지못해서(부득이할 때) 그것을 사용한다고 말하는 것이다. 날카롭게 쳐들어가는 것이 위(최상)이지만 곱지 못하다. 그것을 곱게 여기는 것, 이것은 사람 죽이기를 즐기는(좋아하는) 것이다. 무릇 사람 죽이기를 즐긴다면 천하(세상)에서 뜻을 얻을 수가 없다. 까닭에 길한(좋은, 복되는) 일은 왼쪽을 上으로 치고(높이고) 목숨을 잃는 일은 오른쪽을 上으로 친다. 이에 (낮은 지위에 있는) 偏將軍이 왼쪽에 자리하고 上將軍이 오른쪽에 자리한다는 것은 喪禮를 써서(오른쪽을 높이는 喪事의 禮에 따라서) 거기(상장군이 오른쪽, 편장군이 왼쪽)에 자리함을 말하는 것이다. 까닭에 사람의 무리를 죽이게 되면 곧 슬퍼하는 마음을 가지고서 그 자리에 임하며, 싸워서 이기면 喪禮에 따라 거기(해당하는 쪽)에 자리한다.

【05】

그것을(무엇을) 인위적으로 하면(作爲하면) 그것을 그르치고, 그것을 잡으려 하면 그것을 잃는다. 聖人은 일삼음이 없다(無爲한다). 까닭에 그르치는 것이 없다. 잡으려 함이 없다. 까닭에 잃는 것이 없다. 끝마침을 삼가기를 시작과 같이(시작을 삼가듯이) 하면 곧 그르치는 일이 없게 된다. 사람이 그르침에는 항상 그것이 장차 이루어지려 하는데(곧 이루어지려 할 때) 그것을 그르친다. 그래서 聖人은 하고자 하지 않기를 하고자 하고, 얻기 어려운 재물을 귀하게 여기지 않으며, 배우지 않기를 배워서, 무리(뭇 사람들, 대중)가 지나치는 바(잘못하는 바)를 되돌린다(바로잡는다). 그래서 만물이 스스로(저절로) 그러하게 됨을 도울 수 있으면서도 감히 인위적으로 하지는 않는다.

03

곽점 초간본 『노자』의 면모 및 각 판본의 서지사항

◐ 곽점 초간본 『노자』의 면모

- 甲 : 36枚, 길이 32.3㎝, 1170자

  乙 : 18枚, 길이 30.6㎝, 510자

  丙 : 14枚, 길이 26.5㎝, 322자

  내용의 전체 분량 : 현행본의 약 5분의 2

  * 글자수는 甲 1170자, 乙 510자, 丙 322자로서 총 2002자임.

  바로 뒤에 있는 '太一生水' 14매, 길이 26.5㎝, 303자를 포함하면 총 2305자임.

- 郭店 楚簡本 『老子』 내용의 통행본(王弼본을 기준함) 중의 위치 :

  甲(총 20장) : [1]-제19장, [2]-제66장, [3]-제46장의 일부, [4]-제30장의 일부, [5]-제15장, [6]-제64장의 일부, [7]-제37장, [8]-제63장, [9]-제2장, [10]-제32장, [11]-제25장, [12]-제5장의 일부, [13]-제16장의 일부, [14]-제64장의 일부, [15]-제56장, [16]-제57장, [17]-제55장 [18]-제44장, [19]-제40장, [20]-제9장.

  乙(총 8장) : [1]-제59장, [2]-제20장 제48장의 일부, [3]-제20장의 일부, [4]-제13장, [5]-제41장, [6]-제52장의 일부, [7]-제45장, [8]-제54장.

  丙(총 5장) : [1]-제17장, [2]-제18장, [3]-제35장, [4]-제31장의 일부, [5]-제64장의 일부.

◐ 각 판본의 서지사항

■ 楚簡본

楚墓가 만들어진 BC 300~221년경(戰國 중후반) 이전으로 추정됨. *[戰國時代 : BC 403~221] *[春秋時代 : BC 770~403]

1993년 중국 湖北省 荊門市 沙洋區 西方鄕 郭店村의 楚墓에서 출토.

*楚墓 : 春秋戰國時代에 만들어진 楚나라 경내의 墓.

■ 帛書본

1973년 湖南省 長沙 馬王堆의 漢墓에서 출토.

비단에 먹으로 쓴 것임. 甲본과 乙본이 있음.

甲본은 秦代(BC 221~207)의 것일 가능성이 큼. 小篆體로서 秦이 통일한 서체로 쓰여짐.

乙본은 漢代(西漢 BC 206~AD 9, 東漢 AD 25~220)의 판본임.[BC 168년 漢 文帝 前元 12年] 隸書體로 쓰여짐. 乙본은 甲본에 근거하여 다듬은 것으로 여겨짐. 사용한 글자에 의하면 乙본이 王弼본을 비롯한 후대의 통행본에 더 가까움.

전반을 德經이라 하고 후반을 道經이라 하였음. 이에 의해 후대에 '德道經' 또는 '道德經'이라 부르게 되었음.

통행본의 分章과 文字에 약간의 차이가 있고 내용은 대부분 일치함.

■ 北京大學 收藏 竹書본

西漢 BC 100년경의 것으로 알려짐.

총 221매이며 2호 竹簡의 뒷면에는 '老子上經', 124호 죽간의 뒷면에는 '老子下經'이라는 제목이 쓰여 있음.

■ 河上公본

AD 200년경

河上公章句본이라고도 부름.
漢나라 文帝(BC 202~157) 때 河上에서 살았다는 뜻으로 붙여진 이름인 河上公이 지은 것이라고 전해짐. 정확하게 누구인지 밝혀져 있지 않음.
지은 시기에 대해서도 여러 설이 있음. 西漢(前漢) 文帝 때로 본다면 王弼본보다 앞섬.

■ 王弼본

三國時代 魏나라의 王弼(왕필; AD 226~249)이 18세였던 AD 243년에 주석을 붙여 썼다는 책. 현재 통행되는 판본들의 저본이기도 함. 오늘날 보통 '道德經'이라 이르는 것은 이 王弼본임.

■ 傅奕본

唐나라(AD 618~907) 초기의 道士였다는 傅奕(부혁)이 이전의 판본들을 비교하여 만든 것으로 여기고 있음.

■ 開元御註本

唐나라 玄宗(李隆基; AD 712~756)이 開元20年(AD 732년)에 주석을 붙인 책. 道敎 사원의 석비에 새기게 함.

부록

【01】

초간본『노자』考釋文

◐ 郭店 楚簡本『老子』甲

【01】

絕知棄辯, 民利百倍. 絕巧棄利, 盜賊無有. 絕僞棄慮, 民復季子. 三言以爲文不足, 或令之或乎屬? 視素保樸, 少私寡欲.

【02】

江海所以爲百谷王以其能爲百谷下, 是以能爲百谷王. 聖人之在民前也, 以身後之, 其在民上也, 以言下之. 其在民上也, 民弗厚也, 其在民前也, 民弗害也. 天下樂進而弗詀以其不爭也, 故天下莫能與之爭.

【03】

罪莫厚乎甚欲, 咎莫僉乎欲得, 禍莫大乎不知足. 知足之爲足, 此恒足矣.

【04】

以道佐人主者, 不欲以兵强於天下. 善者果而已, 不以取强. 果而弗伐, 果而弗驕, 果而弗矜, 是謂果而不强. 其事好長.

【05】

古之善爲士者, 必微妙玄達, 深不可識, 是以爲之容 : 豫乎若冬涉川, 猶乎其若畏四鄰, 嚴乎其若客, 渙乎其若釋, 屯乎其若樸, 沌乎其若濁. 孰能濁以靜者, 將徐清? 孰能安以動者, 將徐生? 保此道者不欲尚盈.

【06】

爲之者敗之, 執之者遠之. 是以聖人亡爲, 故亡敗, 亡執, 故亡失. 臨事之紀, 愼終如始, 此亡敗事矣. 聖人欲不欲, 不貴難得之貨, 教不教, 復衆之所過. 是故聖人能尃萬物之自然而弗能爲.

【07】

道恒亡爲也, 侯王能守之而萬物將自化. 化而欲作, 將鎭之以亡名之樸. 夫亦將知足, 知足以靜, 萬物將自定.

【08】

爲亡爲, 事亡事, 味亡味. 大, 小之, 多易必多難. 是以聖人猶難之, 故終亡難.

【09】

天下皆知美之爲美也, 惡已 ; 皆知善, 此其不善已. 有亡之相生也, 難易之相成也, 長短之相形也, 高下之相盈也, 音聲之相和也, 先後之相隨也. 是以聖人居亡爲之事, 行不言之教. 萬物作而弗始也, 爲而弗恃也, 成而弗居. 夫唯弗居也, 是以弗去也.

【10】

道恒亡名, 樸, 雖微, 天地弗敢臣, 侯王如能守之, 萬物將自賓. 天地相合也, 以輸甘露. 民莫之令而自均安. 始制有名, 名亦既有, 夫亦將知止, 知止所以不殆. 譬道之在天下也, 猶小谷之與江海.

【11】

有狀混成, 先天地生, 寂寥, 獨立不改, 可以爲天下母. 未知其名, 字之曰道, 吾强爲之名曰大.
大曰逝, 逝曰遠, 遠曰返. 天大, 地大, 道大, 王亦大焉. 國中有四大而王居一焉. 人法地, 地法天, 天法道, 道法自然.

【12】

天地之間, 其猶槖籥歟!? 虛而不屈, 動而愈出.

【13】

至虛, 恒也 ; 守中, 篤也. 萬物方作, 居以顧復也. 天道云云, 各復其根.

【14】

其安也, 易持也, 其未兆也, 易謀也, 其脆也, 易判也, 其微也, 易散也. 爲之於其亡有也, 治之於其未亂. 合抱之木, 作於毫末, 九成之臺, 作於累土, 百仞之高, 始於足下.

【15】

知之者弗言, 言之者弗知. 閉其兌, 塞其門, 和其光, 同其塵, 挫其銳, 解其忿, 是謂玄同. 故不可得而親, 亦不可得而疏, 不可得而利, 亦不可得而害, 不可得而貴, 亦不可得而賤. 故爲天下貴.

【16】

以正治邦, 以奇用兵, 以亡事取天下. 吾何以知其然也? 夫天下多忌諱而民彌叛. 民多利器而邦滋昏. 人多知而奇物滋起. 法物滋章盜賊多有. 是以聖人之言曰 : 我亡事而民自富. 我亡爲而民自化. 我好靜而民自正. 我欲不欲而民自樸.

【17】

含德之厚者, 比於赤子, 蜂蠆虺蛇弗螫, 攫鳥猛獸弗搏, 骨弱筋柔而捉固.

未知牝牡之合朘怒, 精之至也. 終日乎而不憂, 和之至也, 和曰常, 知和曰明. 益生曰祥, 心使氣曰强, 物壯則老, 是謂不道.

【18】

名與身孰親? 身與貨孰多? 得與亡孰病? 甚愛必大費, 厚藏必多亡. 故知足不辱, 知止不殆, 可以長久.

【19】

返也者, 道動也. 弱也者, 道之用也. 天下之物生於有, 有生於亡.

【20】

持而盈之, 不若已. 揣而銳之, 不可長保也. 金玉盈室, 莫能守也.

貴富驕, 自遺咎也. 功遂身退, 天之道也.

◐ 郭店 楚簡本『老子』乙

【01】

治人事天, 莫若嗇. 夫唯嗇, 是以早[服], 早備是謂[重積德. 重積德則亡]不克, [亡]不克則莫知其極. 莫知其極, 可以有國. 有國之母, 可以長[舊. 是謂深根固柢], 長生舊視之道也.

【02】

爲學者日益, 爲道者日損. 損之或損, 以至亡爲也, 亡爲而亡不爲.

【03】

絕學亡憂, 唯與訶, 相去幾何? 美與惡, 相去何若? 人之所畏, 亦不可以不畏人.

【04】

寵辱若驚, 貴大患若身. 何謂寵辱? 寵爲下也. 得之若驚, 失之若驚, 是謂寵辱若驚. [何爲貴大患]若身? 吾所以有大患者, 爲吾有身. 及吾亡身, 或何[患? 故貴以身於]爲天下, 若可以託天下矣. 愛以身爲天下, 若可以寄天下矣.

【05】

上士聞道, 勤能行於其中. 中士聞道, 若聞若亡. 下士聞道, 大笑之. 弗大笑, 不足以爲道矣. 是以建言有之 : 明道如昧, 夷道[如類, 進]道若退. 上德如谷, 大白如辱, 廣德如不足, 建德如偸, 質眞如渝. 大方亡隅, 大器曼成, 大音希聲, 天象亡形, 道[褒亡名. 夫唯道善始且成].

【06】

閉其門, 塞其兌, 終身不堇. 啓其兌, 濟其事, 終身不救.

【07】

大成若缺, 其用不敝. 大盈若盅, 其用不窮. 大巧若拙, 大成若詘, 大直若屈. 喿勝滄, 靜勝熱, 淸靜爲天下定.

【08】

善建者不拔, 善抱者不脫, 子孫以其祭祀不絶. 修之身, 其德乃眞. 修之家, 其德有餘. 修之鄕, 其德乃長. 修之邦, 其德乃豐. 修之天[下, 其德乃博. (以身觀身,) 以家觀]家, 以鄕觀鄕, 以邦觀邦, 以天下觀天下. 吾何以知天[下之? 以此].

◐ 郭店 楚簡本『老子』丙

【01】

大上, 下知有之. 其次, 親譽之. 其次, 畏之. 其次, 侮之. 信不足, 安有不信. 猶乎, 其貴言也. 成事遂功而百姓曰我自然也.

【02】

故大道廢, 安有仁義. 六親不和, 安有孝慈. 邦家昏[亂, 安]有正臣.

【03】

執大象, 天下往. 往而不害, 安平大. 樂與餌, 過客止. 故道[之出言], 淡呵, 其無味也. 視之不足見, 聽之不足聞而不可旣也.

【04】

君子居則貴左, 用兵則貴右. 故曰 : 兵者, [不祥之器也, 不]得已而用之. 銛襲爲上, 弗美也. 美之, 是樂殺人. 夫樂[殺人, 不可]以得志於天下. 故吉事上左, 喪事上右. 是以偏將軍居左, 上將軍居右, 言以喪禮居之也. 故殺人衆, 則以哀悲莅之, 戰勝, 則以喪禮居之.

【05】

爲之者敗之, 執之者失之. 聖人無爲, 故無敗也 ; 無執, 故[無失也]. 愼終若始, 則無敗事矣. 人之敗也, 恒於其且成也敗之. 是以[聖]人欲不欲, 不貴難得之貨 ; 學不學, 復衆之所過. 是以能輔萬物之自然而弗敢爲.

【02】

楷書로 考定한 초간본『노자』원문

◐ 甲

甲【01】

㡭智弃支, 民利百伓. 㡭㝉弃利, 覜惻亡又. 㡭憍 弃慮, 民復季子. 三言以爲不足, 或命之或虐豆? 視索保僕, 少厶須欲.

甲【02】

江海所以爲百浴王, 以丌能爲百浴下, 是以能爲百浴王. 聖人之才民前也, 以身後之, 丌才民上也, 以言下之. 丌才民上也, 民弗厚也. 丌才民前也, 民弗害也. 天下樂進而弗詁. 以丌不靜也, 古天下莫能與之靜.

甲【03】

辠莫厚虐甚欲, 咎莫僉虐谷得, 化莫大虐不智足. 智足之爲足, 此恒足矣.

甲【04】

以衍差人宔者, 不谷以兵强於天下. 善者果而已, 不以取强. 果而弗癹, 果而弗喬, 果而弗矜, 是胃果而不强. 丌事好長.

甲【05】

古之善爲士者, 必非溺玄達, 深不可志. 是以爲之頌 : 夜虐奴冬涉川. 猷虐丌奴愄四哭. 敢虐丌奴客. 覩虐丌奴懌. 屯虐丌奴樸. 坉虐丌奴濁. 竺能濁以朿者, 䢀舍清? 竺能庀以迬者, 䢀舍生? 保此衍者不谷竘呈.

甲【06】

爲之者敗之, 孰之者遠之. 是以聖人亡爲古亡敗, 亡執古亡遊. 臨事之紀, 誓冬女怡, 此亡敗事矣. 聖人谷不谷, 不貴難得之貨 ; 孝不孝, 復衆人之所作. 是古聖人能尃萬勿之自肰而弗能爲.

甲【07】

衍恒亡爲也. 侯王能守之而萬勿䢀自𢡺. 𢡺而雒复, 䢀貞之以亡名之𡕸. 夫亦䢀智足, 智足以朿, 萬勿䢀自定.

甲【08】

爲亡爲, 事亡事, 未亡未. 大少之, 多惕必多難. 是以聖人猷難之, 古終亡難.

甲【09】

天下皆智𢼸之爲𢼸也, 亞已 ; 皆智善, 此丌不善已. 又亡之相生也 ; 難惕之相成也 ; 長耑之相型也 ; 高下之相浧也 ; 音聖之相和也 ; 先後之相墮也. 是以聖人居亡爲之事, 行不言之孝. 萬勿復而弗怡也, 爲而弗志也, 成而弗居. 天唯弗居也, 是以弗去也.

甲【10】

道恒亡名, 僕唯妻, 天陛弗敢臣. 侯王女能獸之, 萬勿將自賓. 天陛相會也, 以逾甘零, 民莫之命天自均安. 詒制又名, 名亦既又, 夫亦𣏟智止, 智止所以不詒. 卑道之才天下也, 猷少浴之與江海.

甲【11】

又𤎲蟲成, 先天陛生, 敓繡, 蜀立不亥, 可以爲天下母. 未智丌名, 㛑之曰道. 虗𢏷爲之名曰大.

大曰灊, 灊曰远, 远曰反. 天大, 陛大, 道大, 王亦大. 國中又四大安, 王居一安. 人法陛, 陛法天, 天法道, 道法自肰.

甲【12】

天陛之㓛, 丌猷囨籊與!? 虛而不屈, 潼而愈出.

甲【13】

至虛, 恒也, 獸中, 簹也. 萬勿方复, 居以須復也. 天道員員, 各復丌堇.

甲【14】

丌安也, 易柰也. 丌未菲也, 易悔也. 丌霪也, 易畔也. 丌幾也, 易後也. 爲之於丌亡又也, 絽之於丌未亂. 合〔抱之木, 生於毫〕末. 九成之臺, 作〔於累土. 百仁之高, 始於〕足下.

甲【15】

智之者弗言, 言之者弗智. 閟丌門, 賽丌門, 和丌光, 迵丌新, 劊丌䫜, 解丌紛, 是胃玄同. 古不可得天新, 亦不可得而疋; 不可得而利, 亦不可得而害; 不可得而貴, 亦不可得而戔. 古爲天下貴.

甲【16】

以正之邦, 以敧用兵, 以亡事取天下. 虗可以智丌肰也? 夫天下多异韋而民爾畋. 民多利器而邦慦昏. 人多智而敧勿慦记. 法勿慦章, 覜惻多又. 是以聖人之言曰 : 我亡事而民自福 ; 我亡爲而民自蠱 ; 我好青而民自正 ; 我谷不谷而民自樸.

甲【17】

酓悳之厚者, 比於赤子. 蟲蠆蟲它弗蓋, 攫鳥猷獸弗扣, 骨溺堇秫而捉固. 未智牝戊之合然蒸, 精之至也. 終日虐而不㥯, 和之至也. 和曰県, 智和曰明, 賹生曰羕, 心叓燹曰弜. 勿壓則老, 是胃不道.

甲【18】

名與身篙新? 身與貨篙多? 貢與貟篙疠? 甚悉必大寶, 㕄臧必多貟. 古智足不辱, 智止不怠, 可以長舊.

甲【19】

返也者, 道僮也. 溺也者, 道之甬也. 天下之勿生於又, 生於亡.

甲【20】

柔而湼之, 不不若已. 湍而羣之, 不可長保也. 金玉湼室, 莫能獸也. 貴福喬, 自遺咎也. 攻述身退, 天之道也.

◐ 乙

乙[1]

紿人事天, 莫若嗇. 夫唯嗇, 是以杲. 杲備是胃〔重積悳. 重積悳則亡〕不克. 〔亡〕不克, 則莫智丌恒. 莫智丌恒, 可以又䧙. 又䧙之母, 可以長〔舊. 是胃深槿固柢〕, 長生舊視之道也.

乙【2】

爲學日益, 爲道者日員. 員之或員, 以至亡爲也. 亡爲而亡不爲.

乙【3】

醫學亡惪, 唯與可, 相去幾可? 岦与亞, 相去可若? 人之所禣, 亦不可以不禣人.

乙【4】

態辱若纓, 貴大患若身. 可胃態辱? 態爲下也, 得之若纓, 遊之若纓. 是胃態辱纓. 〔可胃貴大患〕若身? 虛所以又大患者, 爲虛又身. 汲虛亡身, 或可〔患, 古貴爲身於〕爲天下, 若可以厇天下矣. 炁以身爲天下, 若可以迲天下矣.

乙【5】

上士昏道, 堇能行於丌中. 中士昏道, 若昏若亡. 下士昏道, 大芙之. 弗大芙, 不足以爲道矣. 是以建言又之: 明道女孛, 遲道〔女類, 進〕道若退. 上悳女浴, 大白女辱, 坐悳女不足, 建悳女〔揄, 質〕貞女愉, 大方亡禺, 大器曼成, 大音祗聖. 天象亡坓, 道〔褒亡名. 夫唯道, 善始且成〕.

乙【6】

閟丌門, 賽丌兑, 終身不孟. 啓丌兑, 賽丌事, 終身不逨.

乙【7】

大成若夬, 丌用不幣. 大浧若中, 丌用不穷. 大攷若倔, 大成若詘, 大植若屈. 喿勝蒼, 青勝然, 清清爲天下定.

乙【8】

善建者不拔, 善保者不兑. 子孫以丌祭祀不屯. 攸之身, 丌悳乃貞. 攸之豙, 丌悳乃舍. 攸之向, 丌悳乃長. 攸之邦, 丌悳乃奉. 攸之天〔下, 丌悳乃博. 以豙觀〕豙, 以向觀向, 以邦觀邦, 以天下觀天下. 虗可以智天〔下之然? 以此.〕

◐ 丙

丙【1】

大上, 下智又之. 丌即, 新譽之, 丌即禔之, 丌即柔之. 信不足, 安又不信. 猷虐丌貴言也. 成事述社而百眚曰我自肰也.

丙【2】

古大道發, 安有悬義. 六新不和, 安有孝孥. 邦豪緍〔㘵, 安〕又正臣.

丙【3】

埶大象, 天下往. 往而不害, 安坪大. 樂與餌, 怾客止. 古道〔之出言〕, 淡可, 丌無味也. 視之不足見. 聖之不足䎽而不可既也.

丙【4】

君子居則貴左, 用兵則貴右. 古曰, 兵者, 〔不祥之器也, 不〕得已而用之, 銛纕爲上, 弗㪣也. 㪣之, 是樂殺人. 夫樂〔殺人, 不可〕以得志於天下. 古吉事上左, 喪事上右. 是以㛄牆軍居左, 上牆軍居右. 言以喪豊居之也. 古〔殺人眾〕, 則以㤥悲位之. 戰勝, 則以喪豊居之.

丙【5】

爲之者敗之, 執之者遊之. 聖人無爲, 古無敗也 ; 無執, 古〔無遊也〕. 新終若詒, 則無敗事喜. 人之敗也, 恒於丌䧘成也敗之. 是以〔聖〕人欲不欲, 不貴懽得之貨 ; 學不學, 復眾之所逃. 是以能補薑勿之自肰而弗敢爲.

【03】
백서본 『노자』 甲·乙 통합 전문

※앞의 숫자는 帛書 乙本의 순서이고 [ ] 안의 숫자는 통행본의 순서이다.

◐ 德經

01 【제38장】

上德不德, 是以有德. 下德不失德, 是以無德. 上德無爲而無以爲也, 上仁爲之而無以爲也, 上義爲之而有以爲也. 上禮爲之而莫之應也, 則攘臂而扔之. 故失道. 失道矣而後德, 失德而後仁, 失仁而後義, 失義而後禮. 夫禮者, 忠信之泊也而亂之首也; 前識者, 道之華也而愚之首也. 是以大丈夫居其厚而不居其泊, 居其實而不居其華. 故去彼取此.

02 【제39장】

昔之得一者天得一以清, 地得一以寧, 神得一以靈, 浴得一以盈, 侯王得一以爲天下正, 其至之也. 天毋已清將恐裂, 胃地毋已將恐發, 胃神毋已寧將恐歇, 胃浴毋已盈將恐竭, 胃侯王毋已貴以高將恐蹶. 故必貴而以賤爲本, 必高矣而以下爲基. 夫是以侯王自胃孤, 寡, 不穀, 此其以賤之本與? 非也! 故至數與無與. 是故不欲祿祿若玉, 珞珞若石.

03 【제41장】

上士聞道, 堇而行之. 中士聞道, 若存若亡. 下士聞道, 大笑之, 弗笑, 不足以爲道. 是以建言有之曰：明道如費, 進道如退, 夷道如類；上德如浴, 大白如辱, 廣德如不足；建德如輸, 質眞如渝, 大方無隅；大器免成, 大音希聲, 天象無形. 道隱無名, 夫唯道善始且善成.

04 【제40장】

返也者, 道之動也. 弱也者, 道之用也. 天下之物生於有, 有生於無.

05 【제42장】

道生一, 一生二, 二生三, 三生萬物. 萬物負陰而抱陽, 沖氣以爲和. 天下之所惡, 唯孤寡不穀而王公以自名也. 勿或損之而益, 或益之而損. 故人所教 夕議而教人. 故强良者不得死, 我將以爲學父.

06 【제43장】

天下之至柔, 馳騁於天下之至堅, 無有入於無間, 吾是以知無爲之益. 不言之教, 無爲之益, 天下希能及之矣.

07 【제44장】

名與身孰親？身與貨孰多？得與亡孰病？甚愛必大費, 多藏必厚亡. 故知足不辱, 知止不殆, 可以長久.

08【제45장】

大成若缺, 其用不敝. 大盈若沖, 其用不窘. 大直如詘, 大巧如絀, 大贏如肭. 躁勝寒, 靚勝炅, 請靚可以爲天下正.

09【제46장】

天下有道, 却走馬以糞. 天下無道, 戎馬生於郊. 罪莫大於可欲, 禍莫大於不知足, 咎莫憯於欲得. 故知足之足, 恒足矣.

10【제47장】

不出於户, 以知天下. 不窺於牖, 以知天道. 其出也彌遠, 其知彌少. 是以聖人不行而知, 不見而名, 弗爲而成.

11 [第48章]

爲學者日益, 聞道者日損. 損之又損, 以至於無爲, 無爲而無不爲. 取天下, 恒無事, 及其有事也, 不足以取天下.

12【제49장】

聖人恒無心, 以百姓之心爲心. 善者善之, 不善者亦善之, 德善也. 信者信之, 不信者亦信之, 德信也. 聖人之在天下, 歙歙焉, 爲天下渾心, 百姓皆屬其耳目, 聖人皆孩之.

13【제50장】

出生入死 : 生之徒十有三, 死之徒十有三而 民生生, 動皆之死地之十有三. 夫何故也? 以其生生也. 蓋聞善執生者, 陵行不避矢虎, 入軍不被甲兵. 兕無所椾其角, 虎無所措其蚤, 兵無所容其刃. 夫何故也? 以其無死地焉.

14 【제51장】

道生之而德畜之, 物刑之而器成之, 是以萬物尊道而貴德. 道之尊, 德之貴也, 夫莫之爵而恒自然也. 道生之, 畜之, 長之, 遂之, 亭之, 毒之, 養之, 覆之. 生而弗有也, 爲而弗恃也, 長而弗宰也, 此之謂玄德.

15 【제52장】

天下有始, 以爲天下母. 既得其母, 以知其子, 復守其母, 沒身不殆. 塞其悶, 閉其門, 終身不堇. 啓其悶, 濟其事, 終身不救. 見小曰明, 守柔曰强. 用其光, 復歸其明, 毋遺身殃, 是胃襲常.

16 【제53장】

使我介有知, 行於大道, 唯施是畏. 大道甚夷, 民甚好懈. 朝甚除, 田甚蕪, 倉甚虛 ; 服文采, 帶利劍, 厭食而資財有餘 ; 是謂盜杇. 盜杇, 非道也.

17 【제54장】

善建者不拔, 善抱者不脫, 子孫以祭祀不絶. 修之身, 其德乃眞 ; 修之家, 其德有餘 ; 修之鄕, 其德乃長 ; 修之邦, 其德乃豐 ; 修之天下, 其德乃博. 以身觀身, 以家觀家, 以鄕觀鄕, 以邦觀邦, 以天下觀天下. 吾何以知天下之然? 玆以此.

18 【제55장】

含德之厚者, 比於赤子. 蜂蠆虺蛇弗螫, 攫鳥猛獸弗搏, 骨弱筋柔而握固. 未知牝牡之會而朘怒, 精之至也 ; 終日號而不嚘, 和之至也. 和曰常, 知和曰明, 益生曰祥, 心使氣曰强. 物壯即老, 胃之不道, 不道蚤已.

19 【제56장】

知者弗言, 言者弗知. 塞其悶, 閉其門, 和其光, 同其塵, 銼其閱而解其紛, 是謂玄同. 故不可得而親, 亦不可得而疏 ; 不可得而利, 亦不可得而害 ; 不可得而貴, 亦不可得而賤 ; 故爲天下貴.

20 【제57장】

以正治邦, 以畸用兵, 以無事取天下. 吾何以知其然也哉? 夫天下多忌諱而民彌貧, 民多利器而邦家玆章. 人多智而奇物滋起, 法物滋章而盜賊多有. 是以聖人之言曰 : 我無爲也而民自化, 我好靜而民自正. 我無事, 民自富. 我欲不欲, 而民自樸.

21 【제58장】

其政閔閔, 其民屯屯. 其政察察, 其邦缺缺. 禍, 福之所倚 ; 福, 禍之所伏 ; 孰知其極? 其無正也? 正復爲奇, 善復爲祆. 人之迷也, 其日固久矣. 是以方而不割, 兼而不刺, 直而不紲, 光而不眺.

22 【제59장】

治人事天, 莫若嗇. 夫惟嗇, 是以早服. 早服, 是謂重積德. 重積德, 則無不克. 無不克, 則莫知其極. 莫知其極, 則可以有國. 有國之母, 可以長久. 是謂深根固氏, 長生久視之道也.

23 【제60장】

治大國若亨小鮮, 以道立天下, 其鬼不神. 非其鬼不神也, 其神不傷人也. 非其神不傷人也, 聖人亦弗傷也. 夫兩不相傷, 故德交歸焉.

24 【제61장】

大邦者, 下流也, 天下之牝也, 天下之郊也. 牝恒以靚勝牡, 爲其靚也, 故宜爲下. 大邦以下小邦, 則取小邦. 小邦以下大邦, 則取於大邦. 故或下以取, 或下而取. 故大邦者不過欲兼畜人, 小邦者不過欲入事人. 夫皆得其欲, 則大者宜爲下.

25 【제62장】

道者萬物之注也, 善人之葆也, 不善人之所葆也. 美言可以市, 尊行可以賀人. 人之不善, 何棄之有? 故立天子, 置三卿, 雖有共之璧以先, 四馬不善, 坐而進此. 古之所以貴此道者何? 不曰求以得, 有罪以免與, 故爲天下貴.

26 【제63장】

爲無爲, 事無事, 味無味. 大小多少, 报怨以德. 圖難於其易也, 爲大於其細也. 天下之難作於易, 天下之大作於細. 是以聖人終不爲大, 故能成其大. 夫輕諾必寡信, 多易必多難. 是以聖人猶難之, 故終於無難.

27 【제64장】

其安也, 易持也 ; 其未兆也, 易謀也 ; 其脆也, 易判也 ; 其微也, 易散也. 爲之於其未有也, 治之於其未亂也. 合抱之木生於毫末, 九層之台作於羸土, 百仞之高始於足下. 爲之者敗之, 執之者失之. 是以聖人無爲也, 故無敗也 ; 無執也, 故無失也. 民之從事也, 恒於其成事而敗之. 故愼終若始則無敗事矣. 是以聖人欲不欲而不貴難得之貨, 學不學而復衆人之所過, 能輔萬物之自然而弗敢爲.

28 【제65장】

故曰爲道者非以明民也, 將以愚之也. 民之難治也, 以其知也. 故以知知邦, 邦之賊也. 以不知知邦, 邦之德也. 恒知此兩者, 亦稽式也. 恒知稽式, 此胃玄德. 玄德深矣, 遠矣, 與物反矣, 乃至大順.

29 【제66장】

江海所以能爲百浴王者, 以其善下之, 是以能爲百浴王. 是以聖人之欲上民也, 必以其言下之 ; 欲先民也, 必以其身後之. 故居前而民弗害也, 居上而民弗重也, 天下樂推而弗厭也. 非以其無爭與, 故天下莫能與爭 !

30 【제80장】

小邦寡民 : 使有十百人之器毋用, 使民重死而遠徙. 有車舟無所乘之, 有甲兵無所陳之, 使民復結繩而用之. 甘其食, 美其服, 樂其俗, 安其居. 鄰邦相望, 鷄狗之聲相聞, 民至老死不相往来.

31【제81장】

信言不美, 美言不信. 知者不博, 博者不知. 善者不多, 多者不善. 聖人無積, 既以爲人, 己俞有; 既以予人矣, 己俞多. 故天之道, 利而不害; 人之道, 爲而弗爭.

32【제67장】

天下皆胃我大, 不宵. 夫唯大, 故不宵. 若宵, 細久矣. 我恒有三, 葆之, 一曰茲, 二曰檢, 三曰不敢爲天下先. 夫茲, 故能勇. 檢, 故能廣. 不敢爲天下先, 故能爲成事長. 今舍其茲且勇, 舍其後且先, 則必死矣. 夫茲, 以戰則勝, 以守則固. 天將建之, 如以茲垣之.

33【제68장】

善爲士者不武, 善戰者不怒, 善勝敵者弗與, 善用人者爲之下, 是胃不爭之德. 是胃用人, 是胃配天古之極也.

34【제69장】

用兵有言曰: 吾不敢爲主而爲客, 吾不進寸而退尺. 是胃行無行, 攘無臂, 執無兵, 乃無敵矣. 禍莫大於無敵. 無適近亡吾, 吾葆矣. 故稱兵相若, 則哀者勝矣.

35【제70장】

吾言甚易知也, 甚易行也而人莫之能知也而莫之能行也. 言有君, 事有宗, 其唯無知也, 是以不我知. 知我者希, 則我貴矣, 是以聖人被褐而褱玉.

36 【제71장】

知不知尚矣. 不知不知, 病矣. 是以聖人之不病, 以其病病也, 是以不病.

37 【제72장】

民之不畏, 則大畏將至矣. 毋閘其所居, 毋厭其所生. 夫惟弗厭, 是以不厭. 是以聖人自知而不自見也, 自愛而不自貴也. 故 : 去彼取此.

38 【제73장】

勇於敢者則殺, 勇於不敢則栝. 兩者或利或害, 天之所惡, 孰知其故? 天之道, 不單而善勝, 不言而善應, 不召而自來, 單而善謀. 天罔恢恢, 疏而不失.

39 【제74장】

若民恒不畏死, 奈何以殺懼之也? 若民恒畏死, 則而爲者吾將得而殺之, 夫孰敢矣? 若民恒且必畏死, 則恒有司殺者. 夫代司殺者殺, 是代大匠斲也. 夫代大匠斲者, 則希不傷其手也.

40 【제75장】

人之飢也, 以其取食稅之多也, 是以飢. 百姓之不治也, 以其上有以爲也, 是以不治. 民之輕死, 以其求生之厚也, 是以輕死. 夫惟無以生爲者, 是賢貴生.

41 【제76장】

人之生也柔弱, 其死也恒仞堅强. 萬物草木之生也柔脆, 其死也桔槁. 故曰堅强者, 死之徒也. 柔弱微細, 生之徒也. 兵强則不勝, 木强則兢. 强大居下, 柔弱微細居上.

42 【제77장】

天下之道, 猶張弓者也. 高者印之, 下者擧之, 有餘者損之, 不足者補之. 故天之道, 損有余而益不足. 人之道, 云不足而奉有余. 孰能有余而又以奉於天者？ 此有道者乎？ 是以聖人爲而弗有, 成功而弗居也. 若此, 其不欲見賢也.

43 【제78장】

天下莫柔弱於水, 而攻堅强者莫之能勝也, 以其無以易之也. 水之勝剛也, 弱之勝强也, 天下莫弗知也而 莫之能行也. 故聖人之言損曰 : 受邦之訽, 是謂社稷之主. 受邦之不祥, 是胃天下之王. 正言若反.

44 【제79장】

和大怨, 必有餘怨, 焉可以爲善？ 是以聖人右契而不以責於人. 故又德司芥, 無德司徹. 夫天道無親, 恒與善人.

◐ 道經

45 【제1장】

道可道也, 非恒道也. 名可名也, 非恒名也. 無名萬物之始也, 有名萬物之母也. 故恒無欲也, 以觀其妙. 恒有欲也, 以觀其所噭. 兩者同出, 異名同胃. 玄之又玄, 衆妙之門.

46 【제2장】

天下皆知美爲美, 惡已; 皆知善, 斯不善矣. 有無之相生也, 難易之相成也, 長短之相刑也, 高下之相盈也, 意聲之相和也, 先後之相隋恒也. 是以聖人居無爲之事, 行不言之教. 萬物昔而弗始也, 爲而弗侍也, 成功而弗居也. 夫唯居, 是以弗去.

47 【제3장】

不上賢, 使民不爭. 不貴難得之貨, 使民不爲盜. 不見可欲, 使民不亂. 是以聖人之治也, 虛其心, 實其腹, 弱其志, 强其骨, 恒使民無知無欲也. 使夫知不敢, 弗爲而已, 則無不治矣.

48 【제4장】

道沖而用之, 又弗盈也, 淵呵, 佁萬物之宗. 銼其兌, 解其紛, 和其光, 同其塵. 湛呵, 佁或存, 吾不知誰子也, 象帝之先.

49 【제5장】

天地不仁, 以萬物爲芻狗; 聖人不仁, 以百姓爲芻狗. 天地之間, 其猶橐籥與? 虛而不淈, 踵而俞出. 多聞數窮, 不若守於中.

50 【제6장】

浴神不死, 是胃玄牝. 玄牝之門, 是胃天地之根, 緜緜呵若存, 用之不堇.

51 【제7장】

天長地久. 天地之所以能長且久者, 以其不自生也, 故能長生. 是以聖人退其身而身先, 外其身而身存. 不以其無私輿? 故能成其私.

52 【제8장】

上善似水. 水善利萬物而有爭, 居衆之所惡, 故幾於道矣. 居善地, 心善淵, 予善信, 政善治, 事善能, 動善時. 夫唯不爭, 故無尤.

53 【제9장】

殖而盈之, 不若其已. 揣而梲之, 不可常葆之. 金玉盈室, 莫之守也. 貴富而驕, 自遺咎也. 功遂身退, 天之道也.

54 【제10장】

戴營魄抱一, 能毋離乎? 專氣致柔, 能嬰兒乎? 修除玄監, 能毋疵乎? 愛民栝國, 能毋以知乎? 天門啓闔, 能爲雌乎? 明白四達, 能無以知乎? 生之畜之, 生而弗有, 長而弗宰也, 是胃玄德.

55 【제11장】

卅楅共一轂, 當其無, 有車之用也. 然埴而爲器, 當其無, 有埴器之用也. 户牖, 當其無, 有室之用也. 故有之以爲利, 無之以爲用.

56 【제12장】

五色使人目盲, 馳騁田猎使人心發狂, 難得之貨使人之行仿, 五味使人之口爽, 五音使人之耳聾. 是以聖人之治也, 爲腹而不爲目. 故去彼取此.

57【제13장】

寵辱若驚, 貴大患若身. 何謂寵辱若驚? 寵之爲下, 得之若驚, 失之若驚, 是胃寵辱若驚. 何胃貴大患若身? 吾所以有大患者, 爲吾有身也, 及吾無身, 又何患? 故貴爲身於爲天下, 若可以託天下;愛以身爲天下, 女可以寄天下.

58【제14장】

視之而弗見, 名之曰微. 聽之而弗聞, 名之曰希. 昏之而弗得, 名之曰夷. 三者不可至計, 故混而爲一. 一者, 其上不攸, 其下不惚, 尋尋呵不可名也, 復歸於無物. 是胃無狀之狀, 無物之象. 是胃忽望, 隋而不見其後, 迎而不見其首. 執今之道, 以御今之有, 以知古始, 是胃道紀.

59【제15장】

古之善爲道者, 微妙玄達, 深不可識. 夫唯不可識, 故强爲之容, 曰:與呵, 其若冬涉水;猶呵, 其若畏四隣;儼呵, 其若客;涣呵, 其若凌澤;沌呵, 其若樸;湷呵, 其若濁;滾呵, 其若浴. 濁而靜之, 徐清. 女以重之, 徐生. 葆此道不欲盈, 夫唯不欲盈, 是以能敝而不成.

60【제16장】

至虛極也, 守靜表也, 萬物旁作, 吾以觀其復也. 天物雲雲, 各復歸於其根, 歸根曰靜. 靜是胃復命, 復命常也, 知常明也. 不知常, 茫茫作, 凶. 知常容, 容乃公, 公乃王, 王乃天, 天乃道, 道乃久, 没身不殆.

61 【제17장】

大上, 下知有之, 其次親譽之, 其次畏之, 其下侮之. 信不足, 案有不信, 猶呵其貴言也! 成功遂事而百姓胃我自然.

62 【제18장】

故大道廢, 案有仁義. 知識出, 案有大僞. 六親不和, 案有孝玆. 邦家昏亂, 案有貞臣.

63 【제19장】

絶聖棄知, 民利百倍 ; 絶仁棄義, 民復孝玆 ; 絶巧棄利, 盜賊無有. 此三言也, 以爲文未足, 故令之有所屬 : 見素抱樸, 少私寡欲, 絶學無憂.

64 【제20장】

唯與訶, 其相去幾何? 美與惡, 其相去何若? 人之所畏, 亦不可以不畏, 恍呵其未央哉! 衆人熙熙, 若鄕於太牢而春登臺 ; 我泊焉未兆, 若嬰兒未咳 ; 累呵佁無所歸. 衆人皆有餘, 我獨遺我, 愚人之心也, 湷湷呵. 俗人昭昭, 我獨昏呵. 俗人察察, 我獨閩閩呵. 望呵其若海, 望呵其若無所止. 衆人皆有以, 我獨頑以俚, 吾欲獨異於人而貴食母.

65 【제21장】

孔德之容, 唯道是從. 道之物, 唯望唯忽. 忽呵望呵, 中有象呵.

望呵忽呵, 中有物呵. 幽呵冥呵, 中有請呵. 其請甚眞, 其中有信. 至今及古, 其名不去, 以順衆父. 吾何以知衆父之然? 以此.

66 【제24장】

炊者不立, 自視不章, 自見者不明, 自伐者無功, 自矜者不長. 其在道曰食贅行, 物或惡之, 故有欲者弗居.

67 【제22장】

曲則全, 枉則定. 洼則盈, 敝則新. 少則得, 多則惑. 是以聖人執一以爲天下牧. 不自視故明, 不自見故章, 不自伐故有功, 弗矜故能長. 弗唯不爭, 故莫能與之爭. 古之所胃曲全者, 幾語才? 誠全歸之.

68 【제23장】

希言自然, 飄風不終朝, 暴雨不終日. 孰爲此? 天地而弗能久, 又況於人乎? 故從事而道者同於道, 德者同於德, 失者同於失. 同於德者, 道亦德之. 同於失者, 道亦失之.

69 【제25장】

有物混成, 先天地生. 繡呵繆呵, 獨立而不改, 可以爲天地母. 吾未知其名, 字之曰道, 强爲之名曰大. 大曰筮, 筮曰遠, 遠曰返. 道大, 天大, 地大, 王亦大. 國中有四大, 而王居一焉. 人法地, 地法天, 天法道, 道法自然.

70 【제26장】

重爲輕根, 靜爲躁君. 是以君子終日行, 不離其輜重; 雖有環官,燕處則昭若. 若何萬乘之王而以身輕於天下? 輕則失本, 躁則失君.

71 【제27장】

善行者無達迹, 善言者無瑕適, 善數者不以檮策. 善閉者無關籥而不可啓也, 善結者無纆約而不可解也. 是以聖人恒善救人而無棄人, 物無棄財, 是胃神明. 故善人, 善人之師. 不善人, 善人之資. 不貴其師, 不愛其資, 雖知乎大眯! 是謂眇要.

72 【제28장】

知其雄, 守其雌, 爲天下溪. 爲天下溪, 恒德不離. 恒德不離, 復歸嬰兒. 知其白, 守其辱, 爲天下浴. 爲天下浴, 恒德乃足, 復歸於樸. 知其白, 守其黑, 爲天下式. 爲天下式, 恒德不貣. 恒德不貣, 復歸於無極. 樸散則爲器, 聖人用則爲官長, 夫大制無割.

73 【제29장】

將欲取天下而爲之, 吾見其弗得已. 天下神器也, 非可爲者也. 爲者敗之, 執者失之, 勿或行, 或隨, 或炅, 或吹, 或强, 或挫, 或壞, 或墮, 是以聖人去甚, 去大, 去奢.

74 【제30장】

以道佐人主, 不以兵强於天下, 其事好還. 師之所居, 楚棘生之. 善者果而已矣, 毋以取强焉. 果而毋驕, 果而毋矜, 果而毋伐. 果而毋得已居, 是謂果而不强. 物壯而老, 是謂之不道, 不道早已.

75 【제31장】

夫兵者, 不祥之器也. 物或惡之, 故有欲者弗居. 君子居則貴左, 用兵則貴右, 故兵者非君子之器也. 兵者不祥之器也, 不得已而用之, 銛襲爲上, 勿美也! 若美之, 是樂殺人也. 夫樂殺人, 不可以得志於天下矣. 是以吉事上左, 喪事上右. 是以偏將軍居左, 上將軍居右, 言以喪禮居之也. 殺人衆, 以悲哀立之. 戰勝以喪禮處之.

76 【제33장】

道恒無名, 樸雖小而天下弗敢臣, 侯王若守之, 萬物將自賓. 天地相合, 以俞甘露, 民莫之令而自均焉. 始制有名, 名亦既有, 夫亦將知止, 知止所以不殆. 俾道之在天下也, 猶小浴之與江海也.

77 【제33장】

知人者智也, 自知者明也. 勝人者有力也, 自勝者强也. 知足者富也, 强行者有志也. 不失其所者久也, 死不忘者壽也.

78 【제34장】

道泛呵, 其可左右也, 成功遂事而弗名有也. 萬物歸焉而弗爲主, 則恒無欲也, 可名於小. 萬物歸焉而弗爲主, 可名於大. 是以聖人之能成大也, 以其不爲大也, 故能成大.

79 【제35장】

執大象, 天下往. 往而不害, 安平大. 樂與餌, 過格止. 故道之出言也, 曰淡呵其無味也. 視之不足見也, 聽之不足聞也, 用之不可既也.

80【제36장】

將欲翕之, 必固張之. 將欲弱之, 必固强之. 將欲去之, 必固與之. 將欲奪之, 必固予之. 是謂微明, 柔弱勝强. 魚不脫於淵, 邦利器不可以示人.

81【제37장】

道恒無名, 侯王若守之, 萬物將自化. 化而欲作, 吾將闐之以無名之樸. 闐之以無名之樸, 夫將不辱. 不辱以靜, 天地將自正.

04

곽점 초간본『노자』도판

출처 :『郭店楚墓竹簡』(荊門市博物館 編, 文物出版社, 1998. 5. 제1판) 所載

※ 숫자는 도판의 번호이다.

甲 1~10

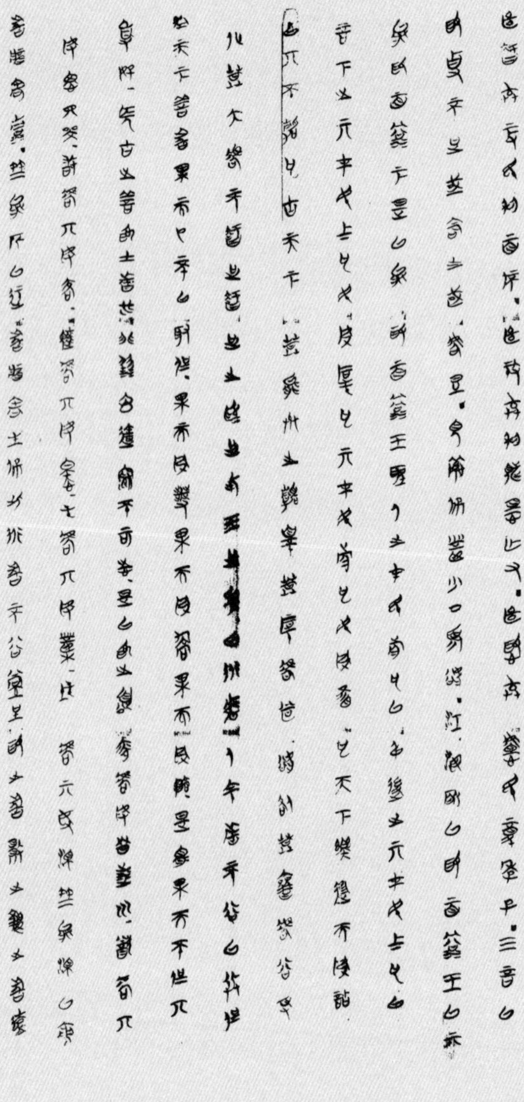

一〇 九 八 七 六 五 四 三 二 一

甲 11~22

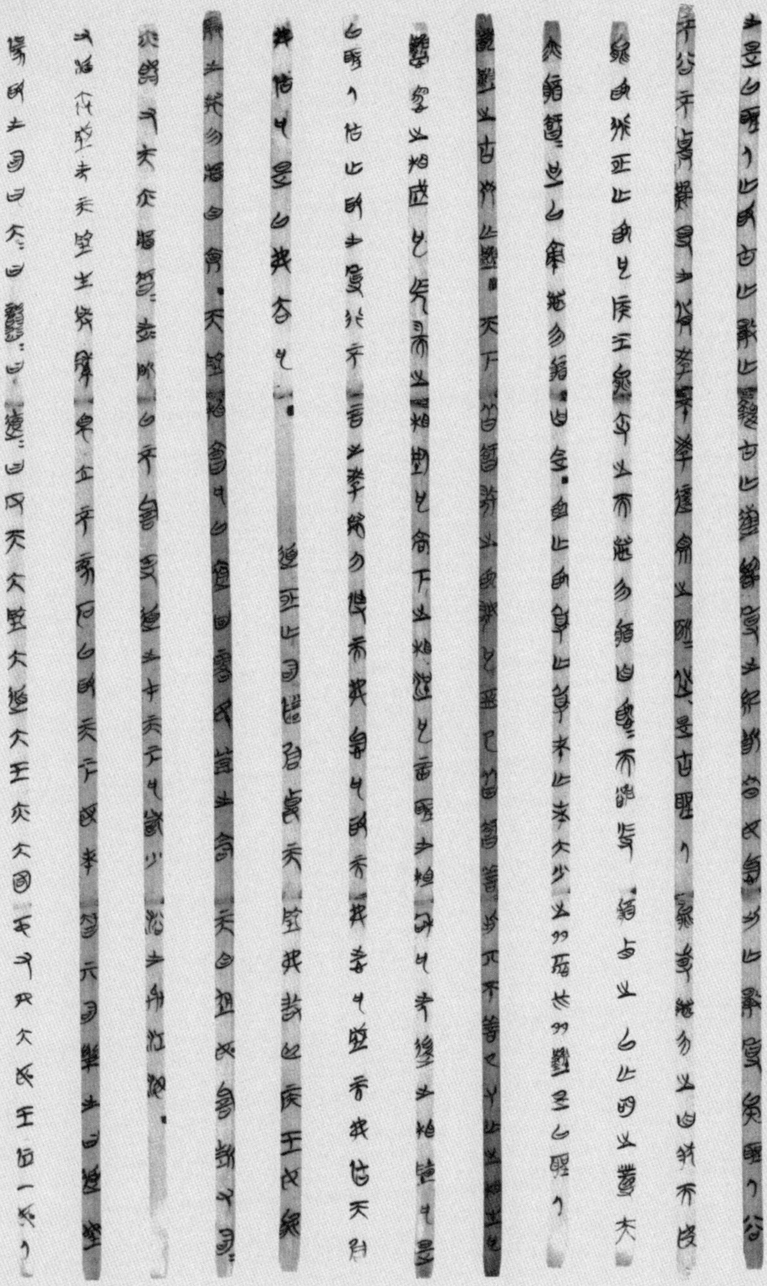

一一 一二 一三 一四 一五 一六 一七 一八 一九 二〇 二一 二二

甲 23~34

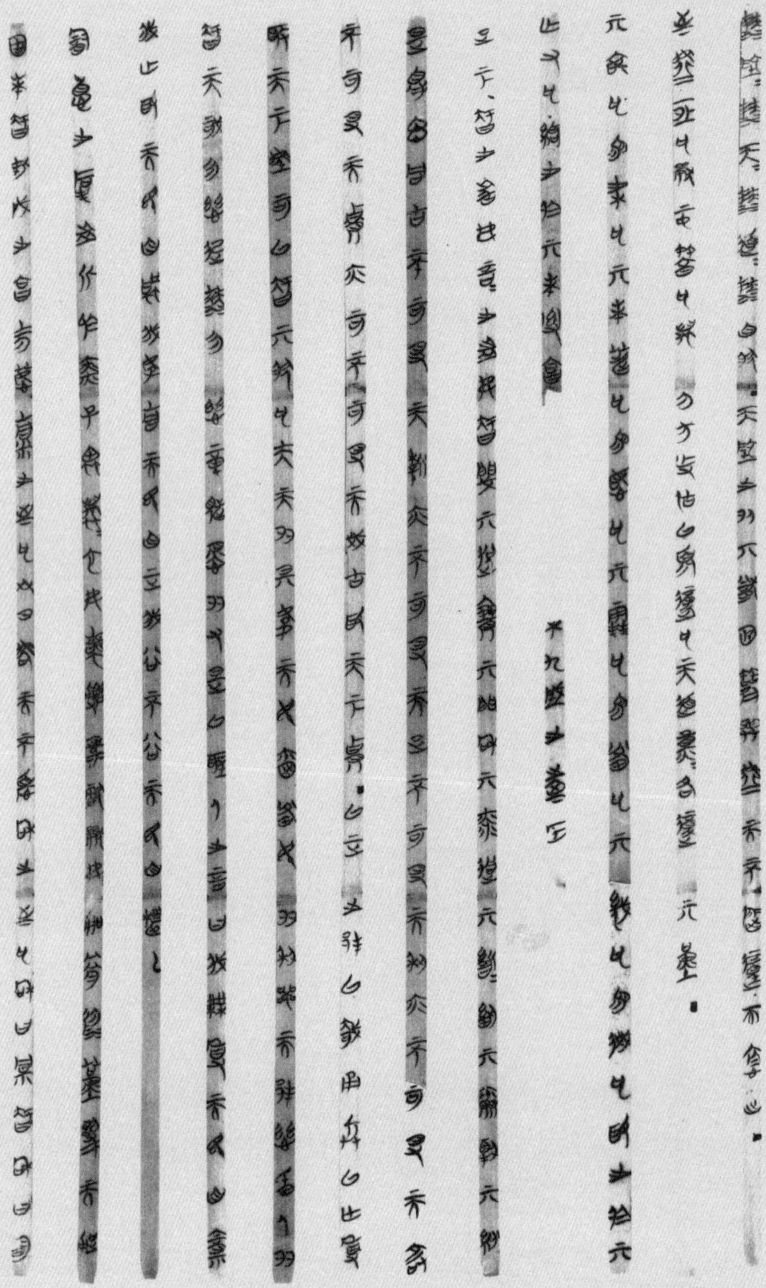

二三 二四 二五 二六 二七 二八 二九 三〇 三一 三二 三三 三四

甲 35~39

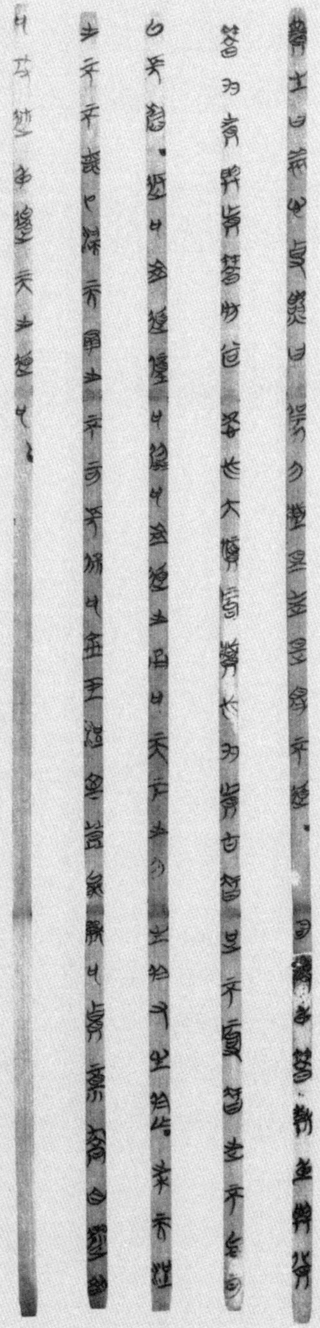

乙 1~10

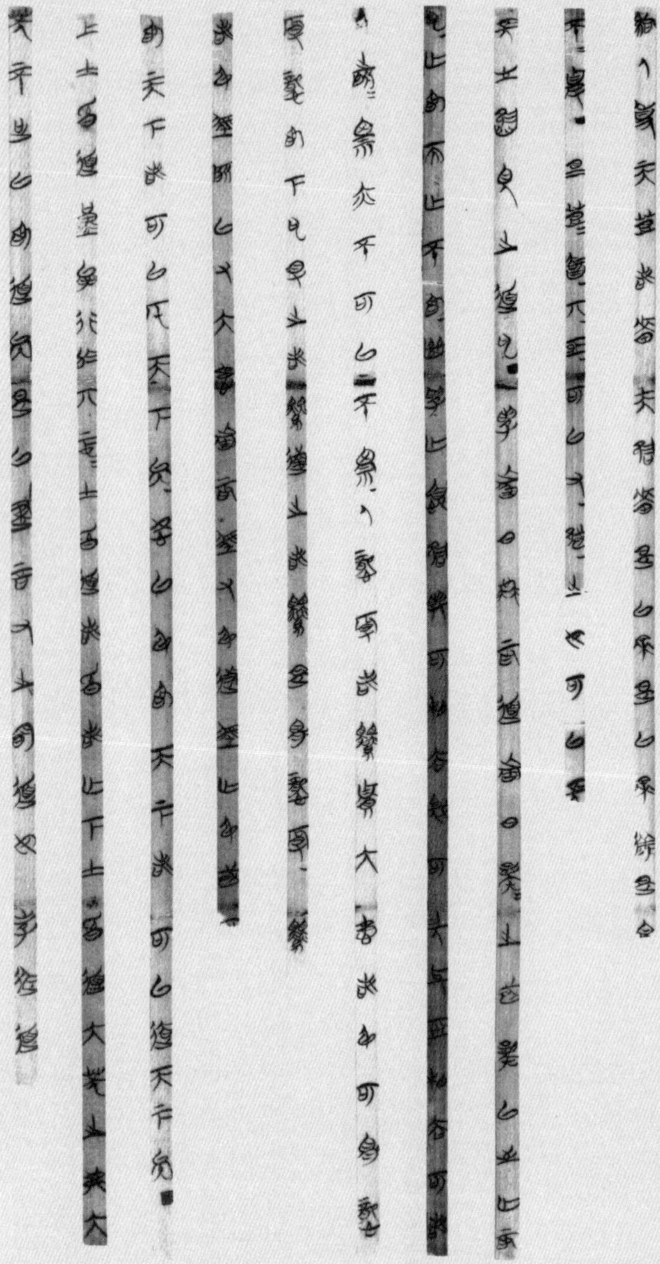

乙 11~18

丙 1~10

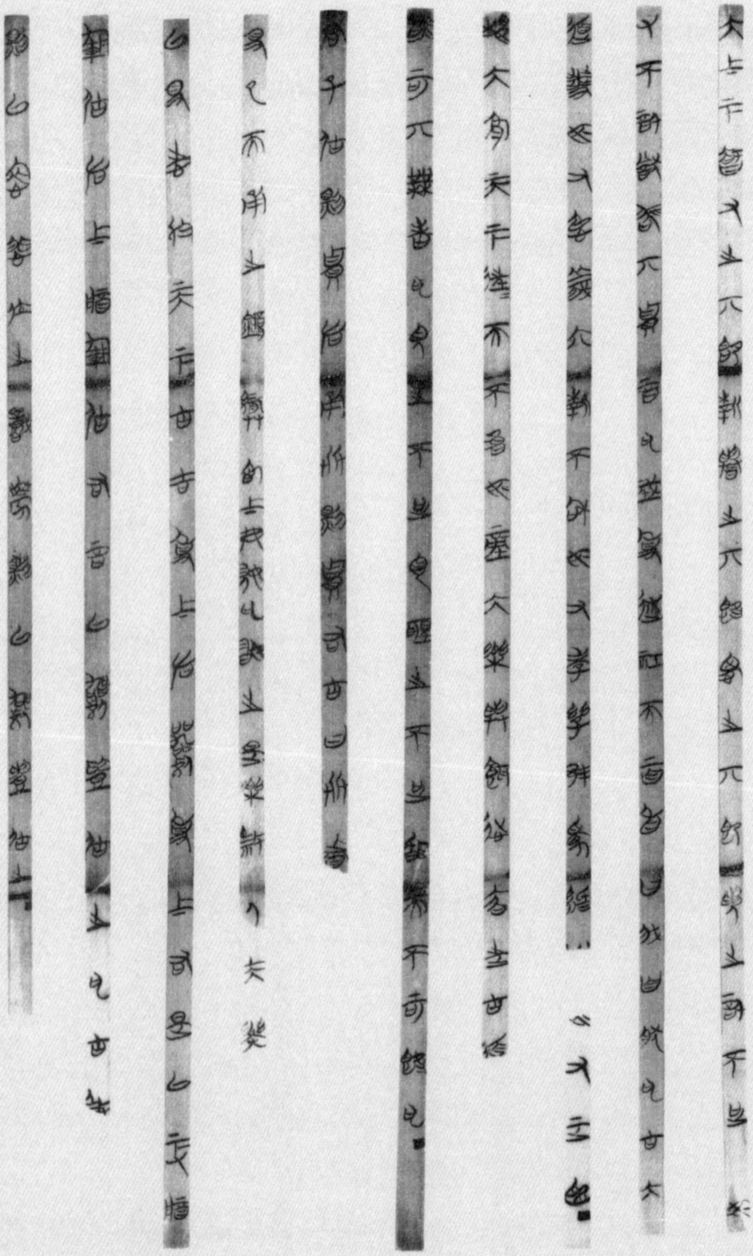

一〇 九 八 七 六 五 四 三 二 一

丙 11~14

《 05 》

가로로 배열한 竹簡 원문

◐ 초간본 甲

甲【1】

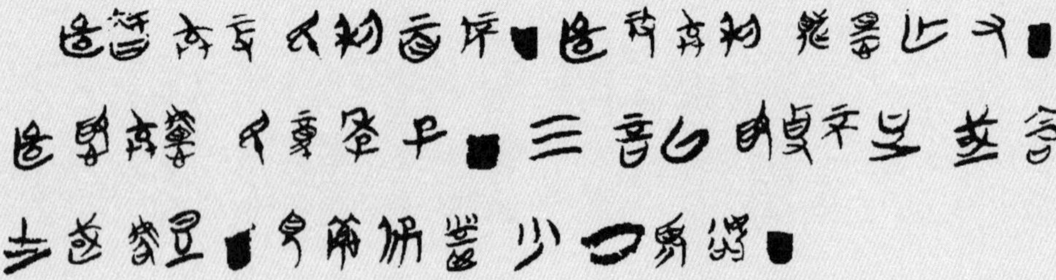

甲【2】

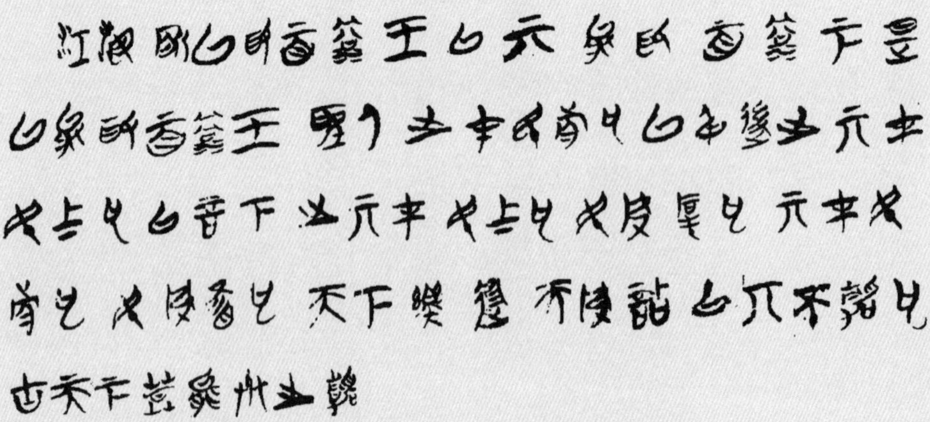

甲【3】

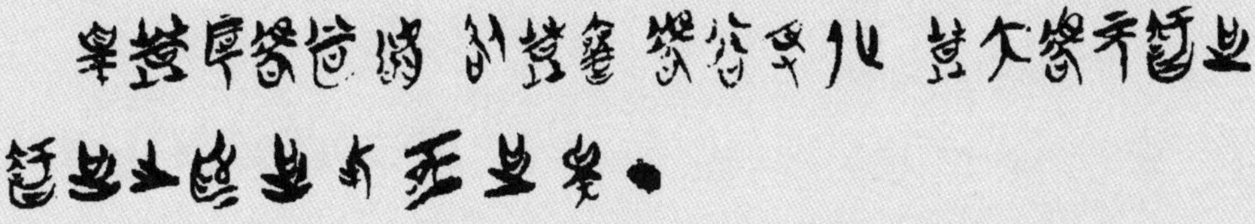

甲【4】

甲【5】

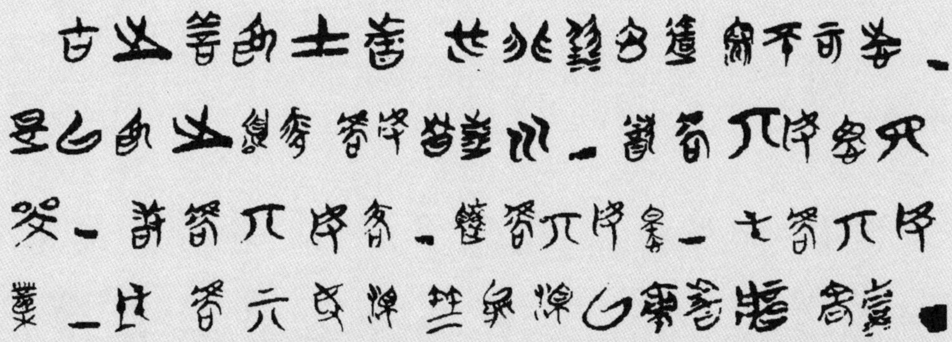

甲【6】

甲【7】

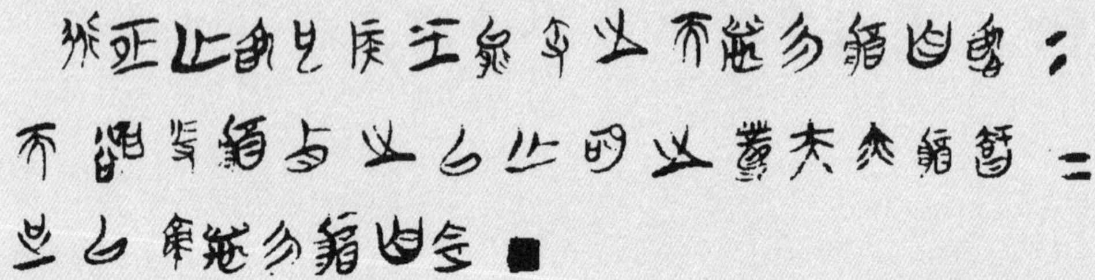

甲【8】

甲【9】

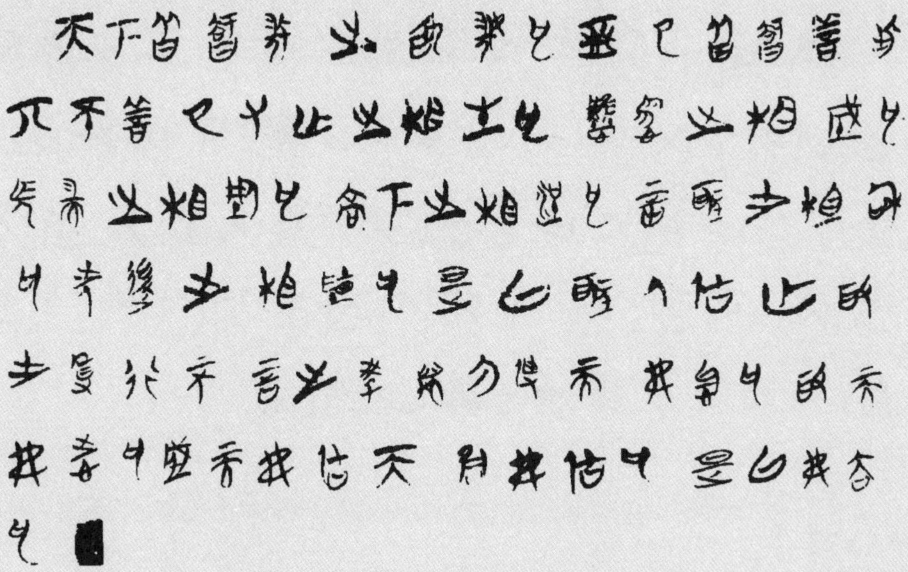

甲【10】

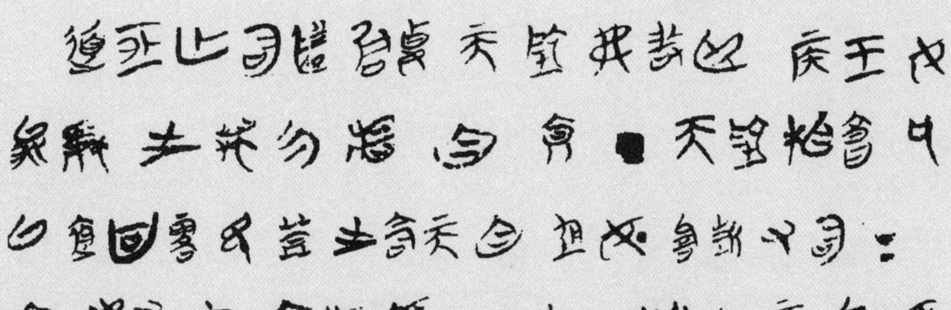

甲【11】

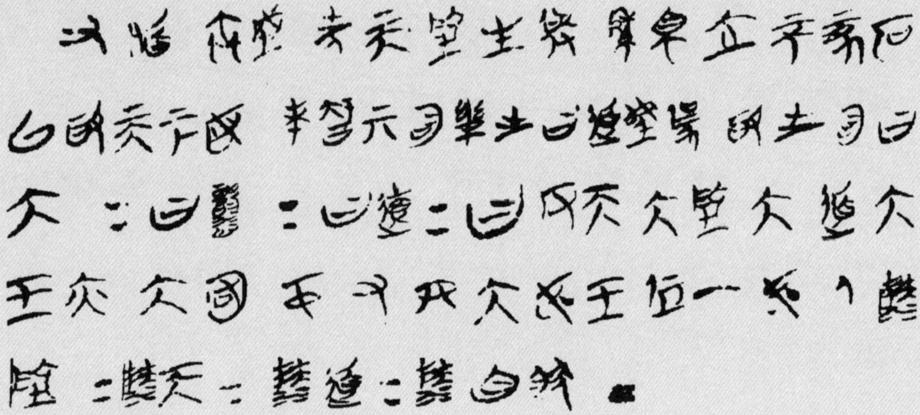

甲【12】

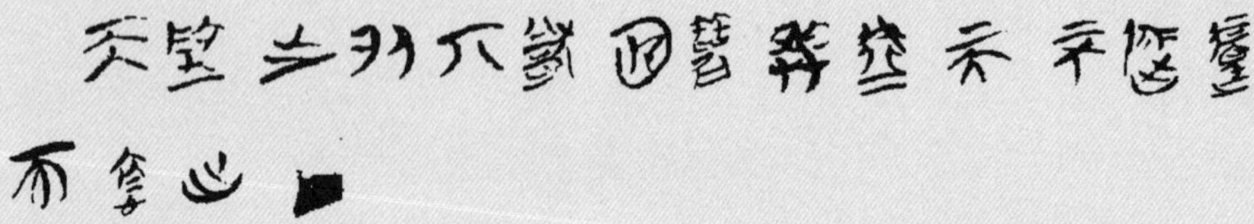

甲【13】

甲【14】

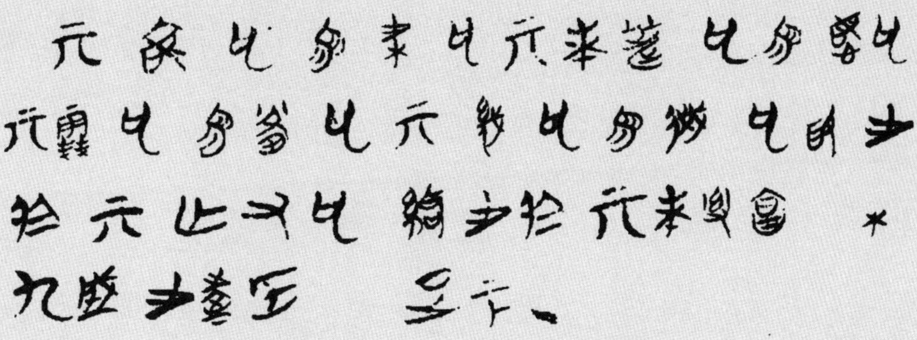

甲【15】

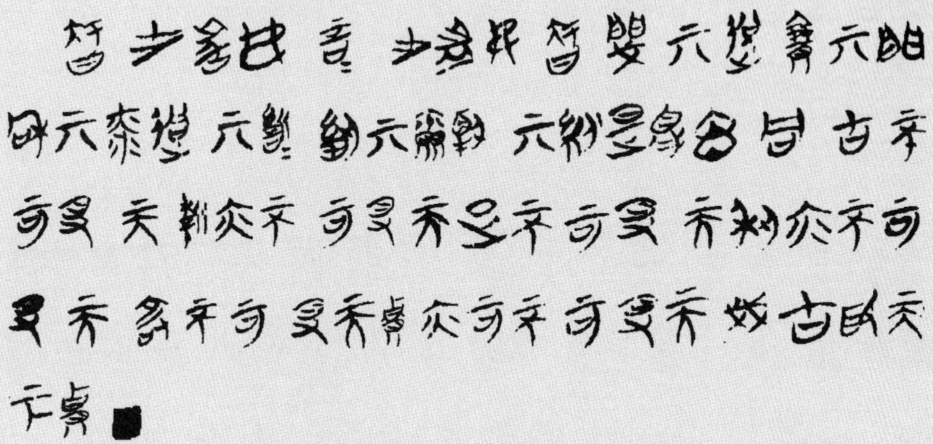

甲【16】

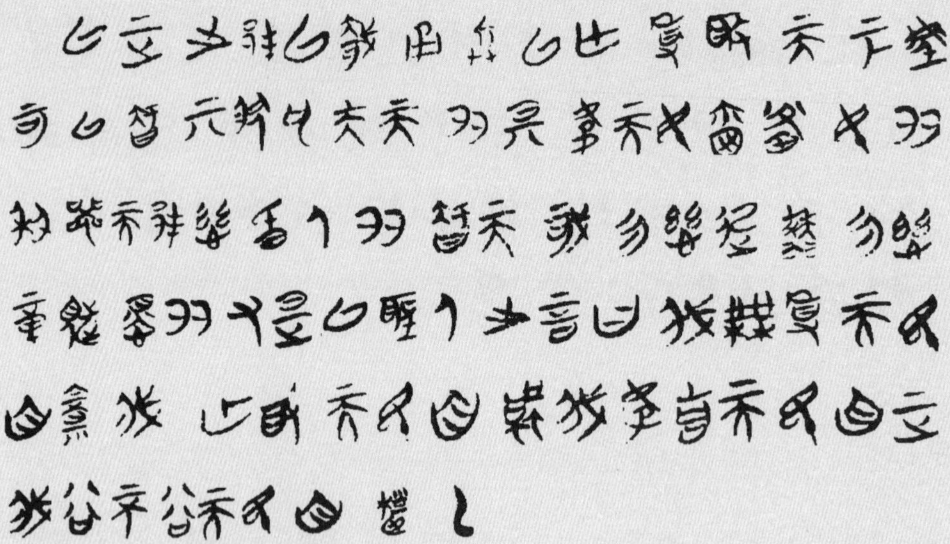

甲【17】

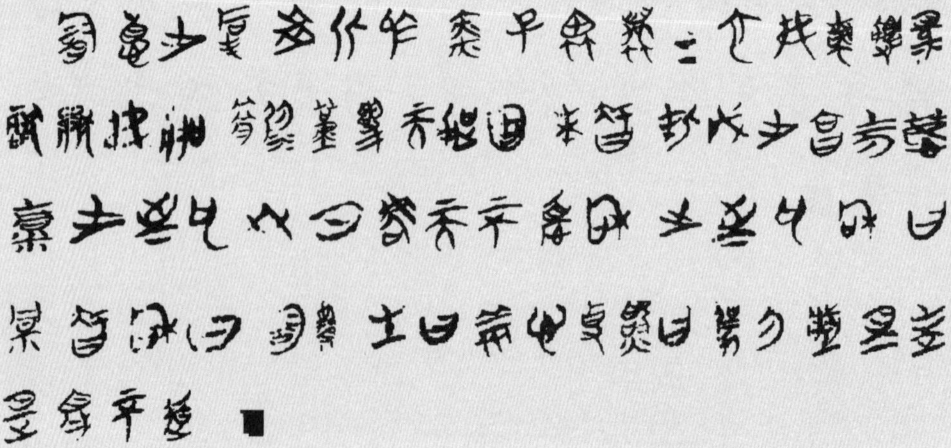

甲【18】

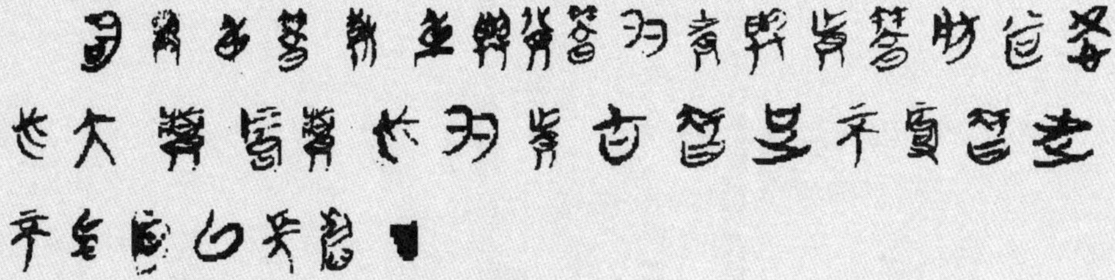

甲【19】

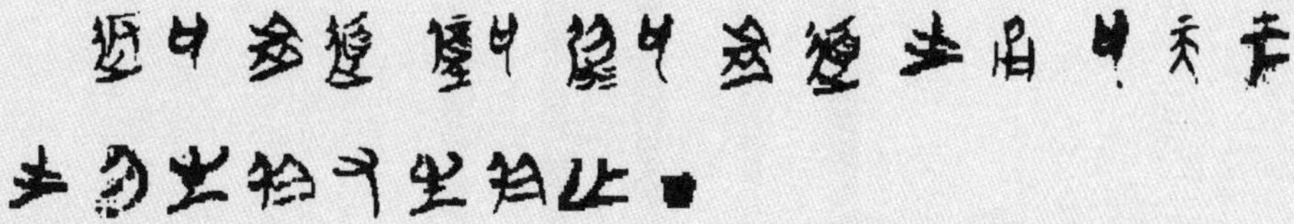

甲【20】

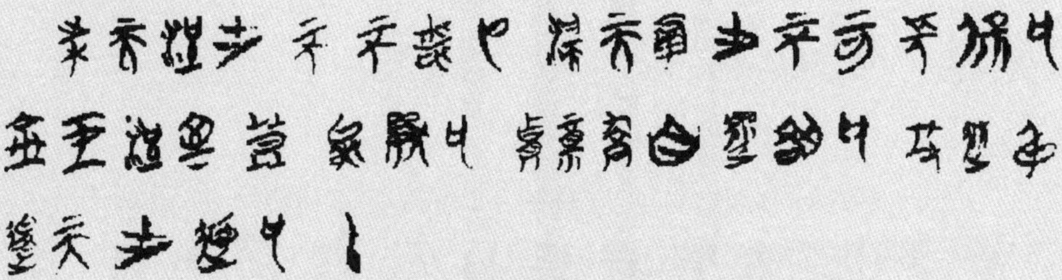

◐ 초간본 乙

乙【1】

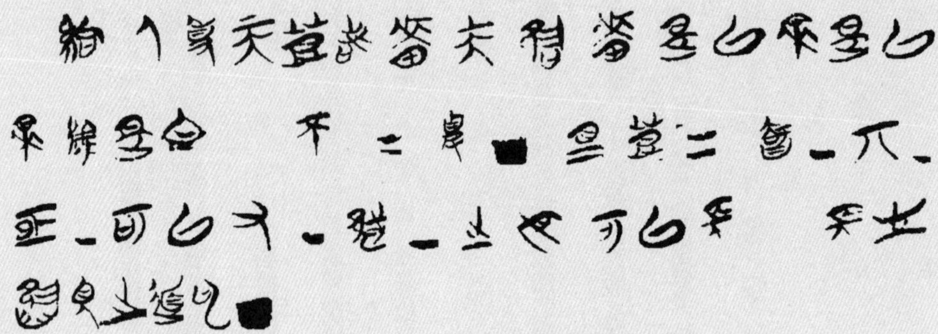

乙【2】

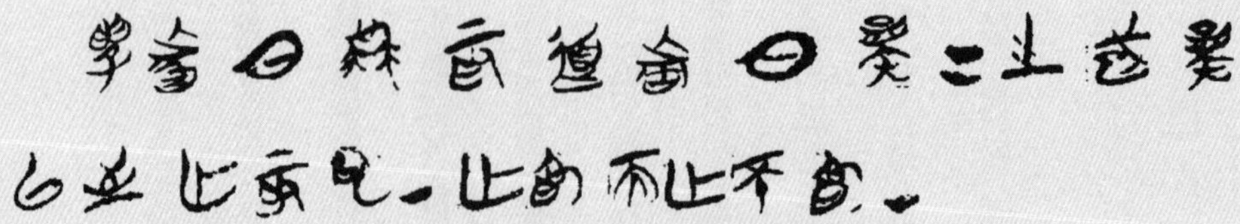

乙【3】

乙【4】

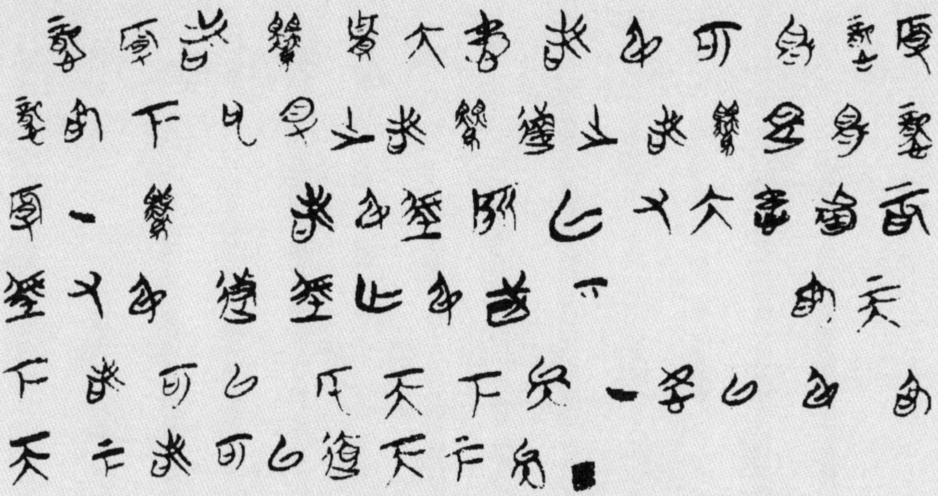

乙【5】

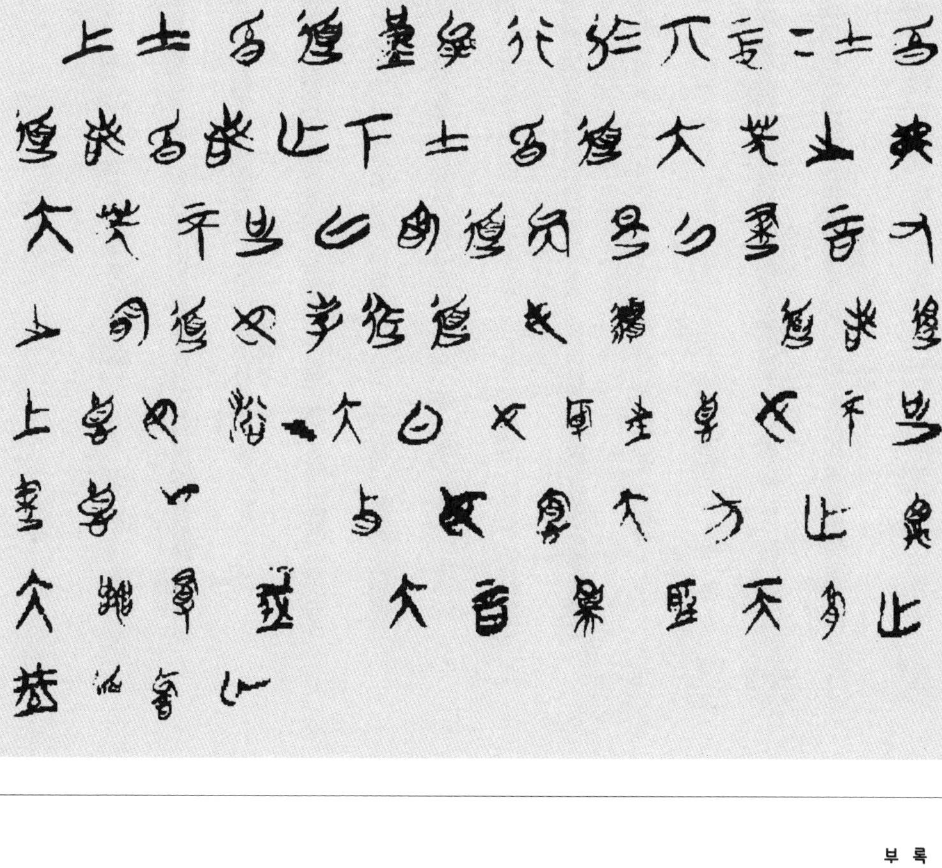

乙【6】

乙【7】

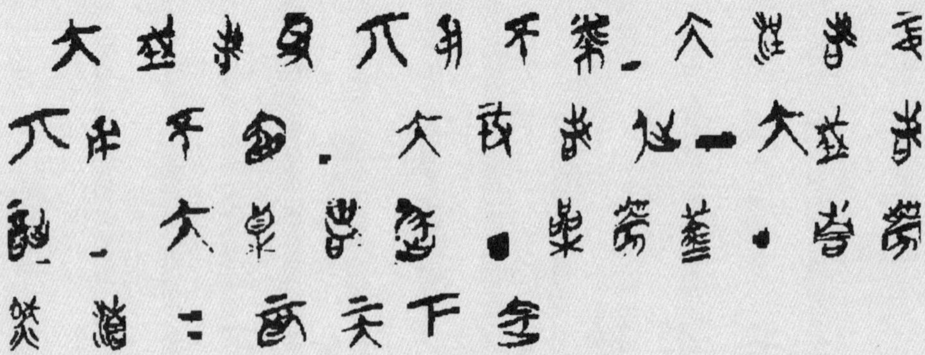

乙【8】

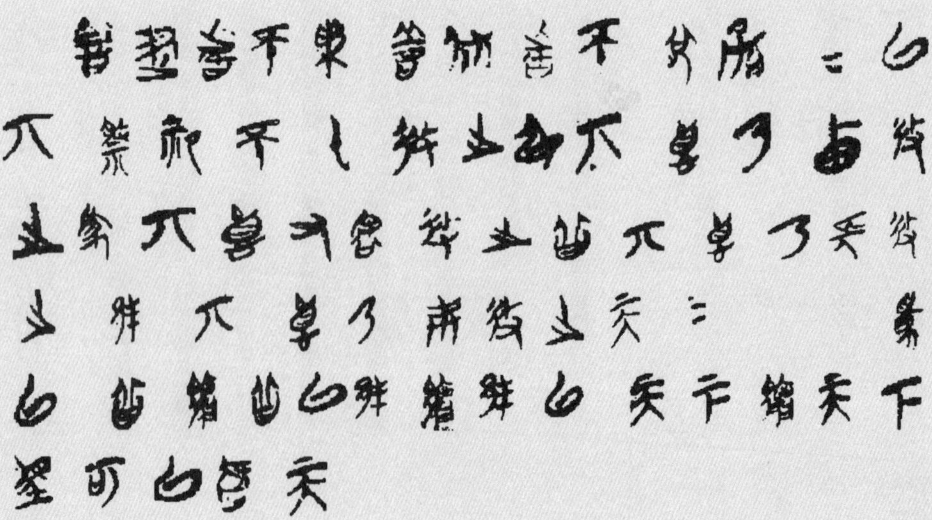

◐ 초간본 丙

丙【1】

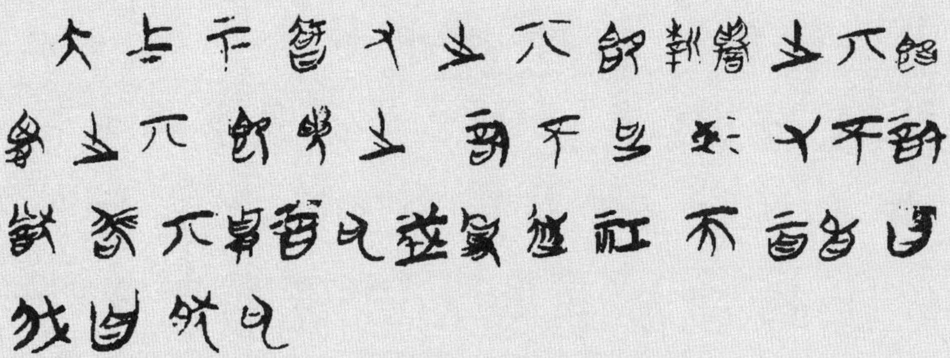

丙【2】

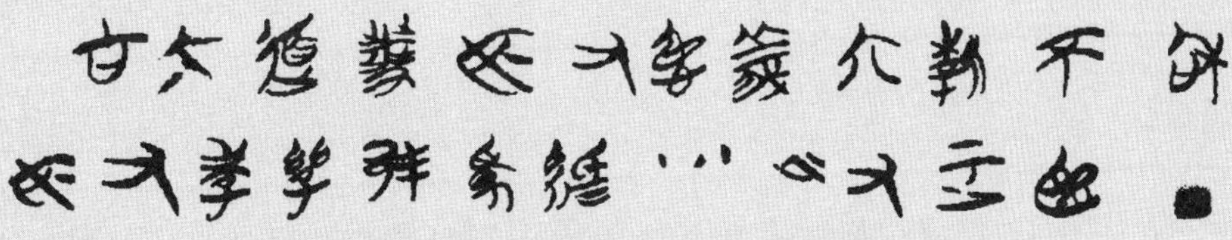

丙【3】

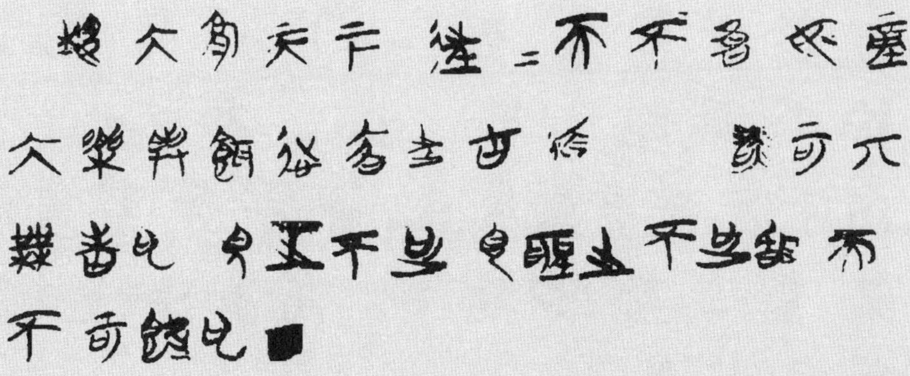

丙【4】

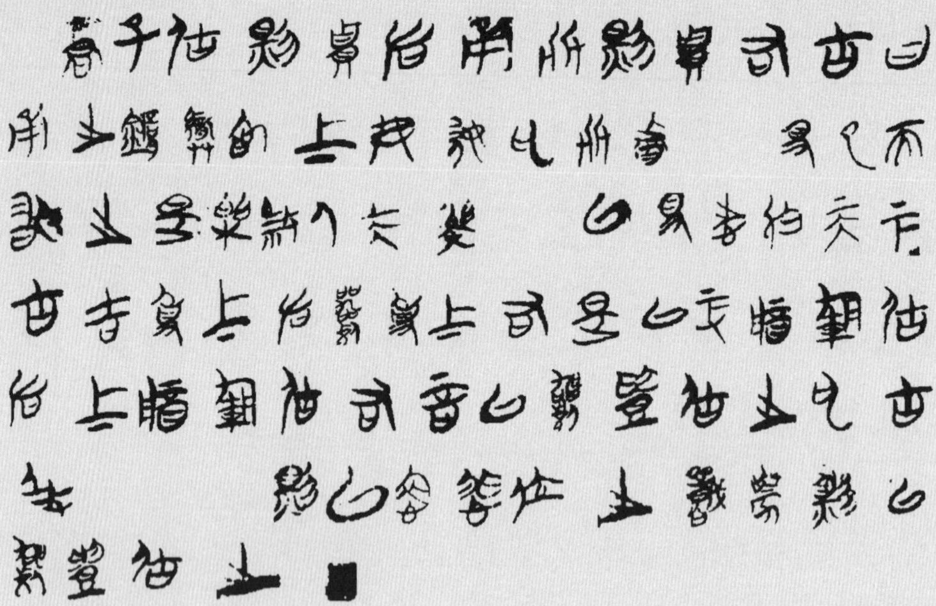

丙【5】

[주요 참고문헌]

荊門市博物館 編, 『郭店楚墓竹簡』, 北京, 文物出版社, 1998. 5. 제1판.

彭浩, 『郭店楚簡老子校讀』, 武漢, 湖北人民出版社, 2001.

郭沂, 『郭店竹簡與先秦學術思想』, 上海, 上海教育出版社, 1999, 2001.

尹振環, 『楚簡老子辨析』, 北京, 中華書局, 2001.

邢文, 『郭店老子』, 北京, 學苑出版社, 2002.

郭店楚簡研究(國際)中心, 『古墓新知 -紀念郭店楚簡出土十周年論文專辑』, 香港, 香港國際炎黄文化出版社, 2003.

廖名春, 『郭店楚簡老子校釋』, 北京, 清華大出版社, 2003.

聶中慶, 『郭店楚簡老子研究』, 北京, 中華書局, 2004.

劉釗, 『郭店楚簡校釋』, 福州, 福建人民出版社, 2005.

李零, 『郭店楚簡校讀記』(增訂本), 北京, 中國人民大學出版社, 2007.

彭裕商, 吳毅强, 『郭店楚簡老子集釋』, 成都, 四川 巴蜀書社, 2011.

최남규, 『郭店楚墓竹簡(荊門市博物館 편저) 역주』, 서울, 學古房, 2016.

김충열, 『김충열 교수의 노자 강의』, 서울, 예문서원, 2011(2004 초판).

최재목, 『老子』, 서울, 을유문화사, 2015(2006 1쇄).

양방웅, 『노자 왜 초간본인가』, 서울, 이서원, 2016.

혜일, 『관음음양오행 조절법』, 서울, 해드림출판사, 2015.

張基槿·李錫浩 譯, 『老子·莊子』, 서울, 삼성출판사, 1982.

金學主 譯解, 『老子』, 서울, 明文堂, 1977, 1996.

余培林 註譯, 『新譯老子讀本』, 臺北, 三民書局, 1973, 1985.

韋利[英] 英譯, 陳鼓應 今譯, 傳惠生 校注, 『老子 Lao Zi』, 長沙, 湖南出版社, 1994, 1995.

黃錦鋐 註譯, 『新譯莊子讀本』, 臺北, 三民書局, 1974, 1987.

안동림 역주, 『莊子-다시 읽는 원전 장자』, 서울, 현암사, 1993.

[戰國]韓非 著, 張覺 譯注, 『韓非子全譯』, 貴陽, 貴州人民出版社, 1992.

[漢]許愼 撰, [淸]段玉裁 注, 『說文解字注』, 上海, 上海古籍出版社, 1981.

安奇燮, 『新體系 漢文法大要-先秦 · 兩漢 시기』, 서울, 2012(초판), 보고사, 2014.